国家卫生健康委员会"十四五"规划教材

全国高等职业教育药品类专业第四轮规划教材

供药品经营与管理、医疗器械经营与服务、
药学等专业用

# 医药企业管理

## 第 2 版

**主　编**　任灵梅

**副主编**　张　琳　刘丹丹

**编　者**（以姓氏笔画为序）

任灵梅　山西药科职业学院　　　　　　　　　　吴小平　山东中医药高等专科学校

刘丹丹　福建卫生职业技术学院　　　　　　　　张　乾　山西药科职业学院

杨赞辉　山西顺天立大健康产业集团有限公司　　张　琳　南阳医学高等专科学校

连进承　重庆三峡医药高等专科学校　　　　　　谭彦琦　湖南食品药品职业学院

人民卫生出版社
·北 京·

**图书在版编目（CIP）数据**

医药企业管理 / 任灵梅主编 . -- 2 版 . -- 北京 ：
人民卫生出版社，2025. 5. --（全国高等职业教育药品
类专业第四轮规划教材）. -- ISBN 978-7-117-38001-0

Ⅰ. F407. 7

中国国家版本馆 CIP 数据核字第 2025NG1980 号

| | | |
|---|---|---|
| 人卫智网 | www.ipmph.com | 医学教育、学术、考试、健康，购书智慧智能综合服务平台 |
| 人卫官网 | www.pmph.com | 人卫官方资讯发布平台 |

医药企业管理
Yiyao Qiye Guanli
第 2 版

主　　编：任灵梅
出版发行：人民卫生出版社（中继线 010-59780011）
地　　址：北京市朝阳区潘家园南里 19 号
邮　　编：100021
E - mail：pmph @ pmph.com
购书热线：010-59787592　010-59787584　010-65264830
印　　刷：人卫印务（北京）有限公司
经　　销：新华书店
开　　本：850×1168　1/16　印张：14
字　　数：329 千字
版　　次：2018 年 6 月第 1 版　　2025 年 5 月第 2 版
印　　次：2025 年 7 月第 1 次印刷
标准书号：ISBN 978-7-117-38001-0
定　　价：56.00 元
打击盗版举报电话：010-59787491　E-mail: WQ @ pmph.com
质量问题联系电话：010-59787234　E-mail: zhiliang @ pmph.com
数字融合服务电话：4001118166　E-mail: zengzhi @ pmph.com

# 出版说明

近年来,我国职业教育在国家的高度重视和大力推动下已经进入高质量发展新阶段。从党的十八大报告强调"加快发展现代职业教育",到党的十九大报告强调"完善职业教育和培训体系,深化产教融合、校企合作",再到党的二十大报告强调"统筹职业教育、高等教育、继续教育协同创新,推进职普融通、产教融合、科教融汇,优化职业教育类型定位",这一系列重要论述不仅是对职业教育发展路径的精准把握,更是对构建中国特色现代职业教育体系、服务国家发展战略、促进经济社会高质量发展的全面部署,也为我们指明了新时代职业教育改革发展的方向和路径。

为全面贯彻国家教育方针,将现代职业教育发展理念融入教材建设全过程,人民卫生出版社经过广泛调研论证,启动了全国高等职业教育药品类专业第四轮规划教材的修订出版工作。

本套规划教材首版于 2009 年,分别于 2013 年、2017 年修订出版了第二轮、第三轮规划教材。本套教材在建设之初,根据行业标准和教育目标,制定了统一的指导性教学计划和教学大纲,规范了药品类专业的教学内容。这套规划教材不仅为高等职业教育药品类专业的学生提供了系统的理论知识,还帮助他们建立了扎实的专业技能基础。这套教材的不断修订完善,是我国职业教育体系不断完善和进步的一个缩影,对于我国高素质药品类专业技术技能型人才的培养起到了重要的推动作用。同时,本套教材也取得了诸多成绩,其中《基础化学》(第 3 版)、《天然药物学》(第 3 版)、《中药制剂技术》(第 3 版)等多本教材入选了"十四五"职业教育国家规划教材,《药物制剂技术》(第 3 版)荣获了首届全国教材建设奖一等奖,《药物分析》(第 3 版)荣获了首届全国教材建设奖二等奖。

第四轮规划教材主要依据教育部相关文件精神和职业教育教学实际需求,调整充实了教材品种,涵盖了药品类相关专业群的主要课程。全套教材为国家卫生健康委员会"十四五"规划教材,是"十四五"时期人民卫生出版社重点教材建设项目。本轮教材继续秉承"大力培养大国工匠、能工巧匠、高技能人才"的职教理念,结合国内药学类专业领域教育教学发展趋势,科学合理推进规划教材体系改革,重点突出如下特点:

**1. 坚持立德树人,融入课程思政**　高职院校人才培养事关大国工匠养成,事关实体经济发展,事关制造强国建设,要确保党的事业后继有人,必须把立德树人作为中心环节。本轮教材修订注重深入挖掘各门课程中蕴含的课程思政元素,通过实践案例、知识链接等内容,润物细无声地将思想政治工作贯穿教育教学全过程,使学生在掌握专业知识与技能的同时,树立起正确的世界观、人生观、价值观,增强社会责任感,坚定服务人民健康事业的理想信念。

**2. 对接岗位需求,优化教材内容**　根据各专业对应从业岗位的任职标准,优化教材内容,避免重要知识点的遗漏和不必要的交叉重复,保证教学内容的设计与职业标准精准对接,学校的人才培养与企业的岗位需求精准对接。根据岗位技能要求设计教学内容，增加实践教学内容的比重，设计贴近企业实际生产、管理、服务流程的实验、实训项目，提高学生的实践能力和解决问题的能力；部分教材采用基于工作过程的模块化结构，模拟真实工作场景，让学生在实践中学习和运用知识，提高实际操作能力。

**3. 知识技能并重，实现课证融通**　本轮教材在编写队伍组建上，特别邀请了一大批具有丰富实践经验的行业专家，与从全国高职院校中遴选出的优秀师资共同合作编写，使教材内容紧密围绕岗位所需的知识、技能和素养要求展开。在教材内容设计方面，充分考虑职业资格证书的考试内容和要求，将相关知识点和技能点融入教材中，使学生在学习过程中能够掌握与岗位实际紧密相关的知识和技能，帮助学生在完成学业的同时获得相应的职业资格证书，使教材既可作为学历教育的教科书，又能作为岗位证书的培训用书。

**4. 完善教材体系，优化编写模式**　本轮教材通过搭建主干知识、实验实训、数字资源的"教学立交桥"，充分体现了现代高等职业教育的发展理念。强化"理实一体"的编写方式，并多配图表，让知识更加形象直观，便于教师讲授与学生理解。并通过丰富的栏目确保学生能够循序渐进地理解和掌握知识，如用"导学情景"引入概念，用"案例分析"结合实践，用"课堂活动"启发思考，用"知识链接"开阔视野，用"点滴积累"巩固考点，大大增加了教材的可读性。

**5. 推进纸数融合，打造新形态精品教材**　为了适应新的教学模式的需要，通过在纸质教材中添加二维码的方式，融合多媒体元素，构建数字化平台，注重教材更新与迭代，将"线上""线下"教学有机融合，使学生能够随时随地进行扫码学习、在线测试、观看实验演示等，增强学习的互动性和趣味性，使抽象知识直观化、生动化，提高可理解性和学习效率。通过建设多元化学习路径，不断提升教材的质量和教学效果，为培养高素质技能型人才提供有力支持。

本套教材的编写过程中，全体编者以高度负责、严谨认真的态度为教材的编写工作付出了诸多心血，各参编院校为编写工作的顺利开展给予了大力支持，从而使本套教材得以高质量如期出版，在此对相关单位和各位专家表示诚挚的感谢！教材出版后，各位教师、学生在使用过程中，如发现问题请反馈给我们（发消息给"人卫药学"公众号），以便及时更正和修订完善。

人民卫生出版社

2024 年 11 月

# 前　言

党的二十大报告对保障人民健康,强化药品安全监管,促进医保、医疗、医药协同发展和治理,促进中医药传承创新发展等作出了一系列重要论述和部署,在此背景下,我们编写了本教材,旨在贯彻二十大精神,坚持新时代中国特色社会主义思想,为培养适应新时代医药行业发展需要的高素质技术技能人才提供支撑。本教材紧密结合医药产业特点和企业管理实践,注重理论与实践的结合,突出创新和应用,以适应医药行业新技术、新业态、新模式的发展趋势。

本教材立足于高职教育的定位,针对医药行业的特殊性,系统介绍了医药企业管理的基本理论、方法和实务操作。与上一版相比,本教材扩充了管理基本职能的内容,同时将业务管理由原先的按部门编写调整为按流程编写。通过这些内容的调整,有利于培养学生的综合管理能力和解决实际问题的能力。

在全球化和数字化的大背景下,医药行业的发展呈现出前所未有的速度和规模。因此,本教材强调对学生创新思维和国际视野的培养,鼓励学生掌握最新的行业动态和技术发展,以适应未来医药行业的跨领域竞争和合作。同时,教材中融入了众多医药企业管理的典型案例,帮助学生在学习理论的同时,能够深入分析和理解医药企业管理的实际操作。

本教材在编写过程中始终坚持立德树人的教育方针,将价值观教育融入专业知识传授之中,引导学生树立正确的职业理想和职业道德,培养他们的社会责任感和使命感。通过对本教材的学习,学生不仅能够掌握医药企业管理的专业知识和技能,还能够成为德技并修、知行合一的医药行业管理人才。

本教材具体编写分工如下:任灵梅编写第一章,吴小平、连进承、张乾编写第二章,连进承编写第三章,刘丹丹编写第四章,张琳编写第五章和第八章,杨赞辉编写第六章,谭彦琦编写第七章,张乾编写第九章。配套数字资源由任灵梅、张琳、刘丹丹、连进承、张乾、杨赞辉、谭彦琦共同完成。

本教材在编写过程中,得到了所有编者单位的大力支持;同时,医药企业、行业专家提供了大量编写素材,我们还参考了相关的文献资料。在此,我们对所有给予指导和支持的领导、专家和文献资料作者表示衷心的感谢。

我们期待本教材能够成为学生学习医药企业管理的良师益友,帮助他们在新时代的医药行业中发挥重要作用,为保障人民群众的健康福祉贡献力量。

在本教材的编写过程中,我们虽力求严谨准确,但由于编者水平有限,疏漏与不妥之处在所难免,恳请广大师生和读者批评指正。

任灵梅

2025 年 5 月

# 目　录

# 第一章　绪论

**学习目标**

1. **掌握**　管理的二重性；管理的四大职能；SWOT 分析法；波士顿矩阵法；波特"五力"模型。
2. **熟悉**　管理者的技能；管理的环境；古典管理理论；人际关系理论；霍桑实验；现代管理理论。
3. **了解**　企业和医药企业的特征；中国和西方早期管理思想。

**导学情景**

**情景描述：**

　　某医药公司是一家全球性的生物科技公司，专注于抗肿瘤药物的研发。

　　**1. 公司定位**　该公司致力于为全球患者提供创新且价格合理的抗肿瘤药物，旨在改善肿瘤的治疗效果并提高药物的可及性。

　　**2. 研发实力**　公司拥有强大的自主研发能力，并与外部战略合作伙伴合作，以加速开发多样化和创新性的药物管线。

　　**3. 财务状况**　该公司非常重视在药物研发上的投入，其研发费用近三年分别为 85 亿元、95.38 亿元、111.76 亿元，显示出其致力于创新药物研发的坚定决心。

　　**4. 药物组合**　公司的药物组合包括 40 多个临床候选药物，涵盖了临床前和临床阶段的药物以及已经商业化的产品。

　　**5. 管理团队**　该公司的管理团队不仅具有强大的学术研究背景，而且在企业管理和战略发展方面也具备丰富的经验。这样的团队构成有助于推动公司在生物医药领域的创新与发展。

**学前导语：**

　　该医药公司作为一家立足于创新的生物制药公司，投入大量资源进行新药的研发，以满足市场上未被满足的医疗需求。这不仅是企业发展的需要，也是对社会负责任的表现。

## 第一节　企业概述

　　社会化劳动程度、生产力发展水平和商品经济发达程度决定了人类社会不同的基本经济单位的组织形式，企业是社会生产力发展到一定水平的成果，是商品生产与商品交换的产物。社会的基本经济单位在经历了原始社会的氏族部落、奴隶社会的奴隶主庄园、封建社会的家庭和手工作坊等形式的演进后，在资本主义社会诞生了企业这种现代组织形式。社会主义社会的生产同样建立在社会化大生产的基础上,因此,其社会生产经营活动的基本组织形式也是企业。

## 一、企业的含义和特征

企业是组合和运用各种生产要素,从事商品生产、经营和服务等经济活动,并提供产品和服务来满足社会需要,以营利为目的,依法自主经营、自负盈亏、自我发展,具有独立法人资格的基本经济单位。

企业是市场竞争的主体,是一种经济组织形式,与其他非企业形式相比较,具有如下特征。

**1. 经济性** 企业首先是作为现代社会生产经营活动的基本单位而产生的,是由一定数量生产要素在特定组织形式下有机结合而形成的独立生产经营体系,企业活动必然以从事物质资料的生产经营或提供劳务等第三产业为主要内容。企业作为经济组织的这一特征,有别于政治组织、行政组织、群众组织等不从事经济活动的非经济组织。

**2. 营利性** 在市场经济条件下,企业经济行为的一般特征在于利润的最大化,即企业总是力求在若干备选方案中,选择能够给企业带来最大收益的方案,以使其能获得的经济利益最大化。作为市场经济活动的基本单位和独立的商品生产经营者,企业只有取得利润,一方面使国家财力增长、宏观经济效益不断提高,另一方面为企业自身的技术创新、产品创新、管理创新奠定良好的物质基础,增强企业的市场竞争能力和市场应变能力,才能保证企业不断发展壮大。因此,市场经济条件下企业经济行为的利润最大化目标不仅是合理的,而且是十分必要的。可以说,营利性是企业最本质的特征。

**3. 组织性** 企业要采取一定的组织形式,将人、财、物、信息、时间等生产要素有机地结合起来,从而进行生产、经营和服务等活动。不管是公司,还是个人独资企业,都有一定的组织形式,都是一个组织体。

**4. 社会性** 企业是一个社会组织,也是一个社会经济的细胞,企业应当承担社会责任。一方面,企业的经济行为受到许多社会因素的约束和影响,这些因素包括社会制度、国家的政策和法律、消费习惯、文化差异和传统习俗、竞争对手的竞争策略等,企业必须在一定程度上满足各个社会集团和个人对企业的不同要求,才能生存和发展。另一方面,企业作为社会物质财富的创造者和社会生产力的代表,它对社会经济生活、文化生活和政治生活等方面都产生了广泛和深刻的影响。

**5. 独立性** 企业有明确的股东,实行自主经营、自负盈亏,对自己的投入产出进行独立的经济核算,具有独立法人资格。

## 二、医药企业的含义和特征

### (一)医药企业的含义

医药企业是指从事医药行业的企业和单位,可以分为药品生产企业、药品经营企业、药品研发企业和医疗服务机构。所谓药品生产企业,是指生产药品的专营企业或者兼营企业。所谓药品经营企业,是指经营药品的专营企业或者兼营企业。药品经营企业又可分为药品批发企业和药品零售企业。药品批发企业,是指将购进的药品销售给药品生产企业、药品经营企业、医疗机构的药品经营企业。药品零售企业,是指将购进的药品直接销售给消费者的药品经营企业。药品研发企业是从事药品研发的企业。而医疗服务机构是指依法设立的,从事疾病诊断、治疗活动的医院、卫生院、疗养院、门诊部、诊所、卫生室以及急救站等医疗机构。

### (二) 医药企业的特征

医药企业具有以下几个显著特征。

**1. 高投入**  医药行业的研发成本非常高,包括新药的发现、临床试验、注册以及市场推广等各个环节。研发一种新药可能需要数年甚至数十年的时间,并且需要大量的资金支持。

**2. 高风险**  由于新药研发的不确定性,医药企业在研发过程中面临着巨大的风险。即使新药研发成功,还需要通过严格的监管审批,才能上市销售。

**3. 高科技密集**  医药行业是一个科技含量极高的行业,从药物的研发到生产,都需要先进的技术支持。此外,生产过程中的质量控制等方面的新技术、新工艺、新装备的开发应用也是该行业的一个重要特点。

**4. 垄断程度高**  医药行业中的某些领域,如特定的药品或疫苗市场,存在一定程度的垄断现象。这通常是由专利保护、技术壁垒或者政府政策等因素造成的。

**5. 创新能力不断提升**  虽然我国医药企业的创新能力在过去相对较弱,但近年来随着国家政策的扶持和市场的推动,一些企业开始加大研发投入,创新能力有所提升。

**6. 市场结构多样**  医药行业可以分为医疗服务、医药商业、医疗器械、化学制药、中药、生物制药等多个子行业,每个子行业都有其特定的市场需求和发展特点。

**7. 履行社会责任**  医药企业承担着为社会提供安全有效药品的责任,同时也需要在救灾防疫、军需战备等方面发挥作用。

**8. 遵循法规制度**  医药企业受到严格的法规监管,包括药品的生产、销售、广告宣传等各个环节,都必须遵守相关法律法规。

**9. 国际化趋势**  随着全球化的发展,医药企业也越来越多地参与国际竞争和合作,国际市场对于医药企业的成长和扩张至关重要。

---

**点滴积累**

1. 企业是组合和运用各种生产要素,从事商品生产、经营和服务等经济活动,并提供产品和服务来满足社会需要,以营利为目的,依法自主经营、自负盈亏、自我发展,具有独立法人资格的基本经济单位。
2. 企业具有经济性、营利性、组织性、社会性和独立性的特征。
3. 医药企业是指从事医药行业的企业和单位,可以分为药品生产企业、药品经营企业、药品研发企业和医疗服务机构。

## 第二节　企业管理理论基础

管理是人类最基本的社会活动,有了人类就有了管理。随着经济的发展和社会的进步,企业管理思想也取得了突飞猛进的发展,这些管理思想不仅是企业实践的理性总结和升华,也是进行企业管理实践不可缺少的指导思想和思维方式,所以,切不可片面强调管理的实践性而忽视管理理论的价值。

### 一、管理多样化的定义

目前尚无被普遍认可的、较权威的管理定义,不同的学者根据自己的研究和理解对管理的定义不同,以下选取一些比较有代表性的观点。

1. 泰罗认为管理是一门怎样建立目标,然后用最好的方法经过他人的努力来达到目标的艺术。

2. 亨利·法约尔认为管理是由计划、组织、指挥、协调和控制等职能为要素组成的活动过程。

3. 哈罗德·孔茨认为管理就是通过别人来使事情做成的一种职能,包括计划、组织、人事、指挥、控制五项内容。

4. 赫伯特·西蒙认为管理就是决策。

5. 彼得·德鲁克认为管理就是界定企业的使命,并激励和组织人力资源去实现这个使命。

根据管理学家们的研究成果,可对管理作如下定义:管理就是在一定的环境条件下,管理者通过计划、组织、领导、控制等职能活动,来协调所属组织中的人、财、物、信息、时间等在内的一切可以调动的资源,从而有效地达到组织目标的有机结合的一系列活动过程。这一定义包含:①管理是在一定的环境条件下进行的,环境既为组织提供了机会,也对组织形成威胁;②管理的目的是实现组织目标,管理是一种有意识、有组

> **课堂活动**
> 管理的定义多样化这一现象说明了什么?

织、有目的进行的群体活动过程;③管理的作用在于它的有效性,管理者的最终责任是取得高的绩效,即以有效益和高效率的方式使用资源来实现组织的目标;④管理的过程是由一系列相互关联、连续进行的活动所构成的,这些活动作为实现目标的手段,成为管理的基本职能;⑤管理的本质是动态的协调过程;⑥管理的对象是以人为中心的组织资源。

从管理的定义出发,可以看出,管理包括五个要素。

(1)管理主体:就是指管理者。管理者是由一个社会组织或社会单位的若干负责人组成的群体。管理者是管理活动的主体,管理者的知识、能力、素质、经验和技能,直接影响组织效能的发挥。

(2)管理客体:就是指管理对象。管理对象是管理者施加影响并产生作用的人和事。现代管理理论则认为,管理的对象主要应包括人、财、物、信息、时间等五个方面。

### 买药扫一扫，"码"上就放心

药品追溯码标识，简称药品追溯码，是在药品包装上采用印刷、粘贴等方式对药品追溯码及其相关信息所做的标识，由数字、字母、文字、条码组成。

千万别小看这个药品追溯码。每件药都有专属追溯码，它如同药品的电子身份证，不仅能够有效防范非法药品进入合法渠道，还可以辨别药品真假。扫一扫药品追溯码，就能获取药品的生产日期、有效期、扫码次数、药品状态、异常预警等详细信息，实现药品来源可查、去向可追，信息互通共享。

(3)管理职能：就是指管理手段。管理职能是对管理行为的理论抽象化，是管理者对管理对象发生作用和影响的手段，其目的是为研究管理过程的规律性提供手段，也为概括和总结管理的理论、原则和方法等管理知识提供框架。管理的职能一般划分为四大职能：计划、组织、领导和控制。

这四个职能是互相渗透、融为一体的，它们分别回答了组织(如企业)要做什么、如何做、怎样做好、是否做得好的问题。一个组织在实际的运行中，基本是遵循这四个职能的时间顺序依次进行。

(4)管理目标：就是指通过管理活动所要达到的预期。目标不明确或者目标错误的管理活动往往会给组织造成巨大的损失。

(5)管理环境：任何组织及其管理活动都是在一定的环境下进行的，直接地或间接地受到外部环境的影响或干扰。因此我们进行管理活动不能不考虑外部环境的影响。

## 二、管理的特性

**1. 自然属性和社会属性** 管理的自然属性和社会属性的定义如下：管理中表现出的不因国家、民族、社会体制不同而不同的共性是管理的自然属性；管理中表现出的因国家、民族、社会体制不同而不同的差异性是管理的社会属性。产生管理二重性的原因是因为生产本身具有二重性，生产过程是生产力(自然属性)和生产关系(社会属性)的统一，生产过程中涉及技术、原材料、工具等，对这些因素进行协调的思路和方法在不同国家、不同社会体制下都是相同的，表现为自然属性；同时生产中还涉及人与人的协调、人与物的协调，其协调的思路和方法在不同国家、不同社会体制和民族文化背景下会有所区别，表现为社会属性。

**案例分析**

### 仿制药出口被说明书"卡了脖子"的启示

**案例**：我国某药业向美国出口一批仿制药，经过将近三年的申报程序和材料准备，最后仍没通过美国食品药品管理局(Food and Drug Administration，FDA)的批准，原因是药品说明书没按要求折叠。

按照 FDA 的要求，长 70cm、宽 50cm 的药品说明书要折成一块 4cm×4cm 大小的标准"豆腐块"。但我国的制药工业从来没有这种要求，自然也没有相关的产业链和设备，结果和国际接轨时，被说明书"卡了脖子"。为了顺利出口，该药业公司最后不得不花费约 1 000 万进口高价折纸机等相关设备。

**分析**：企业在从事生产经营活动时不仅要考虑目标市场的人口环境、经济发展水平，还需要重视该国或者该地区的法律、风俗习惯等因素对管理的影响。

在我国国门开放、世界经济一体化形势下,认识管理的二重性有重要的现实意义。它一方面使我们从思想上摆脱包袱,认同国际惯例,积极大胆地学习西方管理思想和方法;另一方面,结合我国国情进行扬弃和吸收,以提高我国企业的管理水平。此外,正确认识管理的二重性对跨国公司的管理也能进行有效的指导。

**2. 科学性和艺术性**　科学性往往意味着共性、必然性、可重复性,讲求严密的因果逻辑和推导。如数学,只要给出足够的条件或函数关系,就能按一定的法则进行运算并得到确定的结果。艺术性往往意味着个性、偶然性、不可重复性,讲求直觉、灵感、感悟。

管理具有科学的属性,管理过程中存在现象背后的本质、规律、因果关系,管理学就是研究这些客观规律,由一整套的原则、主张和基本概念组成,具有普遍的指导意义。从这个意义上讲,管理是一门科学,可以学习和传授。但管理中又不存在纯粹的必然性。因为管理中不仅涉及的因素多,而且许多是对未来的预测和假设,是不可控因素,每一个因素系统下的子系统又有极强的个性和不确定性,尤其是在以人为本的管理中,人具有十分丰富的情感、极强的个性差异、极其微妙的心理活动,实践中应根据具体情况使一般的原理、规则有较大的灵活性和变通性,这就是管理的另一重属性——艺术性。

---

**课 堂 活 动**

管理是一种艺术,是强调管理的(　　)
A. 精确性　　　　B. 延续性　　　　C. 随意性　　　　D. 实践性

---

## 三、企业管理思想与理论的发展

管理思想随着人类社会及管理活动的产生、发展而产生和演变。其发展主要经历了早期管理实践与思想萌芽、古典管理理论、人际关系理论和现代管理理论四个阶段。

### (一) 早期管理实践与思想萌芽

从人类社会产生到 18 世纪,人类为了谋求生存而自觉不自觉地进行着管理活动和管理实践,其范围极其广泛。但当时人们仅凭借经验去管理,没有对经验进行科学的概括,没有形成科学的管理理论。

**1. 我国早期管理思想**　我国古代管理思想极为丰富,主要体现在诸子百家思想之中,如儒家、道家、法家等。众多经典著作,如《论语》《孙子兵法》《道德经》等都记载、体现了我国古代成功的管理思想和经验。

**知识链接**

**儒家思想在企业管理中的应用**

从 20 世纪末到 21 世纪初,随着中国经济的强劲发展,人们开始重视传统文化的价值,包括儒家文化在内的国学热逐渐兴起。这也使得越来越多的企业开始借鉴儒家思想的精髓和内涵,对企业的管理思想、方针、目标和原则等进行重新改革,注入强大的发展动力与活力。

在儒家理论中,"礼"是规范个体行为的重要方式,这同样可以应用于企业管理中,用"礼"规范员工的行为和事务。此外,儒家思想也提供了企业文化的核心——价值观,这被许多企业用作自身的价值准则。

更具体地说,儒家思想中的"八目"——格物、致知、诚意、正心、修身、齐家、治国、平天下,为现代企业治理提供了新的思考角度。在这"八目"中,修身被视为核心,是所有其他要素的基础。

**2. 西方早期管理思想**　　欧洲资本主义的萌芽虽产生于 14~15 世纪,然而在 18 世纪末期,欧洲才逐渐成为世界工业的中心。英国以及其他资本主义国家相继出现的工业革命使以机器为主的工厂变为现实,随着工厂规模的扩大,管理问题也越来越突出,在此背景下,部分学者从不同角度对管理进行了理论研究。这个时期的代表人物有亚当·斯密、罗伯特·欧文、查尔斯·巴贝奇。其主要理论内容见表 1-1。

表 1-1　西方早期管理思想代表人物及其主要内容

| 代表人物 | 背景简介 | 主要理论 |
| --- | --- | --- |
| 亚当·斯密<br>(1723—1790) | 英国经济学家、哲学家、作家,经济学的主要创立者。1776 年发表代表作《国民财富的性质和原因的研究》(即《国富论》),被誉为"古典经济学之父" | 最早对劳动分工进行了研究,认为分工可以提高劳动者技能,节约时间和促进技术进步。提出了"经济人"的观点,认为人们在经济活动中追求的是个人利益,社会利益是由于个人利益之间的相互牵制而产生的 |
| 罗伯特·欧文<br>(1771—1858) | 英国空想社会主义者、企业家、慈善家,被誉为"现代人事管理之父" | 提出工厂生产中要重视人的因素,认为用在工人身上的钱可以获得 50%~100% 的报酬,而用在机器上的钱只能获得 15% 的报酬 |
| 查尔斯·巴贝奇<br>(1792—1871) | 英国剑桥大学教授、数学家、发明家,科学管理的先驱。1832 年,发表了著作《论机器和制造业的经济》 | 对专业分工、科学工作方法、机器与设备的有效使用、成本记录与核算等问题进行深入研究。对亚当·斯密劳动分工理论进一步探讨,首次提出脑力劳动和体力劳动一样也可以进行分工。研究劳动报酬问题,提出固定工资加利润分配制度。为后来古典管理理论的形成提供了一定的思想依据 |

### (二) 古典管理理论

随着第二次工业革命出现的新技术在企业中被广泛应用,企业生产规模不断扩大,生产技术更加复杂,专业化、社会化程度日益提高,企业主为了获得更高额的垄断利润,往往采用降低工资、延长工时、提高劳动强度等压榨工人的方法,使得企业主与工人之间矛盾不断扩大。基于当时社会形势需要,客观上要求用更加科学的管理方法改善传统管理的粗放和低水平。这一时期所形成的管理理论,被称为古典管理理论。

古典管理理论形成于 19 世纪末和 20 世纪初的欧美,其基于经济人假设,侧重于从管理职能、组织方式等方面研究效率最大化问题,而对人的心理因素很少考虑或根本不考虑。其间在美国、法国和德国活跃着三位管理大师,他们分别是"科学管理之父"泰勒、"管理理论之父"法约尔和"组织理论之父"韦伯。

**1. 科学管理理论**　　弗雷德里克·温斯洛·泰勒(1856—1915),美国著名管理学家、经济学家。

1878 年工作后先后受雇于两家钢铁公司,由于工作突出,从入职时的领班,一路晋升为车间工长、总机械师、总绘图师和总工程师。泰勒一生大部分时间都在钢铁公司度过,对产业工人操作动作进行了大量研究,致力于通过科学管理提高工人的劳动生产效率,被称为"科学管理之父"。1911 年发表其代表作《科学管理原理》,标志着科学管理理论的形成,该理论的主要内容和评价见表 1-2。

表 1-2    科学管理理论的主要内容和评价

| 项目 | 要点 | 表述 |
| --- | --- | --- |
| 主要内容 | 科学管理的中心问题是提高劳动生产率 | 如何提高单个工人的工作效率 |
| | 工作定额原理 | 传统的经验管理使得资本家加重对工人的剥削,而工人用"磨洋工"的态度消极对抗,企业生产效率难以提升。为此要设立一个专门制订工作定额的部门,通过各种实验和测量,有依据地为工人制订合理的工作量,即劳动定额 |
| | 推行标准化管理 | 将工人的操作分解成详细动作,对每个动作进行科学研究,将不合理的动作要素去除,保留下来的必要成分加以改进,形成标准的作业方法 |
| | 挑选一流工人 | 一流的工人是适合其从事的工作而又努力工作的人,包括两个层面:一是该工人的能力最适合他从事的工作;二是该工人愿意从事这项工作 |
| | 实行有差别的计件工资制 | 以标准工资率为基础,实行差别计件制。完成和超额完成的,按高的工资率付工资;没有完成定额的,按低的工资率付工资 |
| | 实行例外原则 | 高层管理者将处理一般事务的权力下放给各职能部门,自己只保留处理例外事项的决定权和控制权 |
| | 执行职能与作业职能分离 | 按科学的方法使管理者与操作者在职能上分开 |
| | 职能工长制原理 | 将管理工作予以细分,使每个管理者只承担一项或两项管理职能 |
| 评价 | 进步性 | 第一次使管理从经验升为科学 |
| | 局限性 | 将人假设为经济人;仅重视技术,不重视人和社会因素;仅解决个别具体工作的效率问题,而没有解决企业作为一个整体如何经营和管理的问题 |

**2. 一般管理理论**    一般管理理论的代表人物是亨利·法约尔。

亨利·法约尔(1841—1925),法国人,19 岁毕业后进入一家大型采矿冶金公司担任工程师,后担任总经理。法约尔注重从企业上层研究管理问题,着重研究企业的经营管理问题,被后人称为"管理理论之父"。其代表作《工业管理与一般管理》的完成标志着一般管理理论的形成,该理论的主要内容和评价见表 1-3。

表 1-3    一般管理理论的主要内容和评价

| 项目 | 要点 | | 表述 |
| --- | --- | --- | --- |
| 主要内容 | 企业的六类经营活动 | 技术 | 从事生产、制造与加工 |
| | | 商业 | 进行购买、销售与交换 |
| | | 财务 | 对资本进行筹集与运用 |
| | | 会计 | 存货盘点、成本核算 |
| | | 安全 | 维护设备与职工的安全 |
| | | 管理 | 进行计划、组织、指挥、协调和控制 |

| 项目 | 要点 | | 表述 |
|---|---|---|---|
| 主要内容 | 管理的五大职能 | 计划 | 计划是对未来的展望,并以此制订行动计划 |
| | | 组织 | 组织是合理配置和整合企业经营所需必要资源 |
| | | 指挥 | 指挥的任务是保证组织发挥作用,充分发挥领导者的艺术 |
| | | 协调 | 协调是保证部门工作步调一致,部门之间相互支持、顺畅沟通的有效手段 |
| | | 控制 | 控制是确保企业各项工作与行动计划相符,以便加以纠正和避免再次发生 |
| | 管理的十四条原则 | 劳动分工 | 分工能够使效率更高 |
| | | 职权 | 管理者必须有发出指令的权力 |
| | | 纪律 | 员工必须服从组织制订的规则 |
| | | 统一指挥 | 一个下级只能接受一个上级的指挥和命令 |
| | | 统一领导 | 针对同一件事情,组织只能有一道命令 |
| | | 个人利益服从集体利益 | 员工利益不能超越组织整体利益 |
| | | 报酬 | 员工必须得到公平的报酬 |
| | | 集权与分权 | 企业应适度的集权与分权 |
| | | 等级制度 | 又称为跳板原则 |
| | | 秩序 | 人员和物资必须在正确的时间到达正确的位置 |
| | | 公平 | 管理者应该公平地对待每一位下属 |
| | | 人员稳定 | 组织要有有序的人事计划 |
| | | 创新精神 | 创新精神能够使员工打破成规 |
| | | 团队精神 | 团队精神会使组织和谐统一 |
| 评价 | 进步性 | | 理论性和系统性更强;把管理活动从经营活动中独立出来;提出的十四条原则仍然为许多人所推崇;为管理科学提供了一套科学的理论框架 |
| | 局限性 | | 管理原则缺乏弹性 |

**3. 组织管理理论** 德国社会学家马克斯·韦伯(1864—1920年)的研究主要集中在组织理论方面,他在其代表作《社会组织和经济组织》中提出"理想的行政组织体系",也

> **课堂活动**
> 法约尔认为管理的职能有哪些?

称官僚行政组织理论,由此被后人称为"组织理论之父"。韦伯把权力和权威分成三类,一是法定的权力与权威,是依靠组织内部各级领导职位所具有的正式权力而建立的;二是传统的权力,是由于古老传统的不可侵犯性和执行这种权力的人的地位的正统性形成的;三是超凡的权力,是凭借对管理者个人的特殊性、英雄主义和模范品德的崇拜而形成的。韦伯认为组织活动要通过职务或职位来进行管理,而非个人或世袭地位。他所讲的"理想的",不是指最合乎需要,而是指现代社会最有效和最合理的组织形式。韦伯理想的行政组织体系具有以下特点。

(1)任何组织都应有明确的目标,人员的一切活动都要遵守相应的程序,其目的正是为了实现组织的目标。

(2)为了实现组织目标,必须进行明确的劳动分工,每种劳动的权利和义务都是合法化的。

(3)为了保证组织的完整性及运行的秩序性,应当建立一个健全的、由职务和职位构成的等级制度体系,在等级链上的上级与下属之间,是指挥和服从关系,这是由职位所赋予的权力所决定的,不受个人情感影响。

(4)管理人员负责管理企业,并不是企业的所有者;管理人员有固定的薪金和明确的升迁制度,其工作受严格的制度考核。

**课堂活动**

韦伯认为理想的组织体系有哪些特征?

### (三)人际关系理论

科学管理实现了管理从经验向科学的转变,但他们都存在共同的问题,即忽视了人的因素和作用,未能考虑工人的情感和需求,从而引起了工人的不满。此时,一些管理人员发现,无论是标准化的管理还是差别计件工资制在提高生产效率方面的作用越来越乏力,于是他们开始调查研究人的心理需求在提高劳动效率方面的作用,其中,最著名的是由美国心理学家梅奥团队参与的霍桑实验。

霍桑实验是在美国芝加哥附近的西方电器公司的霍桑电话机工厂进行的一系列实验,该实验从 1924 年开始,到 1932 年结束,前后经过四个阶段。具体情况见表 1-4。

**表 1-4 霍桑实验**

| 阶段 | 内容 | 目的 | 结论 |
|---|---|---|---|
| 第一阶段 | 车间照明实验(1924 年 11 月—1927 年 4 月) | 研究环境的改变对劳动生产率的影响 | 照明强度的改变对劳动生产率的影响被否定 |
| 第二阶段 | 继电器装配实验(1927 年 4 月—1929 年 6 月) | 研究福利措施的改变对劳动生产率的影响 | 福利措施的改变对劳动生产率的提高没有直接影响 |
| 第三阶段 | 访谈实验(1928 年 9 月—1930 年 5 月) | 调查工人就工厂的规章和制度、工头对工人的态度、工作条件等持什么态度 | 工人发泄不满情绪后心情舒畅,士气提高 |
| 第四阶段 | 电话线圈装配工实验(1931—1932 年) | 研究差别计件工资制为何不能使劳动生产率大大提高 | 企业中存在非正式组织 |

人际关系理论认为:①人是社会人;②工作效率的提高取决于职工的士气和在工作当中形成的人与人的关系;③要重视非正式组织的存在。该理论开启了行为科学理论的研究,此后,又有一大批行为科学理论如雨后春笋般诞生,其中马斯洛的需求层次理论、赫茨伯格的双因素理论、麦格雷戈的 X-Y 理论最为典型。

### (四)现代管理理论

第二次世界大战以后,世界政治经济格局发生深刻变化,社会化程度空前提高,企业在迅速扩张的同时,又要面对激烈的市场竞争,新的管理问题出现;与此同时科学技术发展迅速,科技成果广泛应用于各个领域,管理与科学技术相结合成为新的研究内容;企业员工素质大幅提高,在管理中要求更加重视人的积极性和创造性。以上对管理的新要求,最终促成了现代管理理论的产生和发展。

现代管理理论最大的特点就是学派林立,美国著名管理学家哈罗德·孔茨形象地称其为"管理理论丛林"。主要代表理论有管理过程学派、人际关系学派、决策理论学派、权变理论学派、管理科学学派等,简介见表1-5。

**表1-5　现代管理理论简介**

| 学派 | 代表人物 | 主要观点 |
| --- | --- | --- |
| 管理过程学派 | 哈罗德·孔茨 | 管理是一个包括计划、组织、领导、控制等若干职能的过程 |
| 人际关系学派 | 乔治·梅奥<br>亚伯拉罕·马斯洛 | 管理是通过别人或同别人一起去完成工作的过程,因此管理的研究必须围绕人际关系来进行 |
| 决策理论学派 | 赫伯特·西蒙 | 认为管理就是决策,是经理人最重要的职能,要用"令人满意"的决策代替"最优"决策;组织中的决策问题可以根据其是否反复出现分为程序化和非程序化决策,以此来降低决策成本 |
| 权变理论学派 | 弗雷德·卢桑斯 | 该学派认为没有一种管理理论和方法是普遍适用的、完美的,管理者应当根据组织所处环境、管理技术水平和管理思想之间的变数关系来研究适合自己组织的有效管理方式 |
| 管理科学学派 | 埃尔伍德·斯潘赛·伯法 | 将数学引入管理,用电子计算机将科学原理和工具应用于管理活动,制订用于决策的数学统计模型,以增强管理的准确性 |

**点滴积累**

1. 管理的四大职能分别是计划、组织、领导和控制。
2. 管理的二重性有自然属性和社会属性。
3. 古典管理理论的代表人物有泰勒、法约尔和韦伯。
4. 人际关系理论的主要内容:①人是社会人;②工作效率的提高取决于职工的士气和在工作当中形成的人与人的关系;③要重视非正式组织的存在。
5. 韦伯把权力和权威划分为三类,分别是法定的权力与权威、传统的权力和超凡的权力。
6. 法约尔提出管理的十四条原则。
7. 科学管理的中心问题是提高劳动生产率。

# 第三节　企业管理的主体——管理者

## 一、管理工作与管理者

### (一) 管理工作

就一般意义而言,管理者就是指全部或部分从事管理工作的人员。所以,要研究管理者,首先应对管理工作有一个大致的分析。

1. **广义的管理工作**　从广义上看,凡是对组织资源或职能活动进行筹划与组织的工作都属于管理工作。从这个意义上讲,凡是在各级各类组织中管人的、管物的、管理某项活动的都可以看作是广义上的管理者。例如,在一个企业中,从总经理的领导工作,到会计员的账务处理工作,都可以看作是广义的管理工作。

**2. 狭义的管理工作**　从狭义上看,以管人为核心的组织与协调的工作属于管理工作。即管理是通过管理他人,进而筹划和组织资源与活动的各种工作。例如,企业中总经理和各部门经理、各作业班组长所从事的工作即为狭义的管理工作。

### (二) 管理者

**1. 关于管理者的传统观点**　传统的观点认为管理者是运用职位、权力,对人进行统御和指挥的人。这种概念强调的是组织中的正式职位和职权,强调必须拥有下属。

**2. 关于管理者的现代观点**　美国学者德鲁克曾在《卓有成效的管理者》一书中给管理者下的定义为:在一个现代的组织中,每一位知识工作者如果能够通过他们的职位和知识,对组织负有贡献的责任,从而能够实质性地影响该组织经营及成果的,即为管理者。这一定义强调,作为管理者首要的标志是必须对组织的目标负有贡献的责任。

综合以上分析,本书对管理者的定义为:从事管理活动,通过计划、组织、领导和控制等职能,实现组织目标的人。

## 二、管理者的类型

管理者可以按多种维度进行分类。

### (一) 按管理层次划分

**1. 高层管理者**　高层管理者指一个组织中最高领导层的组成人员,对整个组织的管理负有全面责任。他们对外代表组织,对内拥有最高职位和最高职权,并制订组织的总目标、总战略,掌握组织的大政方针并评价整个组织的绩效。他们以决策为主要职能,故高层也称为决策层。例如,一个医药企业的总经理就属于高层管理者。

**2. 中层管理者**　中层管理者指一个组织中中层机构的负责人员。贯彻执行高层管理者所制订的重大决策,监督和协调基层管理者的工作,注重日常的管理工作。例如,一个医药企业的销售部经理为中层管理者。

**3. 基层管理者**　基层管理者指在生产经营第一线的管理人员,负责给一线基层操作者分派具体的工作任务。他们负责将组织的决策在基层落实,制订作业计划,负责现场指挥与现场监督,故基层也称为作业层。例如,零售药店的店长就是基层管理者。

---

**课 堂 活 动**

下列属于基层第一线管理人员职位的有(　　　　)

A. 总裁　　　　B. 厂长　　　　C. 部门经理　　　　D. 工长

---

## （二）按管理工作的性质与领域划分

**1. 综合管理者** 综合管理者指负责整个组织或其所属单位的全面管理工作的管理人员。他们是一个组织或其所属单位的主管，对整个组织或该单位目标实现负有全部的责任；他们拥有领导这个组织或单位所必需的权力，有权指挥和支配该组织或该单位的全部资源与职能活动，而不是只对单一资源或职能负责。例如，药厂的厂长是综合管理者。

**2. 职能管理者** 职能管理者是指在组织内只负责某种职能的管理人员。这类管理者只对组织中某一职能或专业领域的工作目标负责，只在本职能或专业领域内行使职权、指导工作。职能管理者大多具有某种专业或技术专长。例如，医药企业财务处处长就属于职能管理者。

## （三）按工作中形成的职权关系划分

**1. 直线管理人员** 直线管理人员是指有权对下级进行直接指挥的管理者。他们与下级之间存在领导隶属关系，是一种命令与服从的职权关系。直线管理人员的主要职能是决策和指挥。直线人员主要指组织等级链中的各级主管，即综合管理者。例如，企业中的总经理—部门经理—班组长，他们是典型的直线人员，主要是由他们组成组织的等级链。

**2. 参谋人员** 参谋人员是指对上级提供咨询、建议，对下级进行专业指导的管理者。他们与上级的关系是一种参谋、顾问与主管领导的关系，与下级是一种非领导隶属的专业指导关系。他们的主要职能是咨询、建议和指导。参谋人员通常是指各级职能管理者。

> **课堂活动**
> 计财处处长属于哪一类型的管理者？

# 三、管理者的素质和技能

## （一）管理者的素质

管理者的素质指管理者所具有的先天生理条件以及通过后天的学习与社会实践所形成的、在管理活动中经常起作用的各内在要素的总和。具体见表 1-6。

表 1-6 管理者的素质

| 素质类型 | 内容 |
| --- | --- |
| 品德素质 | 管理者具有坚定的理想信念、高尚的情操，以及品格正直、坚守正道、弘扬正气 |
| 知识素质 | 管理者具有广博的科学文化知识、扎实的专业知识 |
| 能力素质 | 管理者具有多谋善断的思维能力、调兵遣将的组织能力、循循善诱的协调能力、畅通无阻的交流能力 |
| 身心素质 | 管理者本人的身体状况与心理条件，包括健康的身体，坚强的意志，开朗、乐观的性格，广泛而健康的兴趣等 |

## （二）管理者的技能

管理者的技能主要表现为实际管理过程中管理者的管理技能。管理学者罗伯特·卡兹提出管理者必须具备三方面技能，即技术技能、人际技能和概念技能。具体描述见表 1-7。

上述三种技能对任何管理者来说都是应当具备的。但不同层次的管理者，由于所处位置、作用和职能不同，对三种技能的需要程度则明显不同。高层管理者尤其需要概念技能，而且，所处层次越高,对这种概念技能要求越高。这种概念技能的高低,成为衡量一个高层管理者素质高低的最重要的尺度。而高层管理者对技术技能的要求相对低一些(图 1-1)。

**表 1-7　管理者应该具备的技能**

| 技能类型 | 内容 |
| --- | --- |
| 技术技能 | 管理者掌握与运用某一专业领域内的知识、技术和方法的能力,包括专业知识、经验,技术、技巧,程序、方法、操作与工具运用熟练程度等 |
| 人际技能 | 管理者处理人事关系的技能:①观察人、理解人、掌握人的心理规律的能力;②人际交往、融洽相处、与人沟通的能力;③了解并满足下属需要,进行有效激励的能力;④善于团结他人,增强向心力、凝聚力的能力等 |
| 概念技能 | 管理者观察、理解和处理各种全局性的复杂关系的抽象能力:①对复杂环境和复杂问题的观察、分析能力;②对全局性的、战略性的、长远性的重大问题处理与决断的能力;③对突发性紧急处境的应变能力等 |

| 管理者的层级 | 管理者应具备的技能 | | |
| --- | --- | --- | --- |
| 高层管理者 | 概 | 人 | 技 |
| 中层管理者 | 念 | 际 | 术 |
| | 技 | 技 | 技 |
| 基层管理者 | 能 | 能 | 能 |

**图 1-1　管理者应具备的技能**

**课 堂 活 动**

作为药店从业人员,应具备哪些技术技能?

**点滴积累**

1. 按照管理者所处的层级,可将管理者分为高层管理者、中层管理者和基层管理者。
2. 管理者应该具备的技能有技术技能、人际技能和概念技能。

# 第四节　企业管理环境分析

企业是一个开放的系统,在企业内部以及企业与外界之间不断地发生各种资源和信息的变化,企业的活动受到内部与外部环境的影响和制约。对于企业来说,准确识别环境的特点,预测和把握环境的变化趋势,并有准备地予以应对,是企业科学实施战略管理的重要前提。企业要进行战略管理,必须全面、客观地分析和掌握企业的内部与外部环境的变化,明确战略环境为企业发展提供的机会和构成的威胁,正确定位自身的优势与劣势,并以此为出发点,制订切实可行的目标和实现目标的战略。

## 一、企业宏观环境

企业宏观环境是指那些给企业带来机会或构成威胁的主要社会力量,是企业不可控制的因素,它间接地影响着企业的战略管理。外部环境主要包括:政治法律环境、经济环境、文化环境、人口环境、自然环境和技术环境等。

### (一) 政治法律环境

企业的政治环境是指制约和影响企业的各种政治要素及其运行所形成的环境系统。政治环境包括国家的权力机构、政治制度、企业经营所涉及的政策等因素。这些因素都影响企业的战略制订及实施。

**1. 政府的产业政策**　产业政策是指政府为实现一定的经济和社会目标而对产业的形成和发展进行干预的各种政策的总和。例如,为了加快医药产业的快速发展,推进健康中国建设,国家出台了包括《中共中央 国务院关于深化医药卫生体制改革的意见》《"健康中国 2030" 规划纲要》等一系列的产业政策,为医药产业的发展指明方向。

**2. 政府投入**　政府投入反映了资源在政府与企业之间的重新分配。近年来,政府对医药产业的投入呈现覆盖面广、投入规模大、投入资金不断增长等特点。政府投入的增加对于提高产业创新能力和国际竞争力起到至关重要的作用。

企业的法律环境是指对企业经营活动具有现实或潜在影响的法律和法规等因素,这些因素既对企业经营活动具有限制性规定,又为保护企业合法权益与消费者利益、促进公平竞争、维持良好的企业运营环境提供有力的保障。

**知识链接**

#### 2019 年新修订的《中华人民共和国药品管理法》

2019 年 8 月 26 日,第十三届全国人民代表大会常务委员会第十二次会议表决通过了新修订的《中华人民共和国药品管理法》(以下简称《药品管理法》),新法于 2019 年 12 月 1 日开始执行。新修订的《药品管理法》与 2015 年版的《药品管理法》相比主要有以下的变动。

1. 打破了禁止网络销售处方药的规定,明确除疫苗、血液制品、麻醉药品、精神药品、医疗用毒性药品、放射性药品、药品类易制毒化学品等国家实行特殊管理的药品外,其他药品可以通过网络销售。

2. 对于未经批准进口少量境外已合法上市的药品,不再按假药论处,但仍需经过严格审批程序。

3. 对于医疗机构因临床急需进口少量境外已合法上市的药品,如果该药品为临床急需的情况下,可以免于取得进口药品注册证书。

4. 明确了药品上市许可持有人的义务和责任,包括对药品的安全性、有效性和质量控制负责。

5. 加强了对药品广告的监管,禁止发布虚假、夸大、误导性的药品广告。

6. 加大对药品违法行为的处罚力度,对于生产、销售假药的行为,除追究刑事责任外,还规定了相应的行政处罚措施。

7. 取消了 GMP/GSP 认证,将原先的五年一次的大考试,改成现行的不定时随堂测验,监督更为严格。

### (二) 经济环境

经济环境主要是指构成企业生存和发展的社会经济状况及国家的经济政策。主要包括国家及地方的经济发展状况、经济结构及产业结构、货币政策、收入水平等因素,其变化及走势都将影响企业的发展。

### (三) 文化环境

社会文化是人们的价值观、思想、态度和社会行为等的综合体,主要包括社会风俗习惯、价值观念、伦理道德、宗教信仰等因素。文化因素会影响购买决策与企业经营行为,进而改变企业的战略选择。

### (四) 人口环境

人口是构成市场的最基本的因素,它决定了一个国家或者地区对药品的需求总量。因此,企业在从事管理活动时需要了解目标市场的人口总数。除了了解目标市场的人口总数,企业还需要了解该市场人口的年龄结构、性别结构和城乡结构。

### (五) 自然环境

自然环境是由水土、地域、气候等自然事物所形成的环境。我国土地辽阔,地形错综复杂,气候条件多种多样。不同地区的地形、土壤、气候等条件不同,形成了不同的道地药材。如河北、山东、山西以及内蒙古中部,主产党参、酸枣仁、柴胡、板蓝根和金银花,而在青藏高原地区,则主产冬虫夏草、雪莲花、炉贝母和麝香。独特的环境下,物种形成了自己的品质与生长、繁衍习性,而一旦环境改变,无论是人为变化还是自然本身的发展,必然迫使该物种作出适应性调整;如果该物种无法适应,最终将遭受灭绝的厄运。

### (六) 技术环境

技术环境是指企业所处环境中的科技要素及与其直接相关的各种社会现象的集合。企业技术环境包括四个基本要素:社会科技水平、社会科技力量、国家科技体制和国家科技政策与科技立法。技术的发展与变化对企业的经营活动有直接和重大的影响,企业应及时分析并对应作出战略调整,以获取竞争优势。

> **知识链接**
>
> #### 人工智能在医药领域的应用
>
> 人工智能在医药领域有着广泛的应用,以下是一些主要的应用场景。
>
> 1. **药物研发** 人工智能可以通过分析大量的化学、生物和临床数据,辅助科学家发现新的药物分子、靶点和生物标志物。此外,人工智能还可以预测药物的副作用、药代动力学和药效学特性,从而降低药物研发的风险和成本。

**2. 诊断辅助** 人工智能可以通过分析医学影像、病理切片、基因组数据等,辅助医生进行疾病的诊断。例如,深度学习算法可以识别肿瘤组织的特征,帮助医生更准确地判断肿瘤类型和分级。

**3. 药物剂量个体化** 人工智能可以根据患者的基因型、年龄、性别、体重等因素,为患者推荐最合适的药物剂量。这有助于提高药物疗效,减少不良反应和药物浪费。

**4. 虚拟助手和聊天机器人** 人工智能可以通过语音识别和自然语言处理技术,为患者提供医疗咨询、预约挂号、用药提醒等服务。这有助于提高医疗服务的可及性和便利性。

## 二、企业微观环境

企业微观环境是指直接对企业生产经营活动能够产生影响的各种因素的总和。企业微观环境主要包括企业内部环境、消费者、竞争者、供货商、中间商、公众。

### (一) 企业内部环境

企业内部环境指企业的内部状态,如企业组织架构的设置、企业的研发能力、生产能力、营销能力、融资能力和管理能力、信息处理能力、高层对市场的反应能力等。

### (二) 消费者

消费者是企业最重要的微观环境。他们不仅是企业服务的对象,也是企业的目标市场。任何产品和服务,得到消费者的认可也就得到了市场。所以,分析消费者的需求,了解消费者对产品的态度是企业管理的核心。

### (三) 竞争者

企业很少垄断某一市场,总会面对各种各样的对手。企业的竞争对手不仅包括同行业的竞争者,还包括跨行业的竞争者。企业在开拓市场时,经常与上述不同的竞争者形成竞争关系,而且这种竞争关系受多种因素影响而处于不断变动中,如何适时调整竞争策略,取得竞争优势,是企业必须考虑的问题。

### (四) 供货商

供货商是指向企业提供产品和服务所需资源的企业和个人。供货商所提供的资源主要包括原材料、设备、能源、劳务和资金等等。如果没有这些资源作为保障,企业就根本无法正常运转。

### (五) 中间商

中间商是协助医药企业寻找消费者或者直接与消费者交易的组织或个人。中间商分为批发商和零售商。

> **知识链接**
>
> **"两票制"政策**
>
> "两票制"政策是我国医药领域一项重要的改革措施,旨在规范药品流通秩序、压缩不必要的流通环节、降低虚高的药品价格,并打击非法的药品流通行为。
>
> 以下是关于"两票制"政策的相关内容。

**1. 定义和目的** "两票制"要求药品生产企业到流通企业开具一次发票,流通企业再到零售企业开具一次发票。这一政策有助于减少药品流通中的不必要环节,从而降低药品在流通过程中的成本叠加,最终减轻患者的经济负担。

**2. 优势与影响** "两票制"能够有效减少药品流通环节,扼制窜货现象,通过减少中间环节降低成本,使得药品价格更加透明和合理。

**3. 执行监督** 为确保"两票制"顺利实施,相关监管部门会进行严格的监督和管理,确保所有参与方遵守规定,维护公平公正的市场秩序。

### (六)公众

公众是指对企业实现组织目标的能力有实际或潜在利益关系和影响力的团体或个人。公众对企业的态度会对企业的管理活动产生巨大影响,它既可能有助于增强企业实现目标的能力,也可能妨碍这种能力,企业应该采取措施,处理好与公众的关系。

## 三、企业环境分析与战略选择

企业的宏观环境和微观环境都会对企业的管理产生重大影响,因此企业应该重视对环境的分析。常用的环境分析方法:SWOT 分析法、波士顿矩阵分析法和波特"五力"模型。

### (一)SWOT 分析法

SWOT 分析法是一种综合考虑企业内部条件和外部环境的各种因素,进行系统评价,从而选择最佳经营战略的方法,其中的 S 是指企业的优势(strengths),W 是指企业的劣势(weaknesses),O 是指企业外部环境的机会(opportunities),T 是指企业外部环境的威胁(threats)。

**1. SWOT 分析的步骤**

(1)优势分析:优势是指企业所具有的、相对于竞争对手而言的优势资源或技术。企业的优势主要体现在技术、成本、竞争能力、规模经济、管理水平、员工素质、分销能力、品牌声誉、企业文化等方面。

(2)劣势分析:劣势是指使企业在行业中处于劣势地位的条件和因素。企业的劣势主要体现在关键技术、人才引进、设备资源、组织管理能力等方面。

(3)机会分析:机会是指企业经营环境中出现的对企业的发展具有利好作用的形势。主要体现在市场增长速度快、新客户开发状况良好、产品线扩展满足消费者需求、并购联盟整合企业资源、有利的政府政策等方面。

(4)威胁分析:威胁是指企业经营环境中出现的对企业业务发展、营利能力或市场地位不利的因素。主要体现在市场增长速度慢、强大的竞争者进入、优质产品的出现、消费者需求产生偏移、买方或供应商讨价还价能力提高、不利的政府政策等方面。

**2. 基于 SWOT 分析的战略选择** 在利用 SWOT 分析法确定企业战略时,一般采用十字结构图(图 1-2)。具体方法是建立一个十字象限,X 轴表示内部优势与劣势,Y 轴表示外部机会与威胁,然后将各类要素逐项打分,按其重要程度加权并求其代数和,再将所得结果在 SWOT 分析图上具体定位,根据其所在的象限,确定企业的战略选择。

根据所在象限不同,企业战略可以分为以下几种。

(1)增长型战略(SO):即依靠内部优势去抓住外部机会的战略。如一个资源雄厚的企业(具有内部优势)发现某一国际市场尚未饱和(存在外部机会),那么它就应该采取SO战略去开拓这一市场。

(2)扭转型战略(WO):即利用外部机会来弥补企业内部劣势的战略。例如,当市场对某项业务的需求快速增长(外部机会)、企业自身却缺乏这一方面的资源(内部劣势)时,企业就应该抓紧

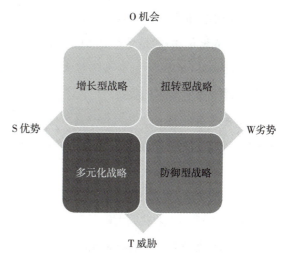

图 1-2　SWOT 分析战略选择的十字结构图

时机采取扭转型战略,购买相关设备、技术,雇用技术人员或者直接并购一个相关企业,以抓住这个机会。

(3)多元化战略(ST):即利用企业的优势避免或减轻外部威胁的打击。如一个企业的销售渠道很多(内在优势),但是由于种种限制又不允许它经营其他产品(外在威胁),那么企业就应该采取多元化经营战略,在产品的多样化以及其他优势方面创造优势。

(4)防御型战略(WT):即减少内部弱点同时避免外部威胁的战略。例如,一个资金不充裕(内在劣势),而市场对其产品的认知度又不高(外在威胁)的企业就应该采取防御型战略,稳扎稳打地强化企业管理,提高产品质量,稳定供应渠道,或者以联盟、合并的方式谋求长期的生存和发展。

## (二)波士顿矩阵分析法

波士顿矩阵(Boston matrix),是一种内部环境分析法,又称市场增长率-相对市场份额矩阵,是由美国著名的管理学家、波士顿咨询公司创始人布鲁斯·亨德森于1970年创建的。它是一个产品组合管理框架,旨在帮助公司对不同业务进行优先级排序,并根据规则将公司的业务放入四个象限中。这样,首席执行官(chief executive officer,CEO)就可以使用它作为依据,决定如何分配公司的资源和资金,以发展最有价值的业务,同时减少损失。

波士顿矩阵的核心思想是基于销售增长率(反映市场吸引力的指标)和市场占有率(反映企业实力的指标)来分析决定企业的产品结构。市场吸引力包括企业的销售增长率、目标市场容量、竞争对手的强弱和利润高低等因素。其中,销售增长率是决定企业产品结构是否合理的外在因素。而企业实力则涉及市场占有率、技术、设备和资金利用能力等方面,其中市场占有率是决定企业产品结构的内在因素,直接反映企业的竞争实力。

这个矩阵将产品类型分为四种(图 1-3):明星类业务(高销售增长率且高市场占有率)、金牛类业务(低销售增长率但高市场占有率,市场占有率稳定,可以带来稳定的现金流)、问题类业务(高销售增长率但低市场占有率,需要大量投资以维持或提高市场占有率)和瘦狗类业务(低销售增长率

且低市场占有率,可能需要考虑退出市场或重新定位)。

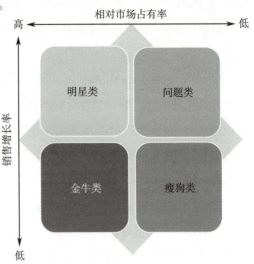

图 1-3　波士顿矩阵图

**1. 明星类业务**　明星类业务市场增长快,并处于市场领先地位,一般是企业的名牌产品。这类业务发展前景好、竞争力强,企业需加大投资以支持其发展,争取赢得较多的收益。

**2. 金牛类业务**　金牛类业务是市场处于饱和期(或成长期)的产品,它们在市场上占主导地位,给企业带来大量的现金流。对这些业务不再需要投入大量的资金,只需设法延长其营利期,依靠足够的市场份额,为企业获取大量利润。

**3. 问题类业务**　问题类业务市场增长速度快,企业需要投入大量资金支持其发展;但该类业务市场份额较小,能够产出的资金较少。问题类业务多数是新业务或投机性业务,具有一定的风险性。对能够成长为明星类业务的问题类业务采取增长型战略,相反则采取收缩型战略。

**4. 瘦狗类业务**　瘦狗类业务的市场份额不断下降,市场增长可能性极小。维持这类业务经营对企业来说不仅占用资金和资源,还会影响其他业务的发展。因此可以考虑退出或重新定位。

### (三) 波特 "五力" 模型

波特 "五力" 模型(图 1-4)是由美国著名战略管理学家迈克尔·波特于 20 世纪 80 年代初提出的一个管理理论。他认为:每个行业中都存在着五种力量,这五种力量共同决定行业竞争的强度以及行业的利润率,这五种力量分别是供应商的讨价还价能力、购买者的讨价还价能力、潜在进入者的威胁、替代品的威胁和行业内现有竞争者。

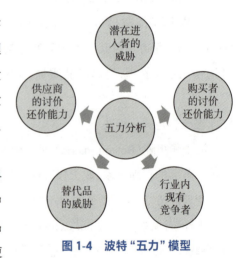

图 1-4　波特 "五力" 模型

**1. 供应商的讨价还价能力**　企业一般都拥有原材料或设备等的供应商,企业的供应商可以通过其在市场中的地位与企业进行讨价还价,可表现为提高所供应产品或服务的价格,或降低所供应产品或服务的质量,从而使下游产业的利润降低。供应商讨价还价能力的大小取决于以下几个因素。

(1)供应商的集中程度:供应商集中程度越高,就会出现由少数几家企业控制的局面,供应商就会在产品价格、质量和供应条件上对企业施加较大的压力。

(2)供应商产品的可替代程度:供应商产品的可替代程度越高,对企业越有利。即使供应商有较强的竞争优势,其竞争能力也会受到影响。

(3)供应商产品的标准化程度:供应商产品的标准化程度越高,企业需要付出的转换成本就会越高,此时,供应商讨价还价的能力就会增强,会对企业造成较大的压力。

(4)供应商产品对企业的重要性:供应商的产品对企业产品的质量、性能有重要的影响时,供应商将有较高的讨价还价的能力。

(5)供应商前向一体化的可能性：供应商若通过收购或兼并的方式获取对下游分销系统的控制，即实施前向一体化战略，则其讨价还价的能力将会增强。

**知识链接**

**纵向一体化战略**

纵向一体化战略包括前向一体化与后向一体化。

**1. 前向一体化**　是指企业通过收购或兼并其下游购买商，拥有或控制其分销系统，实施产销一体化。企业根据市场的需要和生产技术条件，利用自身优势，对成品进行深加工的战略，目的是为获得原有成品深加工的高附加值。这通常是制造商的战略。

**2. 后向一体化**　是指企业通过收购或兼并其上游供应商，拥有或控制其供应系统，实施供产一体化。企业利用其在产品上的优势，将原来属于外购的原材料和零件，改为自行生产的战略。在供货成本太高、供货方不可靠或不能保证供应，而企业本身有后向一体化能力时，常常采用这种战略。

**2. 购买者的讨价还价能力**　当购买者在市场上占有重要的地位时，其就会与企业进行讨价还价。购买者的讨价还价能力表现为要求产品的价格更低廉、质量更好或提供更为优质的售后服务等。购买者讨价还价能力的大小，取决于以下几个因素。

(1)购买者的集中程度或购买量：当某产品的购买者集中程度高或数量少，且每个购买者的购买量大，购买量占企业总销售量的比重较大时，购买者就具有较强的讨价还价能力。

> **课堂活动**
> 连锁药店作为药品的购买方，如何在购买药品过程中提高自己的讨价还价能力？

(2)购买者所购买产品的标准化程度：购买者所购买的产品如果是标准的或差异性较小的，购买者的选择性就较大，从而使卖方处于劣势，购买者的讨价还价能力就越强。

(3)购买者掌握的信息：购买者拥有的关于需求、市场价格以及生产者的制造成本等信息越详尽和全面，其讨价还价能力越强。

(4)购买者的转换成本：购买者的转换成本越低，则其讨价还价的能力越强。

(5)购买者后向一体化的可能性：购买者通过收购或兼并若干供应商，拥有和控制其供应系统，则其讨价还价的能力就会增强。

> **课堂活动**
> 影响购买者讨价还价能力的因素有哪些？

**3. 潜在进入者的威胁**　当一个行业的平均利润率高于社会平均利润率，且该行业进入壁垒较低时，就会有新的投资者进入该行业。潜在进入者是一个产业的重要竞争力量，潜在进入者的威胁程度取决于进入壁垒和现有企业的反击力度。

(1)进入壁垒：行业进入壁垒主要包括规模经济、产品差异化、资金需求、转换成本、销售渠道、成本优势和政府政策七个方面。进入壁垒越高，潜在进入者的威胁就会越小。

(2)现有企业的反击力度：行业内现有企业的反击力度越大，新进入者进入该行业的可能性越小，威胁就越小。

**4. 替代品的威胁** 替代品是指满足相同消费者同一需求的其他产品或服务,该产品或服务具有相同或类似功能,可与现有产品或服务相互替代。替代品的威胁程度主要取决于以下几个因素。

(1)替代品的价格:替代品生产企业若具有成本优势或采用低价策略,则在产品或服务的价格上具有优势,对于消费者来说性价比比较高,此时,替代品的威胁较大。

(2)消费者的转换成本:若消费者选择替代品的转换成本较小,则消费者放弃原有产品而购买使用替代品的可能性较大,这样,替代品构成的威胁就较大。

(3)顾客的转换欲望:若顾客对原有行业产品或服务购买欲望下降,则会对替代品的购买使用欲望增强,此时,替代品的威胁增强。

**课 堂 活 动**
药品生产企业如何降低替代品的威胁?请举例说明。

**5. 行业内现有竞争** 者行业内企业之间的竞争是企业获得竞争优势的必然存在。通常情况下,行业内企业竞争的激烈程度主要由以下一系列因素决定。

(1)竞争者的数量:一个行业内企业数量越多,竞争越激烈。每个企业都想通过竞争改善其市场地位,众多企业行动的必然结果便是竞争程度的加剧。

(2)产业增长速度:产业增长缓慢时,企业为寻求发展,便会把力量放在争夺现有市场上,这样就会使现有企业竞争程度加剧。相反,产业快速增长时,行业内各企业可以与产业同步发展,企业还可以在发展的过程中充分利用自己的资金和资源,竞争程度有所下降。

(3)产品差异化程度:产品和服务差异化程度越小,企业之间的竞争就会停留在价格层面,此时,行业内企业之间的竞争越激烈。相反,当产品和服务差异化程度较大时,消费者会产生差异化偏好和选择,进而形成消费忠诚度,则企业之间的竞争较缓和。

(4)固定成本或库存成本:当固定成本或存货成本较高时,各个企业为了实现盈亏平衡或获得较高的利润,就会充分利用其生产能力抢占市场份额,当生产能力利用不足时,企业宁愿降低价格、扩大销售量也不愿闲置生产设备,因而企业间的竞争加剧。在库存成本高或产品不易保存的行业内,企业急于销售产品,也会使行业内竞争加剧。

(5)消费者转换成本:若消费者购买产品或服务的转换成本较低时,消费者就可能转换另一企业的产品或服务,则竞争比较激烈。相反,若消费者购买产品或服务的转换成本较高时,消费者转换产品或服务的概率则降低,不同企业产品各具特色,而各自拥有不同的消费者人群,则竞争比较缓和。

(6)生产能力:若由于产业的技术特点和规模经济的要求,产业内不断增加新的生产能力,则必然会打破供求平衡,导致供过于求,产生过剩的产能,从而增加现有竞争者之间的抗衡,导致竞争加剧。

(7)退出障碍:退出障碍是指企业在退出某一行业时所遇到的困难。当企业退出障碍高时,行业中因为存在过剩的生产能力而导致竞争加剧。企业退出障碍主要体现在以下几个方面:固定资产的专业化程度高;清算价值低或转换成本高;退出的固定费用高;战略上的协同关系影响;情感上的因素;政府和社会的限制等。

## 某医药集团的波特"五力"模型分析

**案例：**某医药集团是一家以中药为核心的大型综合性企业，其业务涵盖中药材种植、中药饮片生产，以及中成药研发、生产和销售等多个环节。为了更好地分析该集团的竞争力，我们可以运用波特"五力"模型对其进行分析。

**1. 供应商的讨价还价能力**　该集团在中药材种植和中药饮片生产环节需要大量的原材料，这些原材料的供应主要依赖于外部供应商。由于中药材市场竞争激烈，供应商众多，因此该集团在与供应商的谈判中具有较强的讨价还价能力。

**2. 买方的讨价还价能力**　中成药市场竞争激烈，同类产品众多，消费者在选择时有更多的选择余地。因此，该集团在面对消费者时，买方讨价还价能力较强。

**3. 新进入者的威胁**　中药行业具有较高的技术壁垒和政策壁垒，新进入者需要投入大量的资金和时间进行技术研发、市场推广等工作。此外，政府对中药行业的监管力度加大，新进入者需要满足更加严格的法规要求。因此，该集团面临的新进入者的威胁相对较低。

**4. 替代品的威胁**　虽然中药具有独特的疗效和优势，但在一定程度上，西药和其他替代疗法也对中药市场产生了一定的替代作用。因此，该集团需要不断创新，提高产品的竞争力，以应对潜在的替代品威胁。

**5. 行业内的竞争**　该集团作为行业内的领军企业，拥有较高的市场份额和品牌影响力，但在面临其他竞争对手的挑战时，仍需保持警惕，不断提升自身的核心竞争力。

**分析：**该集团在供应商讨价还价能力方面具有一定的优势，面临的新进入者的威胁和替代品的威胁相对较低。然而，行业内的竞争仍然激烈，该集团需要不断创新和提升自身实力，以提高市场竞争力。

---

### 点滴积累

1. 管理环境有宏观环境和微观环境。

2. 宏观环境主要包括政治法律环境、经济环境、文化环境、人口环境、自然环境和技术环境等。

3. 微观环境主要包括企业内部环境、消费者、竞争者、供货商、中间商、公众。

4. SWOT 分析法是一种综合考虑企业内部条件和外部环境的各种因素，进行系统评价，从而选择最佳经营战略的方法，其中的 S 是指企业的优势（strengths），W 是指企业的劣势（weaknesses），O 是指企业外部环境的机会（opportunities），T 是指企业外部环境的威胁（threats）。

5. 波士顿矩阵是一种内部环境分析法，又称市场增长率 - 相对市场份额矩阵。

6. 波特"五力"模型包括五种力量，分别是供应商的讨价还价能力、购买者的讨价还价能力、潜在进入者的威胁、替代品的威胁和行业内现有竞争者。

## 实训一　零售药店店长应该具备的技能

### 一、实训目的

明确零售药店店长应该具备哪些技能。

### 二、实训要求

1. 将学生每 4 人一组分成若干组。
2. 列出零售药店店长应该具备的技能,以及每一项技能具体体现在哪些方面。

### 三、实训内容

小王是一名零售药店店长,作为店长,她应该具备哪些技能才能胜任这份工作?

### 四、实训评价

1. 小组成员都能积极参与讨论,得分 5 分。参与度低的,酌情扣分。
2. 能列出三大技能,得分 3 分。
3. 能列出每项技能具体体现点的,每一点给 1 分。

ER 1-2
习题

### 目标检测

#### 一、简答题

1. 结合管理的二重性,分析为什么我们在学习国外管理经验时不能简单地复制。
2. 简述科学管理理论的主要内容。
3. 简述人际关系理论的主要内容。

#### 二、分析题

用波特"五力"模型分析生产六味地黄丸企业的五种力量。

(任灵梅)

# 第二章 决策与计划

ER 2-1

第二章
决策与计划
（课件）

## 学习目标

1. **掌握** 决策和计划的定义；计划的内容。
2. **熟悉** 决策的过程；决策的方法；计划的编制方法。
3. **了解** 决策的影响因素；计划的类型。

## 导学情景

**情景描述：**

2016年3月5日，国务院办公厅印发《关于开展仿制药质量和疗效一致性评价的意见》（国办发〔2016〕8号），标志着我国仿制药质量和疗效一致性评价工作全面展开。企业在进行仿制药一致性评价时，需要作出一系列决策。

**1. 是否参与仿制药一致性评价** 企业根据自身的产品结构、市场定位和发展战略，决定是否参与仿制药一致性评价。对于具有较大市场潜力和竞争优势的仿制药，应积极参与评价，以获取更多的市场份额。

**2. 选择评价品种** 企业根据自身的产品特点和市场需求，选择具有较高市场价值和竞争力的品种进行一致性评价。要关注国家政策和行业标准，确保所选品种符合相关规定。

**3. 制订评价方案** 企业要制订详细的仿制药一致性评价方案，包括评价方法、评价指标、评价流程等。还要与相关研究机构、临床试验机构等合作，以确保评价方案的科学性和可行性。

**4. 投入资源** 仿制药一致性评价需要投入大量的人力、物力和财力。企业要合理分配资源，确保评价工作顺利进行。还要关注国家政策和行业标准的变化，及时调整资源的投入。

**5. 风险管理** 企业在进行仿制药一致性评价时，要关注各种潜在风险，如技术风险、市场风险、政策风险等。针对这些风险，企业要制订应对措施，确保评价工作的成功进行。

**6. 结果应用** 在完成仿制药一致性评价后，要根据评价结果，调整产品结构、优化生产工艺、改进质量控制等，以提高产品的质量和竞争力。还要加强与医疗机构、药店等的合作，以提高产品的市场推广力度。

**学前导语：**

现代企业管理理论认为，管理的重心在经营，经营的重心在决策。企业的任何一个经营决策，都是为企业的未来确立目标和选择措施。决策正确，企业的生产经营活动才能顺利开展；决策失误，企业的生产经营活动就会遇到挫折，甚至失败。

## 第一节　决策概述

在实际生活和工作中,人们总是要碰到各种各样的问题。面对同一个问题,为了实现预期目标,在几种可供选择的行动方案中,找出解决问题的合理方案并付诸实施,这就构成了决策。决策是普遍存在的一种活动,人们任何有目的的行动都有一个如何决策的问题。决策正确与否不仅影响行动的绩效,而且是行动成败的关键,有时甚至会关系决策者的生死存亡。然而长期以来,理论界对于什么是"决策"众说纷纭,并未形成统一的认知。一些决策者仅仅把决策理解为一种判断行动,认为决策就是对方案的最后选择,即人们通常说的领导者的"拍板",这是对决策的一种片面理解。

**课 堂 活 动**
什么是决策? 如何进行科学的决策?

### 一、决策的定义

美国管理学者巴纳德和斯特恩等人提出"决策"的概念,用以说明组织管理中的分权问题;后来,美国著名管理学家西蒙强调决策在管理中的重要地位,提出"管理就是决策";帕梅拉·刘易斯、斯蒂芬·古德曼和帕特丽夏·范特将决策定义为"管理者识别并解决问题以及利用机会的过程"。此外,还有人认为决策仅仅是管理过程中的一项职能,也有人认为决策是计划职能的一个组成部分。截至目前,学者们对"决策"概念的界定不下上百种,但仍然没有形成统一的看法。尽管这些说法不一,但都从不同的角度对决策进行说明,反映决策的不同侧面。

归纳起来,关于"决策"的诸多界定基本有以下三种理解:一是广义的理解,决策是一个包括提出问题、确立目标、设计和选择方案的过程。二是狭义的理解,决策是决策者从几种备选的行动方案中作出最终抉择,是决策者的拍板定案。三是最狭义的理解,决策是对不确定条件下发生的偶发事件所作出的处理决定。这类事件既无先例,又没有可遵循的规律,作出选择要冒一定的风险。也就是说,只有冒一定的风险的选择才是决策。

那么,究竟什么是决策呢? 本书中对决策的定义如下:所谓决策是人们在明确问题的基础上确定未来行动目标,为实现预期目标而在内外部条件的约束下,利用各种信息和经验,按照科学的理论和方法进行必要的计算分析和判断,从多个可供选择的可行方案中选择一个最佳的合理方案,作为目前和今后行动的指南,并将行动方案加以执行、付诸实施的过程。

正确理解决策的定义应当把握以下几个方面:①决策要有明确的目标。做决策是为了解决某一问题,或者为了达到一定的目标,所以在明确问题基础上确定具体目标是决策过程的第一步。②决策要有两个以上的备选方案。决策实质上是选择行动方案的过程,因此在决策时至少有两个或两个以上的方案,人们才能从中进行比较、选择,最后选择一个满意的方案作为行动方案。③选择行动方案后必须付诸实施。如果选择的方案被束之高阁,决策等于没决策,所以决策不仅是选择合理方案的分析判断过程,也是将行动方案加以组织实施的过程。④决策的本质是一个过程,完整的决策过程应当包括明确问题、确定目标、制订方案、评估方案、选定方案和实施方案等一系列活动环节,其中任何一个环节出了问题都会影响决策的最终效果。⑤决策的目的不仅是为了解决问题,有时也为了利用机会。

一般来说,决策包含以下几个方面的要素。

**1. 决策主体**　决策主体既可以是个人,也可以是团体或小组。在决策中,承担分析问题、提出方案、评价方案任务的决策主体称为"分析者",能作出最后决断的决策主体称为"领导者"。

**2. 决策目标**　决策是为了解决问题,从而达到某种目的。决策的开端是确定目标,而终端是实现目标,没有目标就无从决策。科学决策的前提是确定决策目标。正确的目标作为评价和监测整个决策行动的准则,不断地影响、调整和控制决策活动的过程。一旦目标错了,就会导致决策失败。所以,决策必须有一个明确的目标。

**3. 决策方案**　决策必须至少有两个或两个以上可供选择的备选方案,并且可进行比较分析。如果没有可供选择的备选方案,或者备选方案只有一个,就无从选择,也就无须决策。

**4. 决策原则**　决策是一个过程,而每一个备选方案都会有利弊或优缺点,所以决策具有一定的规则和程序,必须依据科学的决策原则确定可行方案的评价标准,对方案从各方面进行综合分析与评价,以提高决策的正确性和科学性,从而确定各个方案贡献程度及存在的问题。

**5. 决策结果**　在综合分析比较各个方案对目标的贡献程度和存在问题的基础上,决策主体根据预期目标最终选定一个满意的可行方案。

> **课 堂 活 动**
> 如何正确理解决策的定义?

## 二、决策的过程

决策不是一成不变地停留在某一时点的决断,而是根据目标提出问题、分析问题、解决问题,并适应环境变化不断修正完善的动态过程。决策既包括提出问题、确定目标、制订方案、评估方案、选择确定方案等步骤,又包括方案的实施与监控、方案的修订和补充等环节。在方案执行的过程中要进行两种反馈:一种是如果未按方案执行,则应加强监督控制,保证决策顺利实现;另一种是如果实践证明决策错了,那么必须重新确定目标、修订方案,防止一错到底。

为了保证决策的顺利进行和富有成效,决策者应当详细了解决策过程的每一个步骤和程序,严格遵循决策的正确步骤和程序。一般来说,决策过程的正确步骤和程序具体包括以下几个环节(图 2-1)。

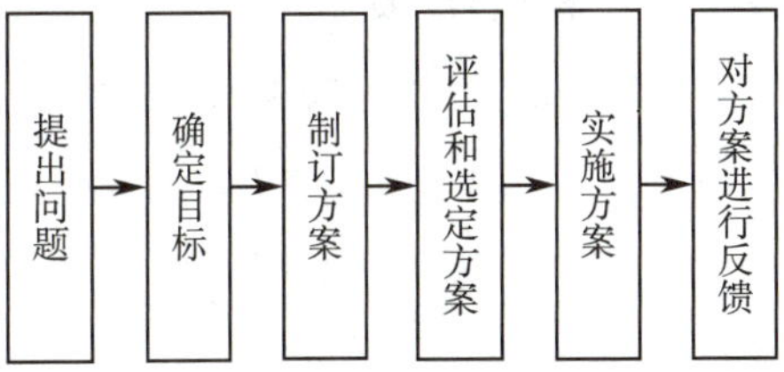

提出问题 → 确定目标 → 制订方案 → 评估和选定方案 → 实施方案 → 对方案进行反馈

**图 2-1　企业经营决策管理的程序**

### (一) 提出问题

从决策的观点来说,问题是客观事物发展的现实状况和应该达到或希望达到的理想状况之间的差异。任何决策都始于问题的识别,并围绕一定的问题来展开。例如,一个医药企业的决策就需要解决如何筹措资金,如何在市场竞争中发展自己,如何对医药产品进行市场定位、推广和销售等问题。问题是决策的起点,解决问题是决策的最终目的,因此能否正确地发现、分析和认识问题是决策的首要环节,是进行科学决策的前提和基础。

### (二) 确定目标

目标是在一定的环境和条件下,在预测的基础上所希望达到的目的和要求或取得的结果。目标是决策活动的出发点,而实现目标(取得预期目的和要求或效果)是决策的归宿。没有目标,决策没有方向;同样的问题,由于目标不同,所采用的决策方案也会不同。因此,目标的确定既是制订决策方案的依据和前提条件,也是执行决策、评价决策成效的标准,成为整个决策过程的重要一环。

### (三) 制订方案

在目标确定以后,决策者应当制订达到目标的各种备选方案。制订方案阶段是整个决策过程的重要步骤,其主要任务是根据前期确定的目标,对掌握的信息资料进行分析,并在此基础上提出多个备选方案以供筛选。制订可行方案的过程是探索发现的过程,也是淘汰、补充、修订、选取的过程,具有较强的技术性。

### (四) 评估和选定方案

在方案制订之后,决策者要组织一个得力的评选方案的班子,对备选方案在各个方面的合理性与科学性认真进行深入细致地正确评估,了解并找出各备选方案的优劣和差异,为下一步筛选最佳方案提供依据。

决策在于选择,没有选择就没有决策。从所列出的已评估备选方案中选择方案,是决策的关键环节。选定方案就是按照一定的择优准则,从多种备选方案中选择一个所需要的方案。选定方案是决策工作中具有决定意义的步骤,必须谨慎行事,不可掉以轻心。

### (五) 实施方案

决策者选定方案之后,就进入了实施方案的阶段。决策的目的是实施方案,以解决最初提出的问题。如果不能有效地实施方案,整个决策就会失去意义,只能是水中之月、镜中之花。实施方案直接影响决策的实现和成效,所以仍然包含决策的因素,属于整体决策过程的重要组成部分。用现代决策理论观点来看,决策不只是一个简单的方案选择问题,还包括方案的执行。只有通过将方案付诸实施,决策者才能最终检验决策正确与否、质量如何、是否合理有效,才能发现偏差并作出必要的调整。所以,决策者必须将实施方案作为决策过程至关重要的环节,制订有效措施和程序,确保方案的正确实施。

### (六) 对方案进行反馈

一般情况下,这是决策过程的最后一个步骤。方案实施后,不仅可以检测决策的正确与否,还可以发现决策执行过程中出现的偏差并及时采取相应的措施进行修正,以实现对决策方案的反馈。通常决策实施中如果出现偏差,可以采取的反馈措施主要有三种:保持现状,不采取措施;采取措施修正偏差;修正原有决策。具体采取哪种措施,需要考虑的因素很多,但一般来说,如果出现的偏差不大,对决策的最终效果影响不大,或者纠正偏差的成本太高或远超过现有条件,那么一般不会纠正偏差,继续观察;如果对反馈信息分析发现现在执行出现偏差但原决策依旧是正确的,或现在如果不纠正偏差很可能导致决策失败,那么一般需要纠正偏差,以保证原决策目标的顺利实现。对决策方案的反馈不仅仅局限于此次决策方案的实施,其反馈的相关信息还可以为以后决策方案的制订提供参考。

## 某医药集团并购决策的成功实施

**案例:**某医药集团的成长之路充满了战略性的并购决策,每一次并购都深刻影响了其在医药市场的地位,彰显了决策制订的重要性。

**1. 携手阿胶公司 A,初探医药领域** 该集团首次进军医药行业,选择与阿胶公司 A 进行战略合作。通过政府资源与企业合作的协同顺利进军医药市场。两者强强联手,实现了共赢,为后续的并购活动奠定了基础。

**2. 重组集团 H** 重组集团 H 是该医药集团发展历程中的重要转折点。通过破产重组方式,获得了集团 H 的优质资产,巩固了其在医药行业的地位,也为后续扩张提供了资本和资源。

**3. 全资收购集团 S** 收购负债累累的集团 S,是其一次大胆的决策。尽管短期内面临巨大的财务压力,但集团 S 旗下的一系列优质产品,为该医药集团带来了长期的战略价值,显著增强了其在医药市场的话语权。

**4. 坐二望一,重组集团 B** 重组集团 B 使该医药集团在医药行业中的地位进一步稳固。此次重组,构建了完整的业务板块,为其多元化布局提供了坚实的基础。

**5. 折戟医疗器械领域** 该医药集团尝试进军医疗器械领域,由于个别医疗器械企业的抵触导致其业绩下滑,促使其重新评估并调整在该领域的策略。体现其在面对挑战时决策的灵活性和长远眼光。

**6. 并购药业公司 J** 并购药业公司 J,获得了健胃消食片等知名产品,丰富了产品线,业绩出现显著增长,证明该医药集团在并购策略上的持续优化和成效。

**分析:**决策不是一成不变地停留在某一时点的决断,是根据目标提出问题、分析问题、解决问题,并适应环境变化不断修正完善的动态过程。正确的决策是企业成长和市场竞争力的关键。

## 三、影响决策的因素

任何决策都是在一定条件下进行的,会受到各种因素的制约。这些因素的影响是相互联系和不可分割的,有时某类因素的影响占主导,有时可能其他因素的影响占主导。一般而言,这些影响因素主要有客观和主观两大方面,具体包括环境、市场、信息、决策问题、过去决策、组织文化、应变模式、风险偏好、组织融洽度、价值观、伦理观、决策能力等诸多因素。

### (一) 客观因素

**1. 环境** 决策是在一定环境中运行的,必然受环境因素的影响。环境总是处于不断变化中,环境的稳定程度影响决策活动。在相对稳定的环境中,决策相对简单,大多数决策可以在过去决策的基础上进行。在不稳定的动态环境中,决策面临的是复杂的、过去没有遇到过的问题,决策者需要动态地把握环境,较频繁地依据环境的变化对决策作出相应的调整。

**2. 市场** 市场状况会影响企业的活动选择,是影响企业决策的重要因素。如果市场相对稳定,则医药企业的决策基本是重复性的;如果市场急剧变化,医药企业就需要经常调整决策内容。处于垄断地位的医药企业通常将经营重点放在内部生产条件的改善、生产规模的扩大以及生产成本的降低方面；处于竞争市场上的医药企业则需要密切关注竞争对手的动向，不断推出新产品，改善服务和提高促销力度，建立和健全销售网络。

**3. 信息**　信息是进行决策必需的参考和依据，准确可靠的信息是有效决策的前提条件。迅速的情报传递、准确的情报研究，是决策科学化的重要基础。这要求在决策前及决策过程中尽可能通过多种渠道收集各种真实的信息，作为决策的依据。为了提高信息准确度，决策者还需要运用科学的决策方法与手段对前提条件进行科学的分析、综合、推理，而后得出正确的判断。需要注意的是，因为全面大量的信息收集可能会提高成本，因此只有在收集的信息所带来的收益（因决策水平提高而给组织带来的利益）超过因此而付出的成本时，才应该收集信息。所以决策者在决定收集什么样的信息、收集多少信息以及从何处收集信息等时，要进行成本 - 收益分析。

**4. 决策问题**　所要解决问题的性质、紧迫性及重要性，会对决策产生影响。美国学者威廉·金和大卫·克里兰将决策划分为知识敏感型决策和时间敏感型决策。知识敏感型决策是指那些对时间要求不高、而对质量要求较高的决策。在进行知识敏感型决策时，决策者通常有宽裕的时间来充分利用各种信息。组织中的战略决策大多属于知识敏感型决策。时间敏感型决策是指那些必须迅速作出（对速度的要求甚于一切）的决策。相对于知识敏感型决策，时间敏感型决策对时间的要求比较严格，决策的执行效果主要取决于速度。所以，决策者应充分分析所要解决问题的性质、紧迫性及重要性，在有限的时间内进行正确的决策。

**5. 过去决策**　在大多数情况下，决策活动并不是在没有任何前提条件和基础的情况下进行的初始决策，而是对已经存在的过去决策的完善、调整或改革。过去决策方案的实施使组织内部状况和外部环境发生某种程度变化，影响目前决策。过去的决策对目前决策的影响程度，主要取决于过去决策与现任决策关系的紧密程度。如果过去决策是由现在的决策者作出的，决策者考虑要对自己当初的选择负责，就不会对组织活动作出重大调整，而倾向于将大部分资源继续投入过去方案中，以证明自己决策的正确性。相反，如果现在的决策者与过去决策没有什么关系，就可能采取重大改变措施。

**（二）主观因素**

**1. 组织文化**　作为组织成员所普遍认同并自觉遵循的指导思想、基本信念、价值标准、经营思想、管理理念及其行为规范，组织文化影响包括决策者在内的所有组织成员的思想和行为。组织文化通过影响决策者及其他组织成员对待变化、变革的态度，进而影响组织对方案的选择与实施，从而影响决策。在具有开拓、创新、进取氛围的组织中，人们总是以发展的眼光来分析决策，渴望变化、欢迎变化、支持变化。因此，欢迎变化的组织文化有利于新决策的提出、通过和实施；相反，抵制变化的组织文化不但会使那些对过去决策作出重大改变的新决策难以出台和通过，而且即使勉强通过，其实施也会面临巨大的阻力。显然，偏向保守怀旧的组织文化与具有开拓创新气氛的组织文化，决策成本和结果迥然不同。

**2. 应变模式**　在进行决策的过程中，决策者受到外部环境各种因素的制约，会采取不同的应变举措。即使相同的环境，不同的决策者的反应也可能不同。而决策者这种调整与环境关系的习惯性应变模式一旦形成，就会趋于稳固，限制决策者对行动目标和方案的选择，并最终影响人们的决策活动。为了科学有效的决策,决策者需要突破对环境的习惯性应变模式,但这种模式往往是根深蒂固的,需要借助外部力量和内部自省才能够突破和改变。

**3. 风险偏好**  面对复杂多变的市场,决策者在决策过程中会面临各种不确定的风险因素,对未来的预知会出现偏差,导致方案实施后未能产生期望的结果。所以决策是存在风险的,确定型决策是相当少见的。但不同的决策者具有不同的风险偏好,其对风险的不同态度,会影响其对方案的选择及决定决策的方式。风险喜好型的决策者通常会选取风险程度较高但收益也较高的方案;风险厌恶型决策者通常会选取较安全但收益也较低的方案;风险中性型的决策者对风险采取理性的态度,既不喜好也不回避。由此可见,决策者的风险偏好及由此产生的对风险的态度,会在一定程度上影响决策活动。

**4. 组织融洽度**  一般情况下,决策往往是多人共同谋划和协商的结果,决策团体中各个成员人际关系的组织融洽程度对决策有很大影响。如果组织具有较高融洽度,决策团体中各个成员就能够在共同目标的基础上形成融洽合作的人际关系。在此情况下,决策者可以齐心协力地出谋划策,在较短的时间内形成科学的决策。

**5. 价值观**  价值观是人们认识事物、辨别是非的一种思维或价值取向,代表一个人对事物的是非、善恶和重要性的评价。经历的不同形成了人们各自独特的价值观,进而产生不同的行为。价值观不但影响个人行为,而且影响群体行为和整个组织行为。为了获得较好的经济效益,决策者在选择预期目标和确定实施方案时,需要考虑各种有关人员和群体的价值观,只有在平衡各方面价值观的基础上才能作出合理的决策。因此,价值观成为人们进行决策的心理基础和依据,深刻影响着整个决策过程及其效果。

**6. 伦理观**  伦理是人与人的关系和处理这些关系的规则,以善恶为评价标准,按照风俗习惯和道德观念对行为进行判断和规范。伦理观是人们对于伦理问题的根本看法和态度,包括是否重视伦理以及采用何种伦理标准。伦理观会影响决策者对待事物的态度,进而影响其决策行为。不同时期和地方的人们伦理观往往存在显著差异,从而对于同一问题所采取的措施也会大相径庭,形成的决策天壤之别。

**7. 决策能力**  决策能力是影响科学决策的关键因素之一。决策能力是决策者所具有的参与决策活动、进行方案选择的技能和本领,主要包括理性决策能力、心理决策能力、社交决策能力及准确预测和决断能力。

---

**点滴积累**

1. 决策是人们在明确问题的基础上确定未来行动目标,从多个可供选择的可行方案中选择一个最佳的合理方案,并将行动方案加以执行、付诸实施的过程。
2. 决策的要素包括决策主体、决策目标、决策方案、决策原则和决策结果。
3. 决策的过程包括提出问题、确定目标、制订方案、评估和选定方案、实施方案和对方案进行反馈。
4. 影响决策的客观因素有环境、市场、信息、决策问题、过去决策。
5. 影响决策的主观因素有组织文化、应变模式、风险偏好、组织融洽度、价值观、伦理观、决策能力等。

## 第二节　决策方法

随着决策理论和实践的不断发展,许多科学的决策方法已被创造出来。目前决策方法主要分为两大类:一类是定量决策方法,另一类是定性决策方法。决策者应当根据决策过程的性质和特点,灵活运用各种方法,使各种方法优势互补,这样才能提高科学决策的水平。

## 一、定量决策方法

定量决策方法建立在数学分析基础上,主要是利用一定的数学模型和公式来解决一些决策问题,即运用数学工具,建立反映各种因素及其关系的数学模型,并通过对这种数学模型的计算和求解,选出最佳的决策方案。定量决策方法借助量化分析和精确计算来选择合理方案,人们往往直接称之为数学方法。定量决策方法常用于数量化决策,使决策者从常规决策中解脱出来,把注意力集中在关键性、全局性的重大战略决策方面,可以提高决策的客观性、时效性、准确性和可靠性,是决策方法科学化的重要标志。定量决策方法主要有确定型决策方法、不确定型决策方法和风险型决策方法三种。

### (一) 确定型决策方法

确定型决策方法的特点是在自然状态完全肯定的情况下作出决策,一个方案只有一个结果。由于决策结果的唯一性,决策者只需根据已知条件,计算出各个方案的损益值进行比较,从备选的决策方案中选出比较满意的方案即可。常用的确定型决策方法有盈亏平衡分析法和线性规划法等。

**1. 盈亏平衡分析法**　盈亏平衡分析法又称保本点分析法或量本利分析法,是根据产品生产成本、销售数量和利润之间的关系掌握盈亏变化规律,指导企业选择以最小生产成本生产最多产品并获得最大利润的合理方案。企业的产品成本都是由两部分组成的,一部分是固定成本,另一部分是变动成本。固定成本包括生产该产品所需要的管理费用、保险费、工人基本工资、设备折旧费等,这些费用在一定时期内是恒定的,即不随产量的变化而变化。变动成本包括材料费、能源费等,这些费用是随产量的变化而变化的。

在完全竞争市场上,企业只能根据市场价格来销售产品。由于固定成本不随产量变化,产量少则固定成本占总成本的比重就很高,所以当产量很少时单个产品的成本就很高。这时的成本就可能高于市场价格,企业就会发生亏损。只有产量达到一定水平时,才能收支相抵,超过这个水平企业才能够营利。因此,应用量本利分析法的关键是找出企业不盈不亏时的产量(称为保本产量或盈亏平衡产量),此时企业的总收入等于总成本。当取得的总销售收入与产生的总成本相等时,即实现了盈亏平衡。盈亏平衡时,利润为零。

根据对量本利之间关系的分析,在盈亏平衡点时,存在以下关系式:

$$销售总收入 = 销售总成本$$

$$总收入 = 产量 \times 单价$$

$$总成本 = 固定成本 + 变动成本 = 固定成本 + 产量 \times 单位变动成本$$

$$产量 \times 单价 = 固定成本 + 产量 \times 单位变动成本$$

根据盈亏平衡分析法,可进行如下计算:

(1)确定盈亏平衡点的销售量(产量)

如果 $Q_E$ 为盈亏平衡点销售量(产量),$F$ 为总固定成本,$P$ 为产品单价,$C_E$ 为单位变动成本,那么根据上述盈亏平衡点关系式可以得出:$Q_E \times P = F + Q_E \times C_E$

整理上式可得出:$Q_E = F \div (P - C_E)$

这是计算盈亏平衡点销售量(产量)的基本公式。

【例2-1】某医药企业生产一种医药产品。其总的固定成本为20万元;单位产品变动成本为10元,产品销价为15元。求该医药企业的盈亏平衡点产量应为多少?

解:盈亏平衡点产量为:$Q_E = F \div (P - C_E) = 200\,000 \div (15-10) = 40\,000$(件)

即该企业的盈亏平衡点产量应为 40 000 件。

(2)计算实现目标利润的产量

如果 $F$ 为总固定成本,$P$ 为产品单价,$C_E$ 为单位变动成本,$B$ 为预期的目标利润额,$Q$ 为实现目标利润 $B$ 时的销售量或产量,那么当要获得一定的目标利润 $B$ 时,根据上述盈亏平衡点关系式可以得出:

$$利润 = 总收入 - 总成本 = 产量 \times 单价 - (固定成本 + 产量 \times 单位变动成本)$$

即 $B = Q \times P - (F + Q \times C_E)$

整理上式可得出:$Q = (F + B) \div (P - C_E)$

这是计算实现目标利润的产量的基本公式。

【例2-2】某医药企业生产某医药产品,年固定成本为20万元,单位产品变动成本为30元,单位产品价格为50元,企业欲实现年利润5万元,试确定企业生产该产品的产量。

解:企业生产该产品的产量 $Q = (F+B) \div (P-C_E) = (200\,000 + 50\,000) \div (50-30) = 12\,500$(件)

通过计算,可以得知企业要实现年利润5万元,必须生产该产品 12 500 件。

运用盈亏平衡分析法(量本利分析法)可以帮助企业进行决策。需要注意的是,盈亏平衡分析决策具有一定的局限性。它假定各种收入、产量和费用之间存在一种线性关系,而实际只有产量变动范围较小时此假定才能成立;它假定成本不变,是一个静态模型,因此仅在相对稳定的情况下才有价值。

**2. 线性规划法**  线性规划法是在环境条件已经确定,满足规定的一些线性等式或不等式的约束条件下,寻求目标函数的最大值或最小值,从而选出最优方案的方法。在约束条件下,求解线性目标函数的最大值或最小值。运用线性规划法建立数学模型的步骤如下:①确定影响目标大小的变量,列出目标函数方程;②确定实现目标的约束条件;③联立方程求解,找出使目标函数达到最优的可行解,即为该线性规划的最优解。

【例2-3】某企业经营两种产品:A 药和 B 药。它们都要经过分拣和复核两道工序,有关资料如表 2-1 所示。假设市场状况良好,A 药和 B 药都能卖出去,试问何种组合的产品企业利润最大?

**表 2-1　某企业的经营信息资料**

| 项目 | A 药 | B 药 | 工序可利用时间 /h |
|---|---|---|---|
| 在分拣工序上的时间 /h | 2 | 4 | 48 |
| 在复核工序上的时间 /h | 4 | 2 | 60 |
| 单位产品利润 / 元 | 8 | 6 | — |

这是一个典型的线性规划问题。

第一步,确定影响目标大小的变量。在该例中,目标是利润,影响利润的变量是 A 药的数量 $X_1$ 和 B 药的数量 $X_2$。

第二步,列出目标函数方程:$Z=8X_1+6X_2$。

第三步,找出约束条件。在该例中,两种产品在一道工序上的总时间不能超过该道工序的可利用时间,即

分拣工序:$2X_1+4X_2 \leqslant 48$;复核工序:$4X_1+2X_2 \leqslant 60$

除此之外,还有两个约束条件,即非负约束:$X_1 \geqslant 0$,$X_2 \geqslant 0$

线性规划问题成为如何选取 $X_1$ 和 $X_2$,使 $Z$ 在上述四个约束条件下达到最大。

第四步,求出最优解——最优产品组合。求出上述线性规划问题的解为 $X_1=12$ 和 $X_2=6$,即经营 12 箱 A 药和 6 箱 B 药时企业的利润最大。

### (二) 不确定型决策方法

不确定型决策方法是决策者在对决策问题不能确定的情况下,通过对决策问题变化的各种因素分析,估计其中可能发生的自然状态,并计算各个方案在各种自然状态下的损益值,然后按照一定的原则进行选择的方法。不确定型决策方法的主要特征表现:未来事件将遇到的几种自然状态虽然知道,但不知其发生的概率;至今尚无公认而完善的决策法则,主观随意性较大,对同一问题,用不同的评优标准可得出不同方案。因此,最佳方案的选择主要取决于决策者的知识、经验和能力以及所持的态度。

常用的不确定型决策方法有乐观法、悲观法、系数法和后悔值法等。

**1. 乐观法**　乐观法又称“最大收益值法”,也叫“大中取大法则”。采取乐观法的决策者富有冒险精神,对未来形势发展的估计抱有非常乐观进取的态度。即使情况不明,仍认为未来会出现最好的自然状态,不论采取哪种方案,都能获取该方案的最大收益,因此不会放弃任何一个可能获得最大利益的机会。乐观法的特点是,决策者对决策事件未来前景的估计乐观并有成功的把握,愿意以承担风险的代价去获得最大收益。

乐观法从最好的自然状态出发,以最好的打算来决策,首先计算每个方案在各种不同自然状态下的收益,并找出每个方案所带来的最大收益值,即在最好自然状态下的收益,然后比较每个方案的最大收益值,从中选取在自然状态下最大收益值所对应的方案作为最终决策方案。

乐观法决策要冒比较大的风险,一定要慎重使用,一般只有在风险较小、损失不大或把握较大的情况下才可采用。

**2. 悲观法**　悲观法又称“小中取大法则”。采用悲观法的决策者对未来状况抱有悲观保守的

态度,认为未来会出现最差的自然状态,不论采取哪种方案都只能获取该方案的最小收益,因此从最坏状况出发,力求在最坏状况时收益最大或者损失最小。显然,决策者唯恐决策失误造成较大经济损失,在进行决策分析时非常小心谨慎,从最不利的客观条件出发来考虑问题,力求将损失降到最小。

悲观法按最坏的打算来决策,首先计算各个方案在各种不同自然状态下可能的收益值,并找出各个方案所带来的最小收益值,即在最差自然状态下的收益值,然后进行比较,从最差自然状态下的这些最小收益值中选择一个最大值所对应的方案作为最终决策方案。

【例 2-4】某医药企业准备生产一种新产品,对市场需求状态出现的概率无法判别,只知道可能出现高需求、一般需求、低需求、很低需求四种状态。现在有 A、B、C、D 四种方案可供选择,各个方案在不同需求状态下的收益和损失如表 2-2 所示。请问:该医药企业应该选择哪种方案?

表 2-2　各方案的收益和损失　　　　　　　　　　　　　　单位:万元

| 方案 | 不同需求状态的收益或损失 | | | |
| --- | --- | --- | --- | --- |
| | 高需求 | 一般需求 | 低需求 | 最低需求 |
| A | 400 | 250 | 0 | −150 |
| B | 600 | 320 | −100 | −400 |
| C | 240 | 180 | 20 | −40 |
| D | 300 | 200 | 40 | −20 |

根据乐观法决策原则,上例医药企业各方案的最大收益值分别为 A 方案:400 万元;B 方案:600 万元;C 方案:240 万元;D 方案:300 万元。各方案的最大收益值相互之间进行比较,应选择 B 方案作为最优方案。

根据悲观法决策原则,上例医药企业各方案的最小收益值分别为 A 方案:−150 万元;B 方案:−400 万元;C 方案:−40 万元;D 方案:−20 万元。上述数据分别代表 A、B、C、D 四种方案遇到滞销期(最低需求)时的亏损额,其中 D 方案的收益值高于其他方案,按照小中取大法则,应该选用D 方案,这样企业遇到不利的销售状态时,经营亏损最小。

3. **系数法**　系数法又称“折中法则”,它是悲观法和乐观法的折中。首先,根据经验判断,确定乐观系数 $\alpha(0<\alpha<1)$,则悲观系数是 $1-\alpha$。然后,以 $\alpha$ 乘以每个方案的最大收益值,以 $1-\alpha$ 乘以每个方案的最小收益值,两者相加便是折中收益值。最后,依据折中收益值决策,选其中收益值最大者为最优方案。

折中收益值的计算公式如下:

折中收益值 = 最大收益值 × 乐观系数 + 最小收益值 × 悲观系数

系数法的两个极端分别是乐观法和悲观法。当乐观系数为 1 时,是乐观法;当悲观系数为 1 时,是悲观法。

【例 2-5】现以表 2-3 资料为例,设乐观系数为 0.7,则悲观系数为 0.3,折中收益值的计算如表 2-3 所示。

表 2-3　各方案的收益值　　　　　　　　　　　　单位：万元

| 方案 | 最大收益值 | 最小收益值 | 折中收益值 |
|---|---|---|---|
| A | 600 | −350 | $600 \times 0.7 + (−350 \times 0.3) = 315$ |
| B | 800 | −700 | $800 \times 0.7 + (−700 \times 0.3) = 350$ |
| C | 400 | −100 | $400 \times 0.7 + (−100 \times 0.3) = 250$ |
| D | 500 | −150 | $500 \times 0.7 + (−150 \times 0.3) = 305$ |

方案 B 的折中收益值最大，故选方案 B 是最优方案。

**4. 后悔值法**　后悔值法又称"遗憾值法"，也叫"大中取小法则"，是使后悔值最小的方法。当某种市场情况出现时，决策者追求方案的最大收益值，而在选择了某方案后，就不能选择其他方案。如果将来发生的自然状态表明其他方案的收益更大，那么决策者就会为自己的决策失误造成机会损失而感到后悔。不同自然状态下的最大收益值与各方案在该状态下的收益值之差，称为后悔值，也称机会损失值。决策者应当使后悔值减少到最低程度，以各个方案机会损失大小来判定方案的优劣，于是可以算出各个方案在各种不同自然状态下的后悔值，并找出各个方案的最大后悔值，然后进行比较，从这些最大后悔值中选出后悔值最小的方案作为最优方案，即大中取小。

后悔值法决策的具体步骤如下：

(1) 确定表中各状态（即各行）的最大收益值。

(2) 计算各方案在各个不同自然状态下的后悔值。各个不同自然状态下的最大收益值与某方案在该自然状态下的收益值之间有个差值，就是某方案在该自然状态下的后悔值。根据差值作出后悔值表，并找出各个方案的最大后悔值。

(3) 决策。按最大后悔值，选出其中的最小值所对应的方案，即最优方案。

【例 2-6】某医药企业打算生产一种新型中成药产品，预计未来市场对新型中成药产品的需求将会出现四种状况：畅销、一般、较差、滞销，且其出现的概率不能确定，该企业有 A、B、C、D 四种方案 (表 2-4) 可供选择。试依据表 2-4 所给出的数据，采用后悔值法的择优法则，找出最优方案。

表 2-4　各方案的收益值　　　　　　　　　　　　单位：万元

| 方案 | 各状态的收益值 | | | | 最大收益值 | 最小收益值 |
|---|---|---|---|---|---|---|
| | 畅销 | 一般 | 较差 | 滞销 | | |
| A | 600 | 500 | −200 | −350 | 600 | −350 |
| B | 800 | 450 | −400 | −700 | 800 | −700 |
| C | 400 | 300 | −150 | −100 | 400 | −150 |
| D | 500 | 350 | −200 | −150 | 500 | −200 |

根据后悔值法决策原则，给出其最优方案，步骤如下：

第一步，确定各个状态时的最大收益值。

畅销：$\max(600, 800, 400, 500) = 800$

一般：$\max(500, 450, 300, 350) = 500$

较差：$\max(−200, −400, −150, −200) = −150$

滞销: $\max(-350,-700,-100,-150)=-100$

第二步,确定各个后悔值 $T$,建立后悔值表,如表 2-5 所示。

**表 2-5 各方案的后悔值** 单位:万元

| 方案 | 各状态的后悔值 | | | | 最大后悔值 |
|------|------|------|------|------|--------|
| | 畅销 | 一般 | 较差 | 滞销 | |
| A | 800−600=200 | 500−500=0 | −150−(−200)=50 | −100−(−350)=250 | 250 |
| B | 800−800=0 | 500−450=50 | −150−(−400)=250 | −100−(−700)=600 | 600 |
| C | 800−400=400 | 500−300=200 | −150−(−150)=0 | −100−(−100)=0 | 400 |
| D | 800−500=300 | 500−350=150 | −150−(−200)=50 | −100−(−150)=50 | 300 |

第三步,决策。由于 $\min(250,600,400,300)=250$ 所对应的方案为 A,所以 A 为最优方案。

### (三) 风险型决策方法

风险型决策又叫随机性决策,是指备选方案存在两种或两种以上的自然状态,每种自然状态发生的概率可以估计的决策。风险型决策是在未来事件是否发生不能肯定,但已知其发生概率的情况下所作的决策。因对未来事件的状态不完全了解,所以决策有一定风险性。风险型决策一般需要具备以下五个条件:第一,有一个明确的决策目标,如最大利润、最低成本、最短投资回收期等;第二,存在决策者可以选择的两个以上的行动方案;第三,存在决策者无法控制的两种以上的自然状态;第四,对每种自然状态发生的概率可以估计或计算出来;第五,不同方案在不同自然状态下的期望值可以计算出来。

在比较和选择活动方案时,如果未来情况不止一种,决策者不知道到底哪种情况会发生,但知道每种情况发生的概率,则须采用风险型决策方法。风险型决策方法就是决策者在对未来可能发生的情况无法作出肯定判断的情况下,通过预测各种情况的发生,根据不同概率来进行决策的方法。风险型决策方法常用最佳期望值法则(最佳期望值可用最大期望收益或最小期望损失来表示)首先计算出每个备选方案的期望值,然后选出期望收益最大者或期望损失最小者为最优方案。风险型决策分析法的特点:未来事件发生的概率是确定的,择优法则是确定的,可以按照最佳期望值法则选出最优方案;决策结果是确定的。因为期望值是以概率为权数的加权平均数,最大期望值能否出现仍有风险,故这类决策称为风险型决策方法。常用的风险型决策方法主要有决策收益表法和决策树法。

**1. 决策收益表法** 决策收益表法是列一张数表,表中包括决策方案、各方案面临的自然状态、自然状态出现的概率,从而通过决策表计算出各个方案在各种自然状态下的期望值,通过比较期望值选出最优方案。所谓"期望值"就是在不同自然状态下期望得到的值。在经营中有盈利或亏损,所以期望值中也有期望收益和期望亏损两种。

方案期望值 $=\sum$(某种自然状态出现的概率 × 该种自然状态下方案的盈亏值)

【例 2-7】某医药企业在下一年拟生产某种产品,需要确定产品批量。根据预测估计,这种产品市场状况的概率是:畅销为 0.3,一般为 0.5,滞销为 0.2。产品生产方案采取大、中、小三种批量。如何决策以使该企业取得最大的经济效益?其有关数据如表 2-6 所示。

| 批量等级 | 各市场状况的盈亏值 | | | 期望值 |
|---|---|---|---|---|
| | 畅销 | 一般 | 滞销 | |
| 大批量（Ⅰ） | 22 | 14 | 10 | 15.6 |
| 中批量（Ⅱ） | 18 | 18 | 12 | 16.8 |
| 小批量（Ⅲ） | 14 | 14 | 14 | 14 |

表 2-6　决策表相关数据　　　　　　　　　　　　　　单位：万元

根据表 2-6 所列各项资料，可以计算出各种方案的期望值，具体如下：

大批量生产（Ⅰ）期望值 = 22×0.3+14×0.5+10×0.2=15.6（万元）

中批量生产（Ⅱ）期望值 = 18×0.3+18×0.5+12×0.2=16.8（万元）

小批量生产（Ⅲ）期望值 = 14×0.3+14×0.5+14×0.2=14（万元）

经过比较可以看出，中批量生产Ⅱ的效益期望值 16.8 万元最大。所以，应该采取中批量生产Ⅱ这个行动方案。

决策收益表法运用统计规律进行决策，能够实现更加科学合理的决策，所以是一种成功率较大的有效决策方法。然而，决策收益表法只能表示事件出现可能性的概率，难以确定事件一定会发生，具有相当的风险性。

**2. 决策树法**　决策树法是用树状图形来描述每一种决策方案在各种不同自然状态下的相互关系及其收益，并注明对应的概率及其报酬值，据此计算每种方案的期望收益，从而选择出最优方案的决策方法。按照这种决策方法的基本要素可以描画出一个树状的图形，即决策树。矩形结点称为决策点，从决策点引出的若干条树枝表示若干种方案，称为方案枝。圆形结点称为状态点，从状态点引出的若干条树枝表示若干种自然状态，称为状态枝。自然状态主要分为销路好和销路差两种，自然状态后面的数字表示该种自然状态出现的概率。位于状态枝末端的是各种方案在不同自然状态下的收益或损失，据此可以算出各种方案的期望收益。

决策树法利用树状图形列出决策方案、自然状态、自然状态概率及其损益，然后计算各个方案的期望损益值，进行比较选择。所以，决策树的构成要素一般有五个方面：①决策点，用符号□来表示，作为决策树的根基，是决策问题的起点。②方案枝，由决策点引出的若干枝条，每一枝条代表一个方案。③方案结点（状态结点），用符号○来表示，决策方案分枝的终点，又是一个备选方案可能遇到的自然状态的起点。④状态枝（概率枝），由方案结点引出的若干枝条，每一枝条代表一种自然状态。⑤状态末端（损益值点／结果点），用符号△来表示，是决策方案在不同自然状态可能达到的期望值，通常指盈利额或亏损额，即损益值（效益值或损失值）。

决策树法的基本原理是以决策收益为依据，通过计算作出择优决策，其决策步骤如下。

（1）绘制决策树：首先，由决策点"□"开始，从左向右进行建树，从决策点"□"根部按行动方案引出几条方案枝，有多少方案就引出多少条方案枝，每条方案枝上注明行动方案的内容；然后，在方案枝后面接上方案结点（状态结点）"○"，从方案结点（状态结点）"○"联系可能遇到的自然状态引出状态枝（概率枝），把可能出现的概率写在上方；如此依次进行，直到最后的状态枝（概率枝）为止；最后，在状态枝（概率枝）末端写上各方案在不同自然状态下的期望值，即损益值。决策树示意图如图 2-2 所示。

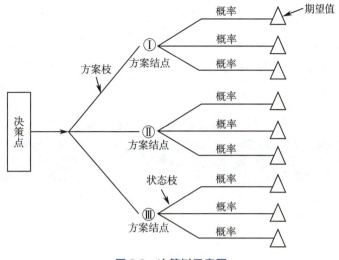

图 2-2　决策树示意图

(2)计算期望值:沿决策树从右到左按逆向顺序,计算各个方案的期望值,把计算的结果标注在各个方案结点(状态结点)"○"上。如果有投资额,那么在计算时应减去投资额,并将投资额写在方案枝的下方。

(3)选择最佳方案:比较各不同方案的期望值,从中选出收益最大或损失最小的最佳方案,并把此最佳方案的期望值写在决策结点方框的上面,以表示选择的结果;同时在淘汰的方案枝上画双截线(两条平行短线),称为"剪枝",表示这些方案未被选用。

【例 2-8】某药厂为了生产某种新药产品,考虑了两个方案,一是建设大厂,需投资 300 万元,建成后如销路好可得利润 100 万元,如销路差要亏损 20 万元;二是建设小厂,需投资 180 万元。建成后如销路好可得利润 40 万元,如销路差可得利润 30 万元,两个工厂的使用期都是 10 年。根据市场预测,这种产品在今后 10 年内销路好的概率是 0.7,销路差的概率是 0.3。该药厂应该采取何种方案?

解:①根据上述情况和资料,可运用决策树法进行测算,如图 2-3 所示。

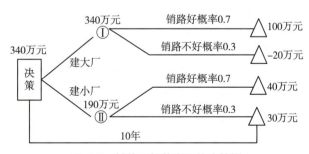

图 2-3　某药厂新药产品的决策树

②计算期望值,扣除投资后的净收益如下:

建大厂(Ⅰ)=[0.7×100+0.3×(−20)]×10−300=340(万元)

建小厂（Ⅱ）=［0.7×40+0.3×30］×10-180=190（万元）

③由此可知，采用建大厂Ⅰ的方案较为合理。

【例2-9】某医药企业准备生产一种新产品，根据市场调查的资料进行分析：该产品投入市场后，可能出现销路好、销路一般、销路差三种状态，其发生概率分别为0.3、0.5、0.2。企业现有三个方案可供选择，预计在分别进行大批、中批和小批生产的情况下，各种自然状态下的相关数据如表2-7所示。该医药企业应该采取何种方案？

表 2-7　各种自然状态下的相关数据　　　　　　　　　　　　　　单位：万元

| 方案 | 设备投资 | 自然状态下收益 | | |
|---|---|---|---|---|
| | | 销路好（概率0.3） | 销路一般（概率0.5） | 销路差（概率0.2） |
| 大批生产 | 10 | 35 | 20 | 9 |
| 中批生产 | 5 | 24 | 21 | 10 |
| 小批生产 | 0 | 14 | 13 | 12 |

解：①根据上述情况和资料，可运用决策树法进行测算，如图2-4所示。

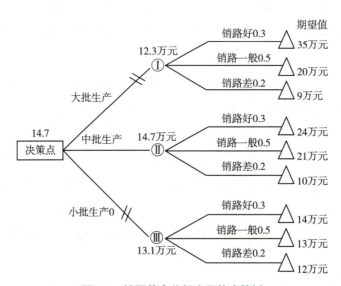

图 2-4　某医药企业新产品的决策树

②计算期望值，三个方案扣除投资后的净收益如下：

大批生产方案（Ⅰ）：(35×0.3+20×0.5+9×0.2)-10=12.3（万元）

中批生产方案（Ⅱ）：(24×0.3+21×0.5+10×0.2)-5=14.7（万元）

小批生产方案（Ⅲ）：(14×0.3+13×0.5+12×0.2)-0=13.1（万元）

③经过比较，应选择中批生产方案。

## 二、定性决策方法

定性决策方法又称主观决策法，是依靠决策者或有关专家的知识、经验、智慧来进行决策的方法。决策者运用社会学、逻辑学、心理学等社会科学方面的原理,并依据个人的经验知识和发挥判断能力,对决策目标、决策方案的拟订以及方案的选择和实施作出判断。常用的定性决策方法有头脑风暴法、德尔菲法、名义群体法、电子会议法等。

## (一)头脑风暴法

头脑风暴法(brain storming,BS),简称"专家意见法",由美国创造学家奥斯本于1939年首次提出,是以小组讨论的形式激励思维,进行发散联想,形成创造性设想的一种集体决策方法。头脑风暴法主张将对解决某一问题有兴趣的人集合在一起,主持者以一种明确的方式阐明决策的问题,参与者围绕决策问题互相启发和自由进行信息交流,鼓励在完全不受约束的宽松环境中敞开思路、畅所欲言,在一定时间内毫无拘束地提出任何种类的尽可能多的方案设计,在头脑中进行智力碰撞,形成创造性思维,引起思维共振和组合效应,产生连锁反应,触发更多创造性的灵感火花,使论点不断集中和精化,从而形成优化的满意方案。

运用头脑风暴法一般应当遵循以下原则:①头脑风暴法一般以一种小型专题讨论会的形式进行,参会人数一般以5~15人为宜,会议时间一般为20~60分钟。②禁止对成员提出的各种方案评头论足,不许批评或指责别人的意见和设想,对别人的建议不作任何怀疑和评价,以免抑制分散思考和阻碍创造性设想的产生,不利于构思方案。③解除参与者的顾虑,创造发表自由意见而不受约束的气氛,鼓励每个人广开思路,自由奔放地独立思考,随意自由想象,想法越奇特、越新颖越好,刺激人们的思考能力,使过去的经验和知识处于容易释放的状态,以便提出一些通常想不出来的、打破常规的方案。④参与者提出的所有方案设想都当场进行记录,但在会上不形成判断性结论,留待以后再讨论和分析。⑤允许参与者"免费搭车",利用别人的想法来激发自己的灵感,在别人方案的基础上按自己的思路进一步的发展改进或与之结合,补充、修正、完善已有的方案以使它更具有说服力,或者综合几个人的想法形成新思想、提出新方案。⑥只能各自发表意见,不准私下交谈,每个人的意见必须让全体与会者知道。⑦讨论题目范围不能太小、太窄或带有过多的限制条件,但必须明确阐明问题的具体要求,注意针对性或方向,以免无的放矢。⑧为了寻求解决问题的各种可能性,参与者开始时先不要考虑自己建议方案的质量,想到什么就应该说出来,提出的建议方案越多越好,在找出一切可能性之后再来分析各方案的质量。⑨参与人员不能宣读事先准备好的发言稿,提倡简短精练的发言,尽量减少详述。按照上面的原则,参与者的头脑里就能卷起风暴,集中集体的智慧,追求一切可能性,想出更多的方案。

**课 堂 活 动**

头脑风暴法是哪位现代创造学奠基人首次提出的( )

A. 泰勒　　　　B. 奥斯本　　　　C. 西蒙　　　　D. 法约尔

## (二)德尔菲法

德尔菲法(Delphi method)又称专家调查法,由美国兰德公司在1946年首创和使用,并在20世纪 50 年代以后在西方发达国家盛行,最早应用于预测方面,后来被推广应用于决策。德尔菲法采用匿名通信方式将所需解决的问题发送到各个专家手中,背靠背地函询专家对某一问题的意见,然后整理、归纳、统计、汇总全部专家的意见,并整理出综合意见,随后将该综合意见和预测问题作为参照资料分别再匿名反馈给每一个专家,供他们分析判断,再次征询专家的意见,各专家依据综合意见修改自己原有的意见,然后再整理汇总,再反馈,在如此多次反复的基础上专家的意见渐趋一致,直至得到一致的意见,最后作出合理的决策。

德尔菲法本质上是一种反馈匿名函询法,其实施的基本程序大致如图 2-5 所示。

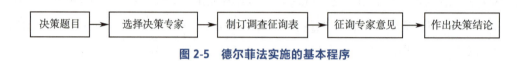

**图 2-5  德尔菲法实施的基本程序**

德尔菲法具有匿名性、多轮次反馈、统计性的特点,专家彼此互不相识、互不往来,匿名地、独立地完成问卷,无须参与者到场,隔绝了群体成员间过度的相互影响,能有效地排除专家相互之间的心理干扰,尤其是可以消除权威的影响,克服在专家会议法中经常发生的专家们不能充分发表意见、权威人物的意见左右其他人的意见等弊病,各位专家能真正充分地发表自己的意见。所以,德尔菲法能充分发挥各位专家的作用,又能集思广益,把各意见的分歧点表达出来,收集每位专家的观点,取各家之长、避各家之短,独到地发挥集体智慧。在长远的战略决策中,由于许多条件的不确定性,德尔菲法特别适用,应用较广泛。

尽管德尔菲法具有许多优点,也非常省钱,但缺少思想沟通交流,容易忽视少数人的意见,并受到组织者的主观影响,存在一定的主观片面性,可能导致预测的结果偏离实际,影响提出丰富的设想和合理的方案,且需反复几轮征询专家意见,十分耗费时间。

### (三) 名义群体法

名义群体法(nominal group technique,NGT)又称名义小组法,在决策过程中群体成员都必须出席会议,但对群体成员的讨论或人际沟通加以限制,群体(小组)只是名义上的,群体成员互不通气,也不在一起讨论、协商,而是进行独立思考、个体决策。名义群体法的主要优点在于,使群体成员正式开会但不限制每个人的独立思考,可以有效地激发个人的创造力和想象力。如果在集体决策中对问题的性质不完全了解且意见分歧严重,那么决策者可采用名义群体法。

具体来说,名义群体法应遵循以下步骤。

(1)组织者先召集一些对要解决的问题有研究或者有知识经验的人作为小组成员,集合成一个群体,并向他们提供与决策问题相关的信息,把要解决的问题的关键内容告诉他们,并要求在进行任何讨论之前小组成员先不要通气,请他们独立思考,每个成员尽可能独立地写下自己的备选方案和意见。

(2)每个成员将自己的想法提交给群体,然后按次序让他们一个接一个地向大家陈述自己的方案和意见,每个成员都表述完自己想法并记录下来,在所有想法都记录下来之前不进行讨论,以便搞清楚每个成员的想法。

(3) 群体开始讨论每个成员的方案和意见,并作出评价。

(4) 每一个群体成员独立地对提出的全部备选方案和各种想法进行投票和排序,最后的决策是采纳综合排序最前的方案和想法,赞成人数最多的备选方案即为所选方案。当然,决策者最后仍有权决定是接受还是拒绝这一方案。

### (四) 电子会议法

电子会议法是将名义群体法与计算机技术相结合的一种群体决策方法。在电子会议中,决策参与者集中起来,每人面前有一个与中心计算机相连接的计算机终端。会议组织者通过屏幕将问题显示给决策参与者,要求他们将自己有关解决决策问题的评论和票数统计输入计算机终端,所有参与者的评论和票数统计都投影在会议室内的大型屏幕上。

电子会议法主要有以下优点:①隐匿姓名。参与者可以采取隐匿姓名的方式用键盘输入自己的回答,把想表达的任何想法直接打在计算机屏幕上。②真实可靠。参与者可以大胆地、实事求是地表达自己的意见和态度,并不用担心受到外来力量的惩罚,而参与者一旦把自己的想法输入键盘,所有的人都可以在屏幕上看到,每个人作出的有关解决决策问题的建议都能如实地、不会被改动地反映在大屏幕上。③快速高效。在使用计算机进行咨询时,用不着支支吾吾、寒暄客套,可以直接切入主题,直截了当地发表自己的看法,不仅没有闲聊,而且人们能够在同一时间中互不干扰、互不妨碍地交流见解,不会打断别人的"发言",比传统的面对面的决策咨询的效率高很多。

电子会议法的缺点主要表现如下:由于实行匿名方式,想出最好建议的参与者得不到应有奖励;所获得的信息不如面对面交流与沟通所得到的信息丰富。

---

**点滴积累**

1. 决策方法主要分为两大类:定量决策方法、定性决策方法。
2. 定量决策方法主要有确定型决策方法、不确定型决策方法和风险型决策方法三种。
3. 常用的确定型决策方法有盈亏平衡分析法和线性规划法等。
4. 常用的不确定型决策方法有乐观法、悲观法、系数法和后悔值法等。
5. 常用的风险型决策方法主要有决策收益表法和决策树法。
6. 常用的定性决策方法有头脑风暴法、德尔菲法、名义群体法、电子会议法等。

---

## 第三节　计划概述

凡事预则立,不预则废,没有事先的计划和准备,就不能获得成功。同样,在企业管理过程中,有计划可以让事情做得更好,无计划则容易失去方向。

## 一、计划的含义和作用

### (一) 计划的含义

"计划"一词有名词和动词之分。名词的计划是指计划书,是用文字和指标等形式所表达的,是组织对未来一定时期内关于行动方向、内容和方式安排的指导性文件。动词的计划指计划工作,为实现组织目标而对未来行动作出的统筹安排。

在管理学中,计划的含义到底是什么呢? 许多管理学界的大师们都曾经对此进行过阐述,尽管表述各有不同,但我们认为其核心的意义却基本一致,就是为了实现组织目标而对未来行动作出的统筹安排。我们采用美国管理学大师斯蒂芬.P.罗宾斯等著的《管理学》(第7版)的定义,计划包括定义组织的目标、制订实现目标的战略以及开发一组广泛的相关计划以整合和协调组织的工作。因此,计划既涉及目标(做什么),也涉及实现目标的方法(怎么做)等。

### (二) 计划的作用

**1. 指明企业管理工作的方向** 计划明确了未来一定时期内的工作内容、行动方向和实现目标的方法。计划就如同乐队中的指挥一样,它将组织中的所有有关人员的方向和他们的活动统一协调起来,相互合作,实现组织目标。

**2. 降低风险,减少不确定性** 计划是面向未来的,而未来又是不确定的。管理者在制订计划时充分考虑未来各种变化可能带来的冲击,在科学预测的基础上,制订适当的对策。计划将不确定性降到最低,减少变化带来的影响。

**3. 减少浪费,提高效率** 科学的计划经过方案的选择和论证,在众多实现目标的方法和途径中选择了最满意的方案。实施前的协调过程可以最大限度地避免重复和浪费,使组织目标高效经济地完成。

**4. 有利于进行控制** 计划和控制是一个事物的两个方面。未经计划的活动是无法控制的,未经控制的计划是无效的。控制就是通过不断调整实际工作与计划的偏差来使行动保持既定的方向。计划是控制的标准,是控制的基础。

> **课 堂 活 动**
> 1. 常有人说"计划没有变化快",认为没必要制订计划,你是怎么理解的?
> 2. 什么是计划? 计划有哪些种类? 怎么制订合理的计划?

## 二、计划的类型

### (一) 按计划的时间长短划分

**1. 长期计划** 通常人们习惯将五年以上的计划称为长期计划。长期计划描述了组织在较长时期的发展方向和方针,规定了组织的各个部门在较长时期内从事某种活动应达到的目标和要求,绘制了组织长期发展的蓝图。长期计划有时也称规划,例如我国的《"十四五"医药工业发展规划》。

### 《"十四五"医药工业发展规划》

2021年12月22日由工业和信息化部、国家发展和改革委员会、科学技术部等九部门联合印发《"十四五"医药工业发展规划》(以下简称《规划》)。

《规划》提出了未来5年的发展目标和15年远景目标。到2025年,主要经济指标实现中高速增长,前沿领域创新成果突出,创新驱动力增强,产业链现代化水平明显提高,药械供应保障体系进一步健全,国际化全面向高端迈进。到2035年,医药工业实力将实现整体跃升,创新驱动发展格局全面形成,实现更高水平满足人民群众健康需求,为全面建成健康中国提供坚实保障。

**2. 中期计划** 一般指一年以上五年以内的计划。中期计划来自长期计划,只是比长期计划更为具体和详细,起到协调长期计划和短期计划的作用。

**3. 短期计划** 是指不超过一年的计划。短期计划具体地规定了组织的各个部门在较短的时期阶段,特别是最近的时段中,应该从事何种活动,从事该种活动应达到何种要求,因而为各组织成员的行动提供了依据。如企业年度生产计划、上半年度销售计划都属于短期计划。

### (二) 按计划涉及的广度划分

**1. 战略计划** 是指应用于整体组织的、为组织设立总体目标和寻求组织在环境中的地位的重大计划。通常,战略计划的周期较长,涉及面也较广,计划目标具有较大的弹性,制订难度较大,一般由组织中的高层管理者来制订。

**2. 作业计划** 规定总体目标如何实现的细节计划。战略计划的一个重要的任务是设立目标,而作业计划是假定目标已经存在,只是提供实现目标的方法。作业计划一般由基层管理者制订。

### (三) 按计划内容的明确性划分

**1. 指导性计划** 只规定某些一般的方针和行动原则,给予行动者较大的自由处置权,它指出重点但不把行动者限定在具体的目标上或特定的行动方案上。例如,某医药公司只规定未来6个月内销售额要增加12%~16%。

**2. 具体性计划** 具有明确规定的目标,不存在模棱两可。例如,某医药公司销售经理打算使企业销售额在未来6个月中增长15%,他会制订明确的程序、预算方案以及日程进度表,这便是具体性计划。相对于指导性计划而言,具体性计划虽然更易于执行、考核及控制,但缺少灵活性,它要求的明确性和可预见性条件往往很难满足。

---

**课 堂 活 动**

根据计划内容的明确程度,可以把计划分为(　　　)

A. 长期计划和短期计划　　　　　B. 战略性计划和战术性计划

C. 指导性计划和具体性计划　　　D. 程序性计划和非程序性计划

### 三、计划的内容

#### (一) 内容要素

计划的内容要素包括以下 7 个方面,即"5W2H"。

What——做什么?

Why——为什么做?

Who——谁去做?

Where——何地做?

When——何时做?

How to do——怎样做?

How much——用多少钱?

"5W2H"是组织在制订计划时所必须具备的基本要素。

**课 堂 活 动**
请同学们网上查阅某医药企业创业(或商业)计划书,熟悉其格式和内容。

#### (二) 制订计划的程序

不论计划的内容如何、时间长短、简单或复杂,管理人员在编制计划时,其工作步骤都是相似的。

**1. 认识机会** 认识机会先于实际的计划工作开始以前。严格来讲,它不是计划的一个组成部分,但却是计划工作的真正起点。因为它可预测到未来可能出现的变化,清晰而完整地认识到组织发展的机会,弄清组织的优势、劣势及所处的地位,认识到组织利用机会的能力,意识到不确定因素对组织可能产生的影响程度等。认识机会,对做好计划工作十分关键。

**2. 确定目标** 在认识机会的基础上,为整个组织及其所属的下级单位确定目标,目标是指期望达到的成果,它为组织整体、各部门和各成员指明了方向,描绘了组织未来的状况,并且作为标准可用来衡量实际的绩效。

制订有效目标,一般遵循 SMART 原则。

(1) S (specific):明确性。

(2) M (measurable):衡量性。

(3) A (attainable):可实现性。

(4) R (relevant):相关性。

(5) T (time-bound):时限性。

**3. 确定前提条件** 计划工作的前提条件是指计划实施时的预期环境。确定前提条件,就是对组织的内外部环境和所具备的条件进行分析和预测。预测的准确性越高,计划才会越可靠有效。

**4. 拟定可供选择的可行方案** 即寻求、拟定、选择可行的行动方案。"条条道路通罗马",实现一个目标有多种方案。计划工作需要拟定多种方案以供选择,这些方案要符合计划目标,具有可行性。

**5. 评价可供选择的方案**　拟定方案之后,根据前提条件和目标,权衡每一个方案的轻重优劣,对可供选择的方案进行评估。

**6. 选择方案**　这是在前五步工作的基础上,作出的关键一步,也是计划的实质性阶段——抉择阶段。在选择过程中,有时会发现同时有两个以上可取方案。在这种情况下,必须确定首先应采取哪个方案,而将其他方案也进行细化和完善,以作为后备方案。

**7. 制订派生计划**　派生计划是总计划下的分计划,其作用是辅助并支持总计划的贯彻落实。例如,某医药公司年初制订了"当年销售额比上年增长 15%"的销售计划,与这一计划相关的有许多计划,如生产计划、促销计划等。

**8. 编制预算**　计划工作的最后一步就是将计划转变成预算,使计划数字化。编制预算,一方面是为了计划的指标体系更加明确,另一方面是使企业对计划的执行更易于控制。

---

**点滴积累**

1. 计划包括定义组织的目标、制订实现目标的战略以及开发一组广泛的相关计划以整合和协调组织的工作。
2. 计划可以按时间长短分类,也可以按照涉及的广度和内容的明确性进行分类。
3. 计划的内容要素包括"5W2H"。
4. 制订计划的程序:认识机会、确定目标、确定前提条件、拟定可供选择的可行方案、评估可供选择的方案、选择方案、制订派生计划以及编制预算。

---

## 第四节　计划的编制方法

### 一、滚动计划法

**(一) 含义**

　　滚动计划法是一种动态编制计划的方法,不是在一项计划全部执行完成后,再重新编制下一阶段的计划,而是在每次编制或调整计划时,均将计划按时间顺序向前推进一个计划期,即向前滚动一次,使计划不断滚动延伸。

**(二) 原理**

　　滚动计划法是按照"远粗近细、分段编制"的原则制订一定时期内的计划,然后按照计划的执行情况和环境变化,调整和修订未来的计划,并逐期向后移动,把短期计划和中期计划结合起来的一种计划方法。

**(三) 编制方法**

　　滚动计划的具体编制方法是在计划制订时,同时制订未来若干期的计划,近期计划尽可能详细,远期计划的内容则较粗。在已编制计划的基础上,每经过一段时期(如一年或一个季度,这段固定时期被称为滚动期),便根据内外部环境变化情况和该阶段计划的实际执行情况,对原计划进行调整。在保持原计划期限不变的前提下,将整个计划期限向前推进一个滚动期;以后再根据同样的原则逐期滚动,如图 2-6 所示。

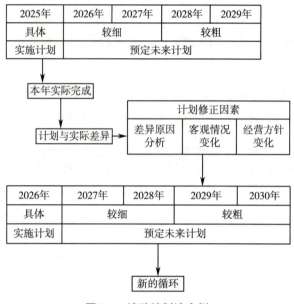

**图 2-6  滚动计划法实例**

### (四)优缺点

**1. 滚动计划法的优点**　①采用滚动计划法,可以根据环境变化和计划实际完成情况,定期地对计划进行修订,使组织始终有一个较为切合实际的长期计划作指导,并使长期计划与短期计划能够紧密地衔接在一起;②采用滚动计划法,可以避免各种不确定性带来的不良后果。制订计划时往往较难准确地预测未来各种影响因素的变化,而且计划期越长,这种不确定性会越大,若还是按照过去制订的计划实施,可能导致重大失误;③采用滚动计划法来制订计划,可以充分发挥计划的灵活性,增大计划的弹性,从而提高组织的应变能力。

**2. 滚动计划法的缺点**　编制计划的工作量较大。

## 二、目标管理法

目标管理法(management by objectives,MBO)是由美国管理学家彼得·德鲁克在总结日本企业管理实践的基础上,于 1954 年出版的《管理实践》一书中提出的,随后其在《管理:任务、责任和实践》一书中作了进一步阐述,该法迄今仍然是组织普遍遵循的一种现代管理方法。

### (一)要素内容

目标管理法是由组织的管理者和员工共同参与制订具体的、可行的且能够客观衡量效果的目标,在工作中进行"自我控制",并努力完成工作目标的一种管理制度或方法。其基本内涵包括一切管理行为的开始(确定目标)、执行(以目标为指针)、结束(以目标的达成度来评价优劣),都以目标为准绳,让目标无时无地不存在于管理者的思想与行为中。与传统的"危机管理""压制管理"不同,目标管理是以相信人的积极性和能力为基础的,运用激励理论引导员工自己制订目标、自主进行自我控制、自觉采取措施完成目标、自动进行自我评价。

目标管理法通过体系进行管理。目标管理法运用系统论的思想,把企业看作一个开放式系统进行动态控制。通过目标的制订和分解,在企业内部建立起纵横交错的完整目标连锁体系。企业管理工作主要是协调目标之间的关系,并考核、监督目标的完成情况。

目标管理法强调"自我控制"。目标管理法既重视科学管理,又重视人的因素,充分发挥每一个员工的最大能力。在管理方法上,目标管理法继承了科学管理的原理;在指导思想上,目标管理法吸收了行为科学的理论,实现了两者的完美统一。大力倡导目标管理法的德鲁克认为,员工是愿意负责的,愿意在工作中发挥自己的聪明才智和创造性。目标管理法是一种民主的,强调员工自我管理的管理制度。目标管理法的各个阶段都非常重视上下级之间的充分协调,让员工参与管理,实行管理的民主化。

## (二) 特点

1. 目标管理法激励员工尽自己最大努力把工作做好,而不是敷衍了事,勉强过关。

2. 目标管理法促使权力下放。推行目标管理法,就要在目标制订之后,上级根据目标的需要,授予下级部门或个人以相应的权力。否则,再有能力的下级也难以顺利完成既定的目标,"自我控制""自主管理"也就成了一句空话。因此,授权是提高目标管理法的管理效果的关键。推行目标管理法,可以促使权力下放。

3. 目标管理法重视成果。目标管理法对目标要达到的标准、成果评定的方法都规定得非常具体、明确。按照成果优劣分成等级,反映到人事考核中,作为晋级、升职、加薪的依据。实行目标管理法后,由于有了一套完善的目标考核体系,就能够根据员工实际贡献的大小如实地评价员工的表现,克服以往凭印象、主观判断等传统管理方法的不足。

## (三) 过程

目标管理法主要由设置目标、实施目标、检查目标、基于绩效奖励四个阶段形成一个周而复始的循环。预定目标实现后,又要制订新的目标,进行新一轮循环,如图 2-7 所示。

**图 2-7　目标管理的过程**

1. **设置目标**　由上至下,民主参与制订总目标、分目标、个人目标。首先是制订组织的整体目标和战略,然后把总目标分解成一系列分目标并分别落实到下属的各单位和部门,最后是各部门的成员结合自己的特长和爱好,根据组织目标、部门目标制订个人的具体目标。

2. **实施目标**　首先是管理者与下级共同商定实现目标的行动计划,然后是实施行动计划,也就是在各自的职责范围内为实现各自的目标去努力。

**3. 检查目标** 定期或不定期检查实现目标的进展情况,以便及时发现问题,调整计划进度和管理策略,从而更有效地完成目标。

**4. 基于绩效奖励** 按时完成目标,则给予奖励;没能按时完成目标,则应先分析原因,如果是人为原因就惩罚,如果是客观原因就调整目标。总结经验教训,为实现更长远的目标打基础。

## 案例分析

### 某医药公司的 OKR 系统实施与目标管理转型

**案例:** 某医药公司是一家致力于医药研发与生产的知名企业,在快速发展和竞争激烈的市场环境中,面临着如何有效落实战略目标、提升目标执行力的重大挑战。为解决这些问题,决定引入目标与关键成果(objectives and key results,OKR)目标管理系统,以期通过这一现代管理工具,实现战略目标的精准落地,提升整体组织活力与创新能力。

**1. 实施过程与策略** 该医药公司在实施 OKR 系统的过程中,采取了渐进式的推广策略。首先,以样板间的形式,选取部分团队作为试点,进行试运行,验证其适用性和效果。初步取得成功后,在小范围内推广,由核心管理层带头实施,通过高层示范作用,带动更多团队的参与和认可。随后推广至整个组织,确保上下级目标的对齐与一致性。这一过程强调了目标的自上而下与自下而上的双向传递,确保每位员工都能理解组织的愿景与方向,同时也明确了个人目标与组织目标之间的联系。

**2. 关键成果与影响** OKR 系统的实施改变了员工只关注自己的工作职责,鼓励员工向上看,即理解组织的全局战略和方向,向左、向右看,即加强与同事的协作,形成更为紧密的团队合作。通过 OKR 系统,战略目标得以层层分解,转化为具体、可量化的小目标,实现了目标的全员可视化。帮助员工清晰地看到自己工作与组织目标之间的联系,提高了目标执行的透明度和效率,增强了组织的活力。

**分析:** OKR 系统作为一种先进的目标管理工具,能够有效促进组织战略目标的落地,提升目标执行力,同时激发员工的内在动力与创造力,为组织的持续发展和竞争力提升奠定了坚实的基础。并为其他医药企业提供了宝贵的借鉴,即通过目标管理工具的创新应用,可以有效推动组织文化的转型,促进战略目标的实现与员工潜能的释放。

### (四) 优缺点

**1. 目标管理法的优点** 具体如下:①有助于提高管理水平;②有利于提高组织的协同效应;③有助于暴露组织机构中的缺陷;④有利于提高组织的应变能力;⑤有利于发挥组织成员的主动性和创造性;⑥有利于进行更有效的控制。

**2. 目标管理法的缺点** 具体如下:①适当的目标不易确定;②目标管理的哲学假设不一定都存在;③目标协商可能增加管理成本;④难以保证公正性。

> **点滴积累**
>
> 1. 滚动计划法是一种动态编制计划的方法,是在每次编制或调整计划时,均将计划按时间顺序向前推进一个计划期,即向前滚动一次,使计划不断滚动延伸。
> 2. 目标管理法是由组织的管理者和员工共同参与制订具体的、可行的且能够客观衡量效果的目标,在工作中进行"自我控制",并努力完成工作目标的一种管理制度或方法。

# 实训二　运用滚动计划法制订大学期间生活学习计划

## 一、实训目的

通过实训,使学生熟悉滚动计划法编制的过程,掌握怎样确定有效的目标,同时也引导学生重视未来职业规划,并明确在大学期间的努力方向。

## 二、实训要求

1. 以个人为单位。
2. 要求掌握计划职能的相关知识。
3. 熟悉滚动计划法编制过程,掌握 SMART 原则等相关知识,并能够熟练运用。

## 三、实训内容

1. **实训背景**　社会发展迅速,医药企业的格局也在不断演化,人才竞争愈发激烈。作为未来人才储备的大学生,应当提早对未来职业有一个清晰规划,在大学期间提前做好准备。请同学根据自身情况,确定未来职业目标,对自身资源、知识和能力等进行分析,确定在大学期间的学习计划。

2. **实训步骤**

第一步:确定目标

(1)搜集医药企业以及相关岗位信息,了解未来可能的职业方向以及相关的岗位需求、岗位职责等。

(2)对自身的优势和劣势进行分析,充分了解自身条件。

(3)结合岗位信息和自身信息,运用 SMART 原则,确定未来职业目标。

第二步:认清现状

对自身进行梳理,了解目前自己的知识、能力和资源水平,了解和职业目标之间存在的差距。

第三步:利用滚动计划法制订学习计划

根据自身与职业目标之间的差距,制订达成职业目标的在校期间的学习生活计划,要求有清晰的目标、明确的方法与步骤、必要的资源、可能的问题与成功关键。

第四步:写出实训报告。

## 四、实训评价

教师明确实训目的和要求,适时指导实训,学生按步骤展开实训。实训结束后,进行实训交流,师生根据实训表2-1评价的标准共同评价工作成果。

**实训表 2-1　制订的大学期间生活学习计划的评价标准**

| 考核项目 | 考核标准 | 配分 / 分 | 得分 |
|---|---|---|---|
| 确定目标 | 背景资料收集齐全 | 20 | |
| | 自身情况进行分析 | 10 | |
| | 运用 SMART 原则确定有效目标 | 20 | |
| 认清现状 | 对自身目前的资源、知识和能力进行分析 | 10 | |
| 制订计划 | 利用滚动计划法制订有效计划 | 30 | |
| 实训报告 | 表达有条理、认真、具体 | 10 | |
| 合计 | | 100 | |

习题

# 目标检测

## 一、简答题

1. 简述决策的定义和要素。

2. 简述决策过程的几个阶段。

3. 简述影响决策的因素。

4. 简述计划的定义和类型。

5. 简述计划的主要内容。

## 二、分析题

1. 选择一个对你具有重大影响的决策,如报考哪所大学,选择哪个专业,是否做一份兼职工作,做什么样的兼职工作等。利用本章相关的知识,分析你的决策过程。

2. 有不少管理人员不喜欢在工作中制订计划,有各种各样的理由,最常听到的是"计划赶不上变化"。这种认识正确吗? 为什么?

(吴小平,连进承,张　乾)

# 第三章 组织

## 学习目标

1. **掌握** 组织的概念;组织设计的含义及任务;职权设计的内容;扁平型组织结构;高耸型组织结构;组织文化的概念;组织文化的内容。
2. **熟悉** 组织设计的基本原则;直线制结构;职能制结构;直线职能制结构;事业部制结构;矩阵制结构;组织文化的作用。
3. **了解** 常见组织结构的优、缺点;不同组织类型的适用情况。

## 导学情景

**情景描述:**

某医药集团有限公司(简称"某集团")是由国务院国有资产监督管理委员会(简称国务院国资委)直接管理的以生命健康为主业的中央企业,拥有 1 700 余家成员企业,9 家上市公司,员工总人数 23 万人。

某集团构建了在党委领导下,以董事会为经营决策主体,经理层运作执行的组织运作结构。推动子公司加强董事会建设,落实子公司董事会职权,优化子公司董事会运作机制,打造特色母、子公司治理体系;以提升决策效率为目标,有序开展董事会授权工作;根据各公司经营管理状况实施差异化授权;强化授权后的监督管理,定期对二级公司董事会决策进行检查和评估,动态调整对二级公司的授权事项清单,有效提升二级公司董事会决策质量和效率。

该集团公司治理和董事会建设工作取得了明显成效:一是形成了完备成熟的董事会制度和运作体系;二是企业的决策权与执行权分开,经营决策更加科学和合理;三是将风险内控工作融入经营管理各个环节。公司治理水平提升推动集团经济效益和综合竞争实力不断增强。

**学前导语:**

健全的组织结构和高效的组织运作机制是提高医药企业管理水平的关键之一,也是实现医药行业协同合作和推动医药科学创新发展的基础。精准的组织分工与权责划分能够保证医药企业内部不同机构之间的协调与合作,确保各个组织环节的顺畅运行,有效促进医药企业经营目标的实现。

## 第一节 组织概述

组织是基于人类社会分工与协作的需求而产生的。人们为了实现某一目标在一定社会环境条件下进行有效的分工与协作,在这个过程中,人们根据目标的具体要求和人员的特点设计组织结构,安排人员、明确职责,制订科学合理的制度保障组织结构的稳定与有效运转,并注重组织文化的建设,这就是管理的组织职能。组织是企业实现决策目标的基础和保证,确保企业计划得以有效、彻底的贯彻实施,使企业的各项工作得以顺利开展,并以最佳的效率实现企业计划目标。

## 一、组织的含义和特征

### (一) 组织的含义

组织是指人们为了实现预定的共同目标经过分工、协作和权责划分形成的人的集合体,是有效发挥人力、物力、财力等各种资源综合效用的载体。它既包括组织机构中的各种人员及其职责范围,又包括为维护机构运转的各种制度规范和协调工作等。组织的定义包括三层定义。

**1. 组织具有共同的目标** 组织是为了实现某一预定目标而存在的,共同的目标是组织存在的前提和基础,只有明确了共同的目标才能统一思想、统一行动,因此组织的建立、存续、撤销、合并等必须围绕组织目标而进行。

**2. 组织要有分工与协作** 组织产生的本质就是为了满足分工与协作的需求。为了实现共同的目标,人的活动就要进行分工与协作,统筹安排人力、物力、财力等各种资源。只有将各种具体实践活动进行分工并有机协作起来,才能提高效率,实现预定目标。

**3. 组织要有范围明确的权责制度** 在共同目标的指引下,人的活动进行了分工和协作,但分工的同时应明确各组织成员的权力和责任,各成员的业务活动应在规定的范围内开展,如果只有权力没有责任,或只有责任没有权力都会影响组织目标的实现,所以范围明确的权责制度是实现组织目标的必要保证。

### (二) 组织的特征

组织是为了实现共同的目标,相互协作而形成的人的集合体。它具有以下几个特征。

**1. 目标导向** 组织的存在是为了实现特定的目标,无论目标是明确的还是隐含的,是社会、经济方面的还是文化等方面的,组织制订的各项制度、开展的各种活动都是以目标为导向,为实现预定的目标进行规划和行动。

**2. 结构恰当** 组织是基于一定的目的、任务和形式编制起来的集合体,作为一个整体,需要建立一个恰当的组织结构,明确组织成员的业务活动、权责范围以及彼此之间的关系。组织结构类型丰富多样,不同的目标和成员特点适用不同类型的组织结构。

**3. 人员稳定** 组织是由人组成的,每个组织至少由两个及以上的人员组成,组织的目标需要人员来完成,组织的运转也离不开人员,一般组织建立后,人员构成在一定时期内也是相对稳定的,全体人员的职业范围及职责也是明确的。当组织结构发生了改变,其人员构成也可能会随之发生改变。

**4. 信息交流** 组织就是一个具有明确的目标导向、精心设计的结构、有意识协调的活动系统。组织人员的分工与协作离不开信息的交流和互动,组织通过信息交流将各个人员聚集在共同目标之下,并通过各种信息的交流完成分工与协作,维系组织的运转和各种资源的综合使用。

**课 堂 活 动**

下列哪个不属于组织的特征(     )

A.目标导向        B.信息交流        C.非营利性        D.人员稳定

## 二、组织设计的概述

### (一) 组织设计的含义

组织设计就是根据组织目标和组织所处的环境特点,对构成组织的各项要素、各个部门进行总体的规划,设计出组织结构和保证组织正常运转所需要的组织机构和规章制度,以保证组织目标的实现。组织设计是对组织整体进行的设计,是履行组织工作的基础工作。为了实现预定的共同目标,保证组织的有效运转与协调发展,就必须重视组织设计。组织设计是一个动态的过程,是组织实体的构建过程,也是对各种资源进行有效整合的过程。通过组织设计可以将各种资源在恰当的时间、恰当的地方进行有效组合并协调运作以保证实现预定的目标。

### (二) 组织设计的任务

组织设计的任务主要有两个:提供组织结构图和编制职务说明书。

**1. 组织结构图**   组织结构图是组织结构的直观反映,是能够反映组织内各部门、各岗位上下左右相互关系的图表,是通过图表形式形象地反映组织内的职权关系和职能的组织结构示意图。组织结构图通常由方框和直线(或箭线)组成,方框表示各种部门或职务,其在组织结构图中的位置代表在组织层次中的位置;直线(或箭线)表示的是权力的指向;通过直线(或箭线)将各方框连接起来,表示各种部门或职务在组织结构中的地位及其相互关系。组织结构图并不是固定的格式,可以根据组织的具体岗位和职能划分进行编制。其基本形状如图 3-1 所示。

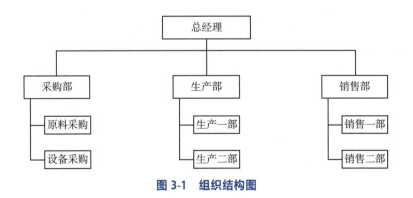

**图 3-1　组织结构图**

**2. 职务说明书**   职务说明书又称职位说明书、岗位说明书,就是以文字简单明了地描述各项管理职务的工作内容、职责和权力、与组织中其他部门和其他职务的关系,以及担任该项职务者应该具备的基本素质、技术知识、工作经验、处理问题的能力等说明文书。职务说明书是企业的基础管理文件,对企业的公平、规范和量化管理有着非常重要的作用。

**案例分析**

### 某医药批发企业采购部经理岗位说明书

**案例:**

| 岗位名称 | 采购部经理 | 岗位编号 | |
|---|---|---|---|
| 所在部门 | 采购部 | 岗位定员 | |
| 直接上级 | 总经理 | 工资等级 | |
| 直接下级 | 副经理、采购员等 | 薪酬类型 | |
| 所辖人员 | | 分析日期 | |
| 职务概述 | 寻找供应商,承担采购工作,保障企业相关业务有效开展及药品质量 | | |
| 职责与工作内容 | | | |
| 职责:保证购进药品质量,满足企业需求并获利 | 工作内容:<br>1. 审定供应商、药品的资质,选择合格生产厂商、供货单位及药品<br>2. 按规定进行首营品种、首营企业的审批<br>3. 在公司批准的质量评审合格的供应商、药品范围内采购,手续合法<br>4. 合理调整库存,优化药品结构<br>5. 落实药品的退、换货工作<br>6. 掌握购销过程的质量动态,向质量管理部反馈信息,服从其质量是否通过的决议<br>7. 加强药品的调拨、协调及价格的管理<br>8. 依据《药品进货验收操作规程》指导本部门业务经营活动<br>9. 加强质量协议的保管工作、建档工作,随时检查合同履行情况<br>10. 组织员工学习药品质量有关法律法规,指导购进业务的正常进行 | | |
| 岗位权力 | 权限内采购权、销售合同审批权、权限内财务审批权、监督权、管理权等 | | |
| 任职条件 | | | |
| 教育水平 | 专科及以上 | | |
| 专业 | 医药、经济、管理等相关专业 | | |
| 工作经验 | 1年及以上本行业采购管理工作经验 | | |
| 能力要求 | 掌握药品基本常识和采购基本业务知识,具备药品、法律等方面知识 | | |
| 个人素质要求 | 具有一定的领导能力、决策能力、沟通交往能力及服务能力等 | | |

**分析:** 医药企业职务说明书能够充分反映该职务的详细情况,有助于医药企业选才用人和日常管理工作,能够对各员工进行科学有效管理,促进组织的良性运作。

为提供组织结构图和编制职务说明书,组织设计者一般要从以下三个步骤开展工作。

(1)职务设计与分析:职务设计与分析是组织结构设计最基础的工作。一个全新的组织结构设计一般从最基层开始。首先要对组织目标活动进行层层分解,再在此基础上设计和确定组织内从事具体管理工作所需要的职务类别和数量,分析担任每个职务的人员应担负的责任、应具备的素质和能力要求。

(2)部门划分:根据各个职务所从事的工作内容的性质及职务间的相互关系,依照一定的原则,将各个职务组合成被称为"部门"的管理单位。一般来说,同一"部门"的各职务的工作内容应该是同一类或者关系非常紧密的。但不同的组织目标、组织特点或组织环境下,不同组织划分"部门"的标准也可能不同,组合成的同一"部门"在不同组织内业务内容也有所区别。

(3)结构的形成:在职务设计和部门划分的基础上,还要根据组织内外能够获取的现有人力资源对初步设计的部门和职务进行调整,平衡各部门、各职务的工作量,促使组织结构合理化。如果再次分析的结果证明初次设计是合理的,那么剩下的任务便是根据各自工作的性质和内容,规定各管理机构之间的职责、权限及义务关系,使各管理部门和职务形成一个严密的网络。

课 堂 活 动
请为某医药零售连锁企业的门店店长编制一份职务说明书。

## (三) 组织设计的影响因素

没有一个组织是独立于社会之外单独存在的,组织都会受到各种不同因素的影响。要想设计出科学合理的组织结构就要明确各种影响因素。

1. **组织战略** 组织为了实现战略要求就必须要选择与战略要求和目标实现相适应的组织结构,不同的战略要求或战略重心,要求组织开展的具体战术也不尽相同,组织的业务活动和机构设置自然也不同。因此组织在设计结构时,必须充分考虑组织结构与组织战略的适应性。

2. **组织环境** 组织环境主要指的是组织所处的环境。组织作为社会的组成部分,组织总是与社会其他组成部分发生直接或间接的联系,并受其影响。组织所处的环境的变化还会直接影响组织机构的有效运转和组织目标的实现,只有充分考虑组织所处的环境,并依据其变化对组织结构进行设计,才能保证组织设计的科学合理。除了组织所处的外环境,组织内部环境因素同样是组织设计的重要影响因素。

3. **组织规模** 组织设计还要考虑组织规模的大小。组织规模的大小直接影响组织结构的复杂程度、人员的多少、规章制度的详尽程度和组织权力的分配方式等,因此组织设计要充分考虑组织规模的影响,科学合理制订适应组织规模的结构。需要注意的是,组织规模并不是固定不变的,组织设计应当考虑组织规模适应性的同时还具有一定的灵活性,以便根据组织规模的变化而进行相应的调整。

4. **组织技术** 组织技术主要是指组织所采用的技术及技术设备。组织的运转需要运用各种技术手段和设施设备。不同的技术和设施设备的工作效率和经济效益是不同的,组织的管理幅度、管理层次、部门划分等结构设计要与采取的技术及设施设备相适应。此外,组织结构的设计还应当有利于组织进行技术革新和创新,保持组织创新活力和旺盛生命力,并依托先进的技术不断提高工作效率,实现经济效益。

5. **发展阶段** 组织设计还会受到组织发展阶段的影响。不同发展阶段的组织的规模、组织目标、技术应用水平及需要解决的问题等都是不同的,对组织部门的划分、职权的分配等要求各不相同。因此组织设计还要考虑各个不同阶段的组织情况和特点。

6. **组织人员** 组织人员的数量和质量也会影响组织机构的设置和运转。在组织设计时要充分考虑组织内人员的素质、能力、经验、数量等实际情况及变化情况,从而确定组织的机构设置、职权分配等。

### (四) 组织设计的原则

组织设计是一项重要的管理工作,它旨在创建一种有效的结构以便实现预定的组织目标,组织设计的好坏直接关系组织目标的实现与组织运行的效果,遵循一定的科学规律和原则进行组织设计,才能取得良好的效果。

**1. 任务目标原则** 组织设计的根本目的就是保证组织任务的完成和目标的实现,因此组织设计应始于明确组织的目标,设计者在进行设计时每一项工作都要以是否有利于任务目标为标准。在进行组织设计时,首先要明确组织的任务和目标,然后将任务和目标分解,落实到具体的部门和人员等,即具体的任务和目标是什么,应该设置什么样的部门或机构来承担这项任务,哪个人来任职,这个人应该具备什么样的素质和能力……将因事设职与因人设职相结合,保证每一项具体任务和目标都能落实到具体的部门和人员上,并充分发挥人员的主观能动性,实现预定的任务和目标,这是组织设计的首要原则。

**2. 分工与协作原则** 组织设计应兼顾专业分工和协作配合,强调各部门、人员在观念上要有整体目标和共同奋斗精神,在制度上明确划分责任和协作的义务,并在形式上将分工与协作结合起来。

**3. 统一指挥原则** 组织中指挥不统一是组织秩序混乱的根本原因之一。组织内部的分工越细越深入,越需要统一指挥。只有坚持统一指挥原则,才能避免二元指令、多头领导的情况发生,避免出现破坏组织、动摇组织的现象,才能保证组织各部门各人员有效地进行分工与协作,完成组织任务和目标。

**4. 权责一致原则** 为了保证组织任务和目标的实现,组织设计时要明确各层次、各部门和各人员的权力和义务,做到权责一致。权和责之间存在内在统一关系。不论是有权无责还是有责无权都必然出现权力滥用、管理混乱等情况,进而影响组织目标的实现。

**5. 有效管理幅度与有效管理层次原则** 管理幅度指某一领导者能够直接有效地指挥和领导的下属数目,又称管理跨度或管理宽度。任何一个管理者因受其精力、知识、能力等各种条件的限制,能够有效指挥和领导的下属数目都是有限度的,一旦超过一定的限度,就不能做到有效的管理。

管理层次就是指在职权等级链上设立的管理职位的级数。一个最高管理者将受托担任的部分管理工作再委托给其他人来协助,并以此类推下去,直至受托人能直接安排和协调组织成员的具体业务活动,由此形成组织内部最高管理者到具体工作人员之间的不同管理层级。管理幅度在很大程度上决定了管理层次的数量和管理人员的数量。一般来说,管理幅度与组织规模成正比,与管理层次成反比。

---

**案例分析**

#### 医药公司如何由"小"做"大"?

**案例:** 甲、乙两家医药公司都是由创始人个人以极少的资金投入开办起来的,在生产经营过程中,由于国内经济快速发展,医药产业蓬勃发展,两家公司规模逐渐增大、人员增多,由规模小的医药公司成长为具有一定规模和实力的公司。但甲医药公司的经营者在日常管理公司事务的过程中一直沿用创业之初的组织结构、管理模式及管理措施,要求全体员工事无巨细都直接向他汇报,由他制订最终的措施和策略。结果由于事情繁杂,该经营者常感到力不从心,公司日常管理也时常进展缓慢、效率低下、员工责任心差,公司的业务发展受到很大影响。而乙医药公司经营者则根据医药行业和公司的发展状况,重构公司组织结构和管理措施,在公司内部建立相应管理层次,制订管理规范措施,并从人力资源市场引入具有丰富医药管理经验的职业经理人管理公司的日常事务,经营者本人只负责制订公司的经营决策相关工作,并设置各种奖惩制度鼓励员工创新工作方法和技巧,最终乙医药公司继续保持较高的发展速度,成长为医药行业的领头企业。

**分析:** 根据医药行业的发展现状及趋势,结合医药公司的发展规模和实际情况,按照有效管理幅度与有效管理层次原则,建设与之相适应的组织结构,才能充分调动各层次员工的工作积极性和主动性,分工协作,各司其职,提高企业的工作效率,从而获得成功。

6. **集权与分权管理相结合原则**  集权是指组织决策权主要集中在较高层级的管理者手中,下级管理层次只能服从上级管理者的决定和指示;分权是指组织决策权向各个管理层次手中分散,是组织权力在组织内部各管理层次之间形成一定的权力关系。集权与分权相结合原则是组织设计的重要原则之一。要根据组织目标和组织具体情况,分析哪些权力适合集中在高层管理者手中,哪些权力适合分散到较低管理者手中,集权到哪种程度,分权到哪种程度,只有适度的集权和分权相结合才能充分发挥组织内各个管理层次的积极性,提高工作效率。

7. **稳定与灵活相结合原则**  为保证组织目标的实现和正常运转,组织结构一旦确定后就应在一定时期内保持相对稳定性。一旦组织结构发生变动,组织机构、人员及其分工、权责、利益等各个方面都要发生变动,不仅会增加组织运营成本,频繁的组织结构变动还会对组织成员的工作积极性、工作习惯及工作适应性等方面带来负面的影响,影响组织任务的完成和目标的实现,因此组织结构一旦建立就要在一定时期内保持相对稳定性,以便保持组织运行的适应过程。但组织结构的相对稳定并不代表组织结构是固定不变的,一旦组织的内、外环境发生变化,组织的运行策略也要随之发生变动,以适应新的环境,因此组织设计还应遵循灵活性原则,也就是组织设计应该具有一定的灵活性和可调整性,以适应组织内、外部环境的变化,满足组织新环境变化下发展的需求。

8. **精干高效原则**  任何组织的设计都是为了完成目标,以便获得更高的效益,因此组织在设计时要充分考虑成本问题。组织设计的精干高效原则就是要精简与效率相结合,在组织结构设计时要以较少的管理层次、较少的管理人员、较少的物资投入在较短的时间内完成信息传递、降低成本,达到预期的管理效果,实现精干高效。

9. **执行与监督分离原则**  在组织设计中,为了避免出现监督者和被监督者成为利益一体化后,监督者不能充分发挥监督职能,名存实亡,损害组织利益,组织设计要遵循执行与监督分离原则。这就要求组织的执行机构和监督机构应当分开设置,执行机构人员和监督机构人员之间不得相互兼任,彼此各成体系。同时监督机构在执行监督职能时要严格按照组织相应规章制度进行,并提高自身服务水平和质量。

**点滴积累**

1. 组织是指人们为了实现预定的共同目标经过分工、协作和权责划分形成的人的集合体,是有效发挥人力、物力、财力等各种资源综合效用的载体。
2. 组织设计的影响因素有:组织战略、组织环境、组织规模、组织技术、发展阶段和组织人员。
3. 组织设计的原则有:任务目标原则、分工与协作原则、统一指挥原则、权责一致原则、有效管理幅度与有效管理层次原则、集权与分权相结合原则、稳定与灵活相结合原则、精干高效原则以及执行与监督分离原则。

## 第二节　组织的横向、纵向、职权设计

组织设计是履行组织职能的基础工作。组织设计是基于组织目标、战略要求和组织内外环境,对以组织机构设置为核心的组织系统进行的整体设计工作。简而言之,就是根据组织目标设计和建立一套组织机构和职位体系。组织结构设计是否科学合理对组织目标的实现有着至关重要的影响。科学合理的组织结构设计可以保证组织内各机构有效运转,有力促进组织任务的完成和目标的实现。

### 一、组织的横向设计

组织的横向设计主要基于组织内分工与协作关系,解决管理与业务部门的划分问题。部门主要是指组织内管理人员为完成规定的任务有权管辖的某一特定领域。部门划分就是按照一定的逻辑顺序,将组织工作和人员划分成若干管理的单元并组建相应的机构或单位。部门划分的目的就是确定组织内各项任务和具体目标的分配及归属,明确各管理单元的权责,以实现分工合理、职责明确,从而有效实现组织目标。部门划分的主要方法如下。

**1. 按职能划分部门**　这是最普遍采用的部门划分方法,即按照专业化的原则,以工作或任务的性质为基础划分部门,简单地说就是将相同或类似的工作或任务组合在一起形成一个部门。一般

来说,组织按职能可以划分为研发、采购、生产、销售、财务和人力资源等部门。根据组织内各职能部门的重要程度不同,职能部门又可分为主要职能部门和次要职能部门,在当代大型组织内部,每个职能部门又包含若干个次要职能部门。

按职能划分部门的优点:有利于组织根据专业对各管理层次人员进行归口管理;便于执行性机构和监督性机构各司其职,对各组织机构及人员活动进行监督管理和指导;同时专业化的分类管理还有利于提高工作效率,降低成本。缺点:容易出现部门的本位主义,可能会为部门利益损害组织整体利益;专业化业务的过度集中也会导致专业性监管不到位,决策缓慢,较难建设责任与组织绩效。

**2. 按产品划分部门** 这是指按照组织向社会提供的产品来划分部门。随着科学技术的发展和消费者需求的多样化,组织为社会提供的产品种类越来越丰富,每种产品的生产工艺或消费者的需求都不同,当每种产品的数量较大时,组织如果继续按照职能划分部门,有可能会增加各部门的工作量甚至造成工作的复杂化、混乱化,而按照产品划分部门则更加便于管理。这种划分的方法对每个产品的研发、生产、销售等整个产品链进行单独管理,有助于更好地满足社会的需求,提高工作效率。

按产品划分部门的优点:每个产品链实行单独管理有利于紧跟社会变化,及时调整策略,针对性制订决策,提高效率;本产品内部的分工与协作配合更加协调;单一的产品管理还有助于保证产品的质量和营利能力。缺点:组织内同类型管理机构重叠臃肿,管理人员过多,成本增加;且容易出现部门化倾向。

**3. 按地区划分部门** 这是指按照地理因素来划分部门,将同一地区或区域内的各种业务或工作划归同一部门全权负责。当组织发展到一定的规模,组织活动范围也会日益扩大,覆盖的地理区域越来越宽广,受制于时空限制,组织所有的业务和工作集中办理已不能满足组织发展的需求,甚至制约组织的发展。在不同地区设置部门,将该地区的业务和工作集中起来由一个部门负责,有助于提高效率,便于管理。同时由于各个地区社会发展程度、文化背景、消费者需求偏好、当地政策法律及资源分布等各个方面的不同,也要求组织在不同的地区划分部门进行分区管理。

按地区划分部门的优点:可以根据本地区的特点开展针对性活动,提高竞争优势;对本地区的环境变化迅速作出反应,便于区域协调,及时满足社会需求变化;可以利用本地区的政策法律支持或资源优势,节约成本,提高经济效益;有利于中高层管理人员的培养。缺点:组织机构设置重叠,管理人员增加,成本增加;各地区和总部之间的管理职责界限不明晰、增加总部控制难度且地区之间往往协调困难。

**4. 按生产过程或设备划分部门** 这是指组织按照生产过程、工艺流程或设备来划分部门。如软膏剂制造企业可以划分为配制车间、灌装车间、包装车间等部门。这种划分方式适用于生产过程复杂、生产工艺繁多或设备多样的企业组织。

按生产过程或设备划分部门的优点:有助于组织的生产活动更有效地运行,取得经济优势;有助于加强专业工艺管理、提高工艺水平;简化培训。缺点:不同部门之间协作存在一定的困难。

**5. 按顾客划分部门** 这是指根据组织服务的对象不同划分部门。当前市场竞争日益激烈,消费者需求也呈现显著的多样化,谁能更好地满足顾客的需求,谁就能在激烈的市场竞争中立于不败之地。组织根据服务对象的不同划分部门其实就是根据消费者的不同需求划分部门。为了更好地满足消费者需求,及时应对消费者需求的变化,越来越多的组织倾向于按顾客划分部门。

按顾客划分部门的优点:有利于企业组织更好地满足消费者的需求,有针对性地按需生产、按需促销;有利于企业组织发挥自身的核心优势,开发新的市场和顾客,促使组织的持久性竞争优势形成。缺点:只有当市场规模和市场潜力足够大时,才能按顾客划分部门。

---

**课 堂 活 动**

某一家只生产眼镜蛇血清的制药公司在世界许多国家都拥有客户群体及分支机构,该公司的组织结构应当考虑按什么因素来划分(　　　)

A. 地区　　　　　　B. 产品　　　　　　C. 职能　　　　　　D. 矩阵结构

---

## 二、组织的纵向设计

组织的纵向设计主要基于组织内隶属关系,解决管理层次划分的问题,主要包括管理幅度与管理层次的合理确定。在进行组织纵向结构设计时,首先应根据组织的具体情况如业务主线,明确组织的管理幅度;然后,在这个数量范围内,考虑影响管理层次的各种因素,科学合理地确定管理层次,建立纵向结构。

**1. 管理幅度** 管理幅度又称管理跨度或管理宽度,是指某一领导者能够直接有效地指挥和领导的下属数目。合理的管理幅度有利于管理的有效控制和信息的传递,提高上下级之间信息传递的速度和准确度,有利于高层管理者及时作出决策,并有利于下级及时贯彻上级的意图。一般来说,确定一个普遍适用所有组织的最佳管理幅度几乎是不可能的。虽然高层管理者的有效管理和监督的下级数目是有限度的,但是具体的数目会受到组织内外环境变化和组织自身所处阶段的影响。因此各个组织要根据自身所处阶段、所确定的目标、所拥有的环境特点等确定恰当的管理幅度。

**知识链接**

### 苛希纳定律

苛希纳定律由西方著名管理学者苛希纳提出,其内容如下:实际管理人员比最佳人数多时,工作时间不但不会减少,反而会随之增加,而工作成本就要成倍增加。

在管理中,如果实际管理人员比最佳人数多两倍,工作时间就要多两倍,工作成本就多四倍;如果实际管理人员比最佳人数多三倍,工作时间就要多三倍,工作成本就多六倍。

苛希纳定律强调在组织管理工作中并不是人多就好,有时管理人员越多,工作效率反而越差。只有找到一个最合适的人数,管理才能收到最好的效果。

启示:为了构建高效精干、成本合理的经营管理团队,必须寻找最佳的人员规模与组织规模。即要认真研究并确定每个岗位或职责所需的最合适的人数,设计科学的管理幅度。

**2. 管理层次**　管理层次又称组织层次,它是指在职权等级链上设立的管理职位的级数,简单来说就是管理组织从最高级到最低级的组织等级。一个组织设置多少管理层次主要考虑管理规模和管理幅度。管理层次的多少会受到管理规模和管理幅度的影响,与管理规模成正比,与管理幅度成反比。一般来说,组织规模越大,人员数量越多,需要的管理层次就越多;在固定的组织规模中,管理幅度越大,每个管理者能管理的工作人员越多,所需的管理层次就越小。一个组织的管理层次数量设置多少决定了这个组织内部的分工状态和组织结构的形态,也直接影响管理的效果。

**3. 管理幅度的影响因素**　任何组织在进行组织设计时都要考虑管理幅度。每个管理者能有效管理的下级数量并不是固定不变的,会受到各种因素的影响,主要影响因素可分为以下几个方面。

(1)人员的素质和能力:如果一个高层次管理者的综合素质和能力比较强且经验丰富,能够很快发现问题并给予下级正确的指导,管理的幅度是可以适当扩大的;如果下属人员的工作能力也比较强,且能准确理解上级的意图并独立自主地完成相应的工作,不需要上级过多指导,管理幅度也可以扩大。

(2)工作内容和性质:对于高层次管理者来说,需要决策的工作内容越多,用来指导和协调下级的时间就越少,决策职能就越重要,其管理幅度就会小一些;而对于下级人员来说,如果所从事的工作内容和性质相近,相似度高,工作任务越简单,重复性工作越多,越不容易出现新的问题,那么高层次管理者用来指导每个下级工作人员的时间会缩短,难度会降低,高层管理者的管理幅度可以扩大;此外,对于高层次管理者来说,非管理性的工作越多,其花费在下级工作人员身上的时间和精力就越少,其管理幅度就不可能扩大。

(3)工作条件和环境:一般来说,高层次管理者配置的助手越多,能力越强,信息手段配置越先进、越全面,下级工作岗位地点越近、越集中,高层次管理者的管理幅度可以扩大。反之,高层次管理者的管理幅度会缩小。同时,环境变化越快,变化程度越大,高层次管理者在对下级管理中越容易出现新的问题,并需要花费大量的时间和精力来解决,其管理幅度也不可能扩大。

此外,还有组织内的授权情况、管理体制等也会影响管理幅度的大小。确定管理幅度要从组织实际出发,对各种因素进行综合分析寻求恰当的管理幅度,且随着内外环境的变化,应随时调整管理幅度以适应环境的变化。

**4. 组织结构的基本形态**　按照管理幅度和管理层次的不同,组织结构会形成两种典型的基本形态:扁平型组织结构和高耸型组织结构。

(1)扁平型组织结构:扁平型组织结构是指管理幅度较大而管理层次较少的一种组织结构形态。这种形态的优点如下:层次少,有利于上下级之间信息的传递,且信息误差小,可以使高层次管理者及时发现问题、解决问题,提高工作效率;且由于管理幅度较大,下级工作人员的自主性和创造性得以发挥,有利于选择和培养下级管理者。缺点如下:这种宽大的管理幅度,高层次管理者不能及时、充分地对每一个下属进行具体的指导和监督,上下级之间协调性较差,且同级之间也由于管理幅度大,存在沟通协调困难。

**课 堂 活 动**
你认为哪类医药企业适合扁平型组织结构?请举例说明。

(2)高耸型组织结构:高耸型组织结构是指管理幅度较小而管理层次较多的一种组织结构形态。这种形态的优点如下:较小的管理幅度可以使高层次管理者对每位下属都能进行详尽的指导和监督,具有管理严密、分工细致的特点,上下级之间容易协调。缺点如下:管理层次过多,容易影响上下级之间信息传递的速度,增加信息误差,高层次管理者不能及时、准确地根据信息变化制订出及时有效的决策;而过多的管理层次也需要更多的工作人员,协调工作量会增加,相互推卸责任的事件可能会发生;且过多的管理层次还可能使各低层管理者认为自己在组织中存在感不足,影响其积极性和创造性。

这两个组织结构的基本形态各有利弊,在进行设计时要根据组织的需要和具体情况来确定,尽可能综合两个基本组织结构形态的优点,克服其不足。

**课 堂 活 动**
下列对于扁平型组织结构和高耸型组织结构的论断错误的是( )
A. 高耸型组织结构管理层次多而管理幅度小,扁平型组织结构正好相反
B. 扁平型组织结构管理层次少于高耸型组织结构的管理层次
C. 扁平型组织结构的人员自主性和灵活性高于高耸型组织结构
D. 扁平型组织结构的优越性高于高耸型组织结构

## 三、组织的职权设计

职权即职务范围内的管理权限,是指由组织制度正式确定的,是管理者因其管理职务所拥有的决策、指挥、分配、协调各种资源并进行奖惩的权力。这种权力是管理者指导其下级人员完成任务,实现目标的前提。组织的每一个职务都由组织制度赋予其内在的特定权力,有职即有权,管理者在担任该职务时,自动获取相关权力,一旦离任,也自动失去该权力。组织职权通常会涉及授权、集权和分权等组织权力分配的问题。

### (一) 授权

权力是组织成员为了实现组织目标而对组织拥有的人力、物力、财力等各种资源进行调配和使用的权力。组织结构的设计会涉及权力的分配问题。

1. **授权的含义** 授权是组织有效运作的关键,由于管理者的时间、精力、知识、能力等方面的限制,对其他组织成员的指导、控制是有限的,其监督的人数也是有限的。为了保持组织的有效运作,高层次管理者就有必要将其所拥有的一部分权力授予下一级管理者,这就是授权。所以授权就是指上级授予下级一定的权力,使下属在一定的监督之下,拥有相当的自主权和行动权。授权本质上就是上级对下级的决策权的下放过程,也是组织职责的再分配过程。授权有利于严密组织结构,改

善协作关系,使上下级之间关系更为融洽,促进组织成为一个有机的整体。授权的发生要确保授权者和被授权者之间的信息和知识共享的畅通,确保职权的对等,确保被授权者得到必要的知识技能的培训和学习,不仅有助于减轻授权者的工作量,还有助于提高被授权者的积极性和主动性,促进被授权者能力提升,有利于组织长期良性发展。

**2. 授权的原则** 为了保证组织有效运行,授权应遵循以下原则。

(1)目标明确:明确目标是授权的前提条件。如果没有明确目标,就无法界定授权的任务、目的及其权责范围,只有明确目标才能使被授权者明确任务及职权范围和程度。

(2)权责相当:权和责是统一的。授权不仅要有权有责,还要权责相当,只有这样被授权者才能在权力范围内履行相应的职责,权力过大会损害授权者或其他被授权者的权益;权力过小,被授权者主动性、积极性会受影响。

(3)命令统一:授权过程中,授权者对被授权者有指挥和监督的权力,被授权者对授权者有报告、负责的责任。为了保证授权的有效开展,授权者不应越级授权、交叉授权,以保证命令的统一性。即授权者不能将不属于自己的权力授权给下级,也不能交叉授权。

---

**课 堂 活 动**

张经理是某中药饮片厂生产部经理,由于需要脱产学习一段时间,将其负责的工作委托给了部门副经理李某。某天,李某由于身体原因让财务部小王代其在销售合同上签字。假定你是小王,请问你可以签字吗? 请说明理由。

---

(4)选择正确:选择正确主要是指授权者要正确选择被授权者也就是受权者。授权者如果选择失误会出现难以预料的不良后果,因此,授权者要综合考虑各方面因素,如被授权者应具备的素质、能力、特长、经验等,要选择能力强且认真负责的下级作为被授权者并适当保留决策权。

(5)必要监督:当授权者选定被授权者后,还要对被授权者的履职行为进行必要的监督。授权者把权力授予被授权者时不仅要充分信任被授权者,还应当通过必要的组织制度、工作标准和报告程序对被授权者的履职行为和结果进行必要监督,以保证组织良性发展。

---

**课 堂 活 动**

对于管理者来说,进行授权的直接原因在于(　　　　)

A. 为了组织长期良性发展　　　　B. 充分调动下级员工的积极性

C. 提高下级员工的工作能力　　　D. 让管理者有时间做更多的工作

---

## (二) 集权和分权

如何实现组织权力的科学分配是组织设计的另一项重要工作。组织只有协调好权力的集中与分散,也就是集权和分权的问题,才能保证组织的有效运作。

**1. 集权和分权的含义** 集权是指组织决策权主要集中在较高管理层次手中，下一级管理层次只能服从上级管理者的决定和指示。分权是指组织决策权向各个管理层次手中分散，是组织权力在组织内部各管理层次之间形成一定的权力关系。集权和分权是相对的，没有绝对的集权，也没有绝对的分权。衡量集权和分权的程度，主要在于组织决策权是在高层管理者手中还是下放到各个较低管理者手中。一般来说，基层决策范围越广、决策数目越多，分权程度就越高；反之，高层决策范围越广、决策数目越多，集权程度就越高。决策的重要程度、影响面的大小都可以衡量集权和分权的程度，较低管理层次作出的管理决策重要性越高，涉及面越广，分权程度越高，相反，较低管理层次作出的决策越无关紧要、涉及面越窄，则集权程度越高。此外，审批手续越简单，分权程度越高；反之集权程度越高。集权和分权的优缺点见表 3-1。

表 3-1　集权和分权的优缺点

| 类型 | 优点 | 缺点 |
| --- | --- | --- |
| 集权 | ①政令统一，不会出现令出多门相互扯皮的现象；②标准一致，便于统筹全局，兼顾各方利益，有助于组织整体利益的实现；③统一指挥，能够做到令行禁止，有利于"集中力量办大事" | ①灵活性不足，应变能力差，市场应对性低；②难以充分调动下级的积极性、主动性和创造性；③容易产生"官僚作风"和独断专行，下级自身独立性不足 |
| 分权 | ①灵活性强，市场应变能力强；②可根据实际情况，具体措施因地制宜，提高效率；③明确各层级权力和职责，有利于人员积极性、主动性和创造性的发挥；④防止组织出现个人独断专行和"一言堂"现象 | ①权力分散，可能会影响政令的有效实施；②各部门容易形成本部门本位主义，影响组织整体和长远利益；③组织统筹性差，各部门协调性和服从性不足 |

**2. 影响集权和分权的主要因素** 组织结构设计时，要确定组织的集权和分权的范围和程度，就要明确影响集权和分权的主要因素。

(1)组织规模：组织规模越大，需要解决的问题、沟通的人员及协调的资源就越多，高层次管理者有时会出现"分身乏术"的现象，这时分权就非常有必要；反之，组织规模越小，涉及的各种问题就会越少，为提高组织统筹性，适宜集权。

(2)工作的重要性及性质：涉及的工作对组织来说越重要或工作性质变化较小，重复性或规律性越强，越适合采取集权；反之，对组织影响较小或工作性质变动较大、创新性较强则适合分权。

(3)组织的历史及制度：若现有组织是由若干个组织合并而成或规章制度、控制手段不完善则倾向于分权；反之，若现有组织是由小组织成长起来或规章制度及控制手段完善则适合集权。

(4)管理人员的能力和数量：当高层次管理人员能力较强、管理水平较高或低层次管理人员数量不足或能力不足时适合集权；当低层次管理人员数量充足、经验丰富且管理能力强时，适合分权。

(5)外部环境：当外部环境变化大时宜采用分权；反之，外部环境变化小时则宜采用集权。

**案例分析**

**某集团分层管控背后的"智慧"**

**案例：**某医药公司成立于 1994 年，是一家植根中国全球化医药健康产业的公司，运营的业务包括制药、医疗器械、医疗健康服务及其他医药商业领域。而其背后的某集团，则是拥有众多上市公司的大型民营控股企业集团。该集团成功的奥秘就在于其分层管控体系的建立。

该集团管控的基本平台是分层管控,即将企业相关管理权授权到集团层面、产业层面和企业层面,各层都有明确的责、权、利,各司其职、各行其责。在集团层面,核心职能主要是实现控股公司的职能,进行战略投资和投资后的宏观监控和管理;产业层面主要是搭建产品经营和资本经营嫁接的平台,积极推动有核心竞争力的企业在其产业链和互补的领域内,实现重组并购,强化竞争力;在企业层面,则主要是提升产品核心竞争力,形成具有专业化拓展和管理能力的专业企业群体。集团管控策略既能保证集团在战略上对产业的整体把握和资源的有效共享,又有助于产业及产业中的核心企业在专业性和主观能动性上得到充分发展。

经过三十多年的发展,该集团已成为中国民营控股大型企业集团之一。

**分析:** 分权能够调动公司各部门、各分公司的积极性,实现各层级管理者责、权管理的有机结合,予以各部门及分公司相对自主权,使各级管理者被充分信任,使他们能够根据市场新机遇或消费者的变化迅速作出反应,并可培养大量优秀的管理人才,保证企业的人才供给。

## (三)职权的类型

一般组织内部的职权主要有直线职权、参谋职权和职能职权三种类型。

**1. 直线职权** 直线职权是组织中上级指挥下级的权力,是一种完整的职权。在组织机构中,直线管理人员拥有包括发布命令、执行决策等权力也就是指挥权。凡是管理者都对其下属拥有直线职权。如医药企业的董事长对总经理、总经理对各部门经理、部门经理对其部门成员等都拥有直线职权。

**2. 参谋职权** 参谋职权是赋予参谋人员的辅助性权力,是一种不完整的职权。在组织机构中,拥有参谋职权的管理者可以向拥有直线职权的管理者提供咨询、建议等,拥有协助直线管理者执行职权的权力。参谋职权是一种被赋予的有一定限度的辅助性职权,具有顾问的性质。

**3. 职能职权** 职能职权是直线管理者赋予参谋部门或参谋人员所拥有的指挥下一级直线部门或人员的那部分权力,是一种有限的权力。通常组织的参谋机构或参谋人员只拥有咨询、建议等参谋职权,但随着管理活动的日益复杂化,直线管理人员将自己拥有的对下属的部分指挥权赋予参谋机构或参谋人员,扩大其权力,使之能够在一定的职权范围内具有一定的决策、监督和控制权。职能职权是介于直线职权和参谋职权之间的有限的权力。参谋机构或参谋人员只有在被授权的范围内才能行使相应的职权,如某医药企业总经理授权营销部部长直接向研发部门和生产部门传达产品研发生产相关的信息和建议。

直线职权、参谋职权、职能职权的比较,详见表3-2。

**表 3-2 三种职权的比较**

| 类型 | 权力特点 | 职权行使人 |
| --- | --- | --- |
| 直线职权 | 指挥权、决策权 | 直线人员 |
| 参谋职权 | 指导权、建议权 | 参谋人员 |
| 职能职权 | 部分指挥权、决策权 | 职能人员 |

以下说法错误的是(　　　)

A. 直线职权是组织内部最主要的权力

B. 直线职权和参谋职权可以共同拥有

C. 参谋职权是组织的必有职权

D. 职能职权只能在授权范围内使用

## 点滴积累

1. 组织的横向设计主要基于组织内分工与协作关系,解决管理与业务部门的划分问题。

2. 组织的纵向设计主要基于组织内隶属关系,解决管理层次划分的问题,主要包括管理幅度与管理层次的合理确定。

3. 按照管理幅度和管理层次的不同,组织结构会形成两种典型的基本形态:扁平型结构和高耸型结构。

4. 职权是管理者因其管理职务所拥有的决策、指挥、分配、协调各种资源并进行奖惩的权力。

5. 职权的分类:一般组织内部的职权主要有直线职权、参谋职权和职能职权三种类型。

# 第三节　典型的组织结构

组织结构是指组织的框架,是由组织各部门及人员构建起来的具有相对稳定关系的一种框架。任何组织都有一定的结构,它是保证组织有效运转,实现组织目标的前提条件。组织结构中人和机构之间的关系主要有两种类型:一种是从上自下、统一的纵向指挥体系;一种是各同级部门与人员之间相互配合,构成的横向的分工协作关系。随着社会发展、管理理论和实践的不断进步,组织结构也不断发展、变化。本节将以企业组织为例,重点介绍几种典型的组织结构。

## 一、直线制结构

直线制结构是最早也是最简单的一种组织结构,如图 3-2 所示。直线制结构的特点如下:将组织内所有部门按照垂直系统直线排列,各级管理者对下级进行垂直管理,一个下级也只接受一个上级管理者的命令,不设置职能部门。

直线制结构的优点:结构简单、职权集中、上下级管理关系清楚、职权明确、沟通简捷、指挥统一、费用低、管理效率高。缺点:专业化管理分工不足、权力高度集中、粗放型管理、同级部门或人员协调性不强、下级对上级依赖性强。这种组织结构一般适用于产品单一、业务活动比较简单、规模较小的企业组织。

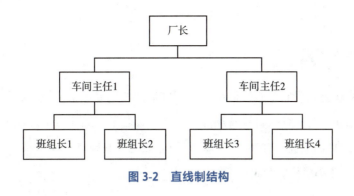

**图 3-2 直线制结构**

课 堂 活 动

以下哪个不是直线制结构的特点(　　)

A. 费用低　　　　B. 下级依赖性强　　　　C. 专业化管理　　　　D. 粗放型管理

## 二、职能制结构

职能制结构是按照管理的专业化分工构建的组织结构,如图 3-3 所示。职能制结构的特点如下:组织按照分工在组织内部设置若干专门化的职能机构,各下级部门除接受上级直线管理者的领导外,还要接受上级各职能部门的指挥和命令。

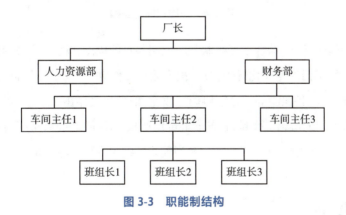

**图 3-3　职能制结构**

职能制结构的优点:管理工作专业化,满足现代管理的需求,专业化职能部门能对下级部门进行具体、细致的指导,减轻各级管理者的工作量。缺点:容易出现多头领导,不利于组织集中领导和统一指挥,可能会出现重复命令或相互矛盾的命令,管理的混乱也不利于直线职权和职能职权的权责明确,可能会出现"扯皮"、争权、相互推卸责任现象。这种组织结构一般适用于医院、学校等组织,现代企业使用较少。

课 堂 活 动
你认为单体药店适合采取职能制结构吗?请说明理由。

## 三、直线职能制结构

直线职能制结构是在吸收了直线制结构和职能制结构的基础上形成的组织结构,如图 3-4 所示。直线职能制结构就是在各级直线管理部门之下设置若干职能部门作为直线管理者的助手,完成相应职能任务。直线职能制结构的特点如下:以直线制为基础,辅以职能制;在直线制统一领导的基础上,又设置职能部门从事专业化管理。

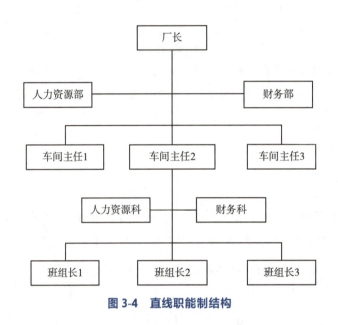

图 3-4　直线职能制结构

直线职能制结构的优点:综合了直线制和职能制各自的优点,既保证了组织的集中统一指挥,又能充分发挥各职能部门的专业化管理作用,提高管理工作效率。缺点:各职能部门自成体系,容易形成部门本位主义,且各职能部门之间协调性较差,信息沟通存在一定的难度,如果发生意见相悖会增加直线管理部门的协调工作量,且各职能部门职权大小难以明晰,可能会与直线管理部门发生冲突甚至出现越权的现象。这种组织结构是当前我国绝大多数医药企业广泛采取的组织结构。

## 四、事业部制结构

事业部制结构是在集中指导下,对具有独立的产品和市场、独立的责任和利益的部门进行分权管理的一种组织结构,由总部负责制订统一的政策,各事业部按照政策独立运营,如图 3-5 所示。事业部制结构的特点如下:将组织的生产经营活动按照产品或地区划分,建立各事业部。每一个事业部在自己经营的产品或地区范围内都拥有独立经营权,自主经营,对自己的生产经营活动及任务、目标负责,独立核算,自负盈亏。最高管理机构只保留方针政策制订、重要人事任免、财务预算等重大问题的决策权,其他权力都下放给各事业部。总之,事业部制结构呈现出集中决策、分散经营的特点。

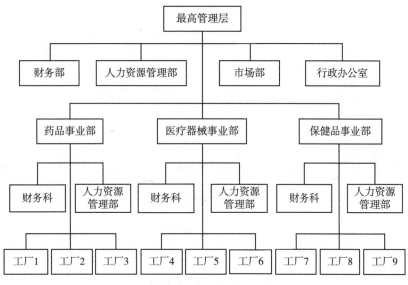

图 3-5　事业部制结构

事业部制结构的优点：政策集中决策、分散经营，高层管理者能够专注于政策性决策和组织规划，各事业部能充分发挥生产经营的主动性和积极性，因地制宜地及时应对社会变化，灵活进行生产经营活动，提高组织的稳定性和环境适应性；且有助于培养管理人员的领导能力和专业能力，丰富组织的人力资源。缺点：各事业部独立性强，容易产生本位主义，容易损害组织整体利益和长远利益；各事业部之间协调性差，最高层管理者的控制力被削弱，不利于组织整体协调和控制；且各事业部机构设置重叠，人员增多，成本增加，容易造成资源浪费。这种结构主要适用于多个产品种类或面对多个不同市场的大规模的组织，如很多大型跨国医药公司会采取这种结构。

> **课 堂 活 动**
> 现实生活中有医药企业采取事业部制结构吗？请举例说明。

## 五、矩阵制结构

矩阵制结构将按职能划分的部门和按产品或项目划分的部门结合起来组成一个矩阵，是由纵横两套管理系统组成的矩阵形态的组织结构，如图 3-6 所示。矩阵制结构有两套管理系统，一套是按照职能划分的常设机构，包括职能机构和经常性的业务经营结构；一套是按照产品或项目划分的临时性机构，是为了完成某项任务而设立的机构，机构成员也是临时的，一旦任务完成，机构成员则回到原机构。

矩阵制结构的优点：能将纵向管理线和横向管理线结合起来，灵活性和适应性较强，既有利于各职能部门协调配合，又可以将不同部门的人员组合起来，有利于新技术、新产品的开发和各成员的创造性的发挥，能够快速解决一些难度较高的问题和任务。缺点：这种结构的稳定性较差，各职能部门和业务部门在人员使用过程中容易出现双重领导，权责界定有一定的难度，可能出现"扯皮"现象，项目成员是临时组合，可能存在责任心不强现象。

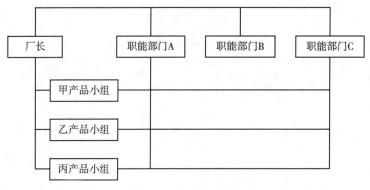

图3-6 矩阵制结构

除以上介绍的几种典型的组织结构外,组织结构还发展出了各种新形态,如团队制组织结构、立体多维制组织结构、网络型结构等。组织结构并不是固定不变的,而是随着社会的发展、理论的进步、新技术的应用不断革新,但不论哪种形态的结构都要围绕组织目标,结合组织具体情况进行设计。

---

**课堂活动**

以下说法正确的是(　　　　)

A. 矩阵制结构能够综合纵向管理和横向管理的优点

B. 矩阵制结构是最科学的结构

C. 矩阵制结构的实质是专业化管理

D. 矩阵制结构是权责最明确的结构

---

**点滴积累**

1. 直线制结构是最早也是最简单的一种组织结构。

2. 职能制结构是按照管理的专业化分工构建的组织结构。

3. 直线职能制结构是在吸收了直线制结构和职能制结构的基础上形成的组织结构。

4. 事业部制结构是在集中指导下,对具有独立的产品和市场、独立的责任和利益的部门进行分权管理的一种组织结构,由总部负责制订统一的政策,各事业部按照政策独立运营。

5. 矩阵制结构将按职能划分的部门和按产品或项目划分的部门结合起来组成一个矩阵,是由纵横两套管理系统组成的矩阵形态的组织结构。

---

## 第四节　组织文化的建设

组织的有效运转除人、财、物、信息等各种资源的有效协调配合外,还需要一种"协调力"和"黏合剂"将各种资源有效组合起来,充分发挥组织人员的主观能动性和各种资源组合的"合力",促进组织有效运行,实现预定目标,这种"协调力"和"黏合剂"其实就是组织文化。

# 一、组织文化的含义和特征

一般而言,文化有广义和狭义之分,广义的文化是指人类在社会实践过程中创造的一切物质财富和精神财富的总和;狭义的文化主要是指精神财富,包括一切社会意识形态。组织各种活动的开展都是在一定的文化背景下进行的,受到各种文化因素的影响,并结合组织自身的实际情况和特点最终形成自己的文化,即组织文化。

1. **组织文化的含义**  组织文化是指组织在一定的社会文化背景下,在一定的生产与发展过程中形成的,为本组织所特有的,全体成员应共同遵守的理想信念、价值标准、思维方式和行为规范等的总和。组织文化是企业在长期的社会生产实践活动中逐步形成有别于其他组织的独特群体文化,且一旦形成,短时间内很难改变,并对组织成员产生着潜移默化的影响和作用。组织文化是组织的重要组成部分,对组织的机构设置、活动开展、成员素质都具有至关重要的影响。

2. **组织文化的特征**  组织文化作为文化的组成部分,会受到各种因素的影响,形成不同的特征,虽然不同组织的文化不同,但总体而言组织文化也具有一定的共同特征。

(1)社会性与民族性:组织都是在一定的社会文化背景下形成的,是社会文化的重要组成部分,组织文化的形成会受到各种社会制度、价值观念、民族精神、风俗习惯、伦理道德等各种社会文化的影响,因此组织文化带有鲜明的社会烙印和民族特色。

(2)客观性与主观性:组织文化是组织在长期的社会生产实践活动中逐渐形成的共同的价值体系,是一种文化的积淀,这种文化积淀从一定程度来说是客观存在的、独立形成的,具有一定的客观性,并不断随着组织客观情况的变化而发生变化。但组织文化在形成和发展过程中又会受到组织创始人、组织员工等人员的各种主观意愿、价值观及理想信念等因素的影响,又具有一定的主观性;同时组织在发展过程中,其发展方向、发展状况及未来预期等方面也会受到组织相关人员的设计和引导,因此组织文化兼具客观性和主观性。

(3)继承性与发展性:每个组织的生存、发展过程也是组织文化积淀、发展的过程,好的组织精神、价值观念、经营准则、行为规范和规章制度都会保留下来,并传递给下一代。但组织文化的发展过程并不是单纯地继承,而是在社会发展、技术进步、制度创新的过程中不断创新,形成更优秀的组织文化。所以组织文化都是在继承前人优秀的文化基础上经过不断创新发展起来的,具有一定的发展性。

(4)融合性与独特性:每一个组织都是在特定的社会文化背景下形成和发展起来的,组织文化必然融合优秀的传统文化和新时代的时代精神,吸收其他优秀的世界文明成果和本民族优秀文化等各种文化内容,具有一定的融合性。但每个组织又是独一无二的,有自己的发展历史、组织性质、组织环境、组织规模和人员特点等,因此组织文化在形成和发展过程中又会带有本组织鲜明且独特的价值观、经营理念、行为规范等特性,组织文化的发展过程也是组织将社会文化在本组织中具体化的过程。

## 二、组织文化的作用

组织文化一旦建立对组织的发展起着至关重要的作用。实践证明,优秀的组织必定拥有优秀的组织文化,组织文化是不断推动组织发展和壮大的最重要工具之一,对组织的经营哲学、发展方向、使命愿景和行为规范等都起着优化的作用。组织文化的具体作用主要可以分为以下几个方面。

1. **导向作用** 组织文化的导向作用是指组织通过组织文化引导组织每个成员的价值取向及行为取向,通过潜移默化的方式使组织成员接受共同的价值理念和行为规范,并自觉将组织目标作为自己奋斗目标并为之不懈奋斗。组织文化代表组织的追求目标、价值理念和共同利益,对员工的价值取向和行为实践起着明确的导向作用。

2. **凝聚作用** 组织文化的凝聚作用是指将组织的价值理念传递给组织员工并获得员工的认同进而产生凝聚力和向心力。优秀的组织文化能够凝聚人心,增强组织的凝聚力、向心力、吸引力和持久力。组织通过组织文化将组织的目标、经营哲学、价值观念等传递给员工,并引导其形成对组织的目标及各种组织运行规则的认同,进而增强员工的组织归属感和自豪感,促使组织员工自觉将个人的发展和组织的发展联系起来,将个人目标和组织目标统一起来,愿意为组织的发展而不断奋斗。组织员工这种为共同目标而不断奋斗产生的"合力"也恰恰是组织的生命力持久的重要奥秘之一。

3. **激励作用** 激励作用是指组织文化对调动组织内员工的积极性和主动性起着重要的作用。组织一般会通过构建一种"人人受尊重、人人受重视"的文化氛围来凝聚人心,激励员工士气,激励员工不断为实现组织目标而奋斗。组织文化的激励作用是建立在构建系统的激励机制和鼓励机制之上的,一般组织会通过目标激励、行为激励、奖惩激励、竞争激励等多种激励手段,以及物质激励和精神激励并重的方式激发员工的主动性和积极性,鼓励员工充分发挥主人翁意识,自觉为促进组织的发展而奋斗。

4. **约束作用** 组织文化的约束作用主要是指组织通过组织文化对组织成员的思想道德素质和行为举止起着规范的作用。组织为了维护组织的整体利益,保证组织所有员工能够为了实现共同的目标而努力,会根据组织的实际情况制订一套规章制度和行为规范来约束员工的行为,保证组织的有效运作。一方面这种"硬性"的规章制度明确规定了员工的"可为"与"不可为",起着明显的约束作用;另一方面通过这种规章制度营造出一种制度面前"人人平等、人人遵守"的"柔性"约束,促使员工自觉遵守行为规范的同时提高思想道德素质,并内化于心、外化于行,最终保证组织的良性发展。

**5. 辐射作用**　组织文化的辐射作用是指组织文化一旦形成且发展起来不仅对组织内部成员发挥作用,还会随着组织影响力的提升潜移默化地对社会文化发展产生影响。优秀的组织文化不仅在组织内部发挥作用,还会对社会发展产生正向影响力。一方面,优秀组织的经营理念、使命愿景、服务理念和职业道德等在向社会扩散的过程中会不断被其他社会组织学习、借鉴和接纳,进而优化社会环境,促进行业良性发展;另一方面,优秀组织培养出来的优秀员工的精湛的职业技能、先进的管理方法、高尚的职业道德等优秀的个人素质也会在社会中起到模范示范作用,促进优秀人才的培养。

**课 堂 活 动**

组织文化的作用主要包括（　　　　）

A. 导向作用　　　　　　B. 凝聚作用　　　　　　C. 激励作用

D. 约束作用　　　　　　E. 辐射作用

## 三、组织文化的内容

组织在发展过程中形成了丰富的内容体系。组织文化一般可以包括以下内容。如图 3-7 所示。

**1. 物质层**　物质层是组织文化的表层文化,是指凝聚着组织文化的器物载体,包括产品的款式、设施设备、厂区布局、工作环境、组织名称及标识等。物质层是企业文化的最外层,是人们"看得见、摸得着"的组织文化,是组织文化的物化形态和载体。其中,企业的产品主要体现在组织为社会提供的经验成果,是物质层文化的重要内容,各个组织都是通过具化产品,如产品的质量、式样等来传递组织文化;组织的设施设备、厂

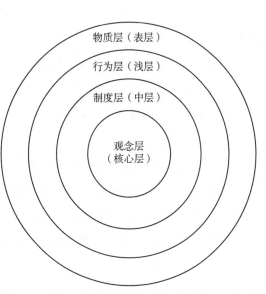

图 3-7　组织文化内容示意图

区布局及工作环境主要是组织社会生产实践活动的条件展示,其厂区布置及设施设备的应用则在一定程度上折射出组织的经营哲学和价值观;组织名称及标识是组织文化的可视化象征之一,充分体现组织文化的独特性,带有很强的文化识别度和辨识度。

**案例分析**

**"因爱卓越"——某集团的"文化之路"**

**案例:** 文化是企业发展的基石和不懈动力。近年来,某医药(集团)股份有限公司(以下简称:某集团)坚持党的领导,以"爱"作为鲜明的文化符号,将"爱"的内涵融入企业的具体实践宣传活动中,形成了独

具特色的"因爱卓越"企业文化。集团专门出版发行了《因爱卓越》企业文化手册,并通过有形的展板、海报、形象墙等媒介在集团总部、分公司打造了一批企业文化宣传载体,将"因爱卓越"企业文化外化于行、显化于物。

分析:该集团出版发行的《因爱卓越》文化手册,建立的各种海报、宣传栏、展板等将企业文化具体化、物质化,是组织文化的载体,属于组织文化的物质层。

**2. 行为层**  行为层是组织文化的浅层。行为文化主要是指组织的生产经营活动和学习娱乐活动中产生的活动文化。行为文化是组织文化建设中最重要、最基础的建设内容,它主要包括组织经营、教育宣传、文娱活动等产生的文化现象。以企业组织为例,一般根据行为主体的不同,可以分为企业家行为和员工行为。组织的创始人、领导者或文化建立者等人员的行为往往会给组织文化留下鲜明的印记,甚至在一定程度上会决定组织文化的发展。此外组织的员工的行为,如服务水平、服务态度等也会影响组织行为文化的发展。因此行为文化建设是组织文化建设的重要内容之一。

**3. 制度层**  制度层是组织文化的中层。制度层主要指组织文化的各项规章制度、道德规范及行为准则等。制度层主要通过对组织运行和员工行为的规范来促进组织文化的形成,带有一定的强制性。其中规章制度主要包括领导制度、人事制度、分配制度、劳动制度、奖惩制度等,是企业有序运作的基本保证。制度文化既是适应物质文化的固定形式,又是塑造精神文化的主要机制和载体。

**4. 观念层**  观念层是组织文化的核心层。观念层主要是指组织在长期社会生产实践过程中形成的具有组织特色的特定的意识形态和文化观念。它主要包括组织的经营哲学、管理理念、价值取向、伦理道德等,观念层是组织文化的核心和主体,是组织有别于其他组织的独特之处,也是组织生存发展的关键所在。

组织文化的各层次内容紧密联系与相互依存,共同构成了组织文化的有机整体。首先,观念层决定了制度层、行为层和物质层。观念层是组织文化的核心和灵魂,是组织在生存发展中受到一定的社会文化影响结合组织自身及时形成的文化。观念层一旦形成便具有一定的稳定性,短时内不会随意改变。其次,制度层是观念层、行为层和物质层的中介,制度是组织为了维护观念而制订的具有一定强制性的文化约束,制度层执行过程中又会对组织成员的行为产生影响,形成优秀的行为文化;而物质层是组织文化其他内容的具化,将其他内容以一定的形态展示或表现出来。组织文化的观念层、制度层、行为层和物质层相互影响、相互作用,共同构成了组织文化的完整体系。

---

**课 堂 活 动**

某医药企业提出"炮制虽繁必不敢省人工,品味虽贵必不敢减物力",请问这属于企业文化内容的哪个层次(　　)

    A. 物质层           B. 行为层           C. 制度层           D. 观念层

**点滴积累**

1. 组织文化是指组织在一定的社会文化背景下,在一定的生产与发展过程中形成的,为本组织所特有的,全体成员应共同遵守的理想信念、价值标准、思维方式和行为规范等的总和。
2. 组织文化的特征有社会性与民族性、客观性与主观性、继承性与发展性、融合性与独特性。
3. 组织文化的作用有导向作用、凝聚作用、激励作用、约束作用和辐射作用。
4. 组织文化的构成包括物质层、行为层、制度层、观念层。

# 实训三　调查医药企业的组织文化

## 一、实训目的

掌握组织文化的含义,使学生能够比较医药企业文化和其他组织文化的不同特征,分析医药企业文化的功能及其内容体系构成。

## 二、实训要求

1. 将学生每 5 人一组分成若干组。
2. 每组学生分别调查一家医药企业,调查该医药企业的组织文化的具体内容,分析该组织文化的特征及其对医药企业发展的作用。

## 三、实训内容

通过调查分析,结合教师相关内容的讲述和提供的相关学习资料,分析医药企业文化的特征、具体内容及其对企业的作用。

## 四、实训评价

1. 小组成员都能积极参与讨论,得分 5 分。参与度低的,酌情扣分。
2. 能正确说出组织文化的具体内容,得分 3 分。
3. 能说出组织文化的特征,每一点得 2 分,最高得 6 分。
4. 能列出组织文化的作用,每一点得 1 分,最高得 3 分。

习题

## 目标检测

### 一、简答题

1. 简述组织设计的原则。

2. 简述典型的组织结构类型。

3. 简述组织文化的主要内容。

### 二、案例分析题

#### 企业该如何授权

　　某医药企业是从一家小型中药饮片加工企业成长起来的以中药为主的中型医药企业,为了在激烈的市场竞争中取胜,该医药企业的李董事长从某大型医药企业聘来了精明强干的刘先生担任企业的总经理,并将企业的大小事务均交由刘先生全权处理。因为得到授权,刘总经理便结合企业的特点和实际情况,对企业的经营模式和管理体制进行大胆的变革,拓展企业业务,将企业原先以中药为主的发展战略改为中药为主、医药保健和生物制药并重的发展模式,并将业务由原来的生产型拓展到生产＋零售的综合性模式,积极进军互联网药店领域,经营业绩得到大规模提升,并得到众多客户的认同与支持。然而,当刘总经理意欲更进一步地推动企业的变革时,他发觉,其实自己手中的权力十分有限,虽然李董事长总是客客气气地对其进行鼓励,但真正执行起来却受诸多限制,刘总经理的内心非常困惑,久而久之,他的变革锐气便渐渐地消失了。

　　请思考并回答以下问题:

　　1. 刘总经理的权力为什么会出现受限的问题?

　　2. 结合案例说明授权的原则和分权的影响因素。

(连进承)

# 第四章　领导

## 学习目标

1. **掌握**　"超 Y 理论"的要点；菲德勒模型；激励的含义；马斯洛的需要层次理论；期望理论；公平理论。
2. **熟悉**　领导特质理论；领导风格理论；管理方格图；路径 - 目标理论；激励 - 保健理论；沟通的基本模式；沟通的方式；沟通障碍产生的原因。
3. **了解**　人性假设理论；沟通的类型。

## 导学情景

**情景描述：**

　　随着全球化竞争日益激烈，人才的跨国竞争愈演愈烈，我国医药企业的领导人才面临巨大的缺口，医药企业想要立于不败之地，获得持续的发展，领导者领导力的提升和领导后备人才的培养是重中之重。

　　已经发布的《2023 全球领导力展望（中国报告）》显示，63% 的首席执行官（CEO）认为吸引及留住人才是当今面临的最大挑战之一，只有 8% 的企业表示拥有充足的人才储备；关于领导者领导水平，仅 27% 的企业认为其领导者拥有高水平的领导力，领导者在引领变革、带领企业转型、塑造文化氛围、吸引留任人才等方面仍有相当大的成长空间。

**学前导语：**

　　领导者是领导活动的主体，在领导活动中发挥着主导和核心作用。领导者需要不断地提高领导力，提升领导水平，进而提升企业的竞争力。

## 第一节　领导概述

　　领导者在任何一个组织中都占有特殊的地位，并对整个组织的发展起着非常重要的作用。领导者科学应用领导理论，对提升领导效能、增强企业战略和制订科学性的决策具有重要意义。

### 一、人性假设理论

　　对人性的理解是管理理论和管理模式的基础，管理理论的构建和模式的设计都是以人性观为基础的。任何管理者在制订和实施管理措施时,都会对人的本性和本质有所看法和假设,并根据这些看法和假设制订相应的管理措施。

人性假设理论是管理中一个重要的基本理论。所谓"人性假设"是指管理者对于人性的基本看法。1957 年,美国学者道格拉斯·麦格雷戈在《企业中人的方面》一文中首次提出了人性假设概念,认为管理者关于人性的观点是建立在一些假设基础之上的,而管理者又根据这些假设来塑造其对下属的行为方式。西方管理心理学者认为,从传统管理到管理心理学,实际存在四种对人性的假设:"经济人""社会人""自我实现人""复杂人"。

1. **"经济人"** "经济人"也称"实利人",这是早期的人性假设。它认为在企业中人的行为的主要目的是追求自身的利益,工作的动机是为了获得经济报酬。泰勒称之为"经济人",他认为资本家是为了获取最大的利润才开设工厂,而工人则为了获得经济报酬来工作,只有劳资双方共同努力,大家才可以都获得收益。泰勒曾经把这种管理称之为一次心理上的革命。1957 年,麦格雷戈用"X 理论"这一名称归纳了历史上的"经济人"这一人性假设,其要点如下:①大多数人生来懒惰,总想少干一点工作;②一般人都没有什么雄心,不喜欢负责任,宁可被别人指挥;③用强制、惩罚的办法,才能迫使他们为实现组织目标而工作;④人缺乏自制能力,容易受他人影响。

2. **"社会人"** "社会人"也称"社交人",是梅奥根据他在霍桑实验的科研成果提出的。认为人类工作的主要动机,除了经济利益,还在于工作的社会关系,只有满足职工的社会要求并有良好的人际关系,才能有效地调动职工的积极性。其要点如下:①人的行为动机不只是追求金钱,而是满足人的全部社会需求;②由于技术的发展与工作合理化的结果,使工作本身失去了乐趣和意义,人们开始从工作中的社会关系去寻求乐趣和意义;③相比组织给予的经济报酬,工人更加重视同事之间的社会影响力;④工人的工作效率随着上级能满足他们社会需求的程度而改变。

"社会人"的观点,相比"经济人"的观点,无疑是一大进步。它强调了人的社会性需求,突出了人际关系对个人行为的影响。

3. **"自我实现人"** "自我实现人"也称"自动人",这一概念是由马斯洛提出的。马斯洛认为自我实现就是使人的潜能现实化,也就是使这个人成为有完美个性的人,成为这个人能够成为的一切。在现实社会中,人的高层次需要应该是自我实现,使自己成为一个比较完美、自我实现的人。"自我实现人"是"社会人"的发展,"自我实现人"观点认为人除了有社会需求,还有一种想充分表现自己的能力,发挥自己潜力的欲望。麦格雷戈称之为"Y 理论",其要点如下:①人的需要从低级向高级发展,低级需要满足后,便追求更高级的需要,自我实现是人的最高级需要;②人们因工作而变得成熟,有独立自主的倾向;③人有自发的能力,又能自制,外界的控制可能构成威胁,而不利于人的行为;④个人的目标与组织的目标没有根本的冲突,有机会的话,他会自动将个人目标与组织目标统一起来。

4. **"复杂人"** "复杂人"是 20 世纪 60 年代末、70 年代初由摩尔斯和洛施提出的一种人性假设。该理论认为"经济人""社会人"和"自我实现人"三种对人性的假设虽然都有其合理的一面,但并不适合一切人,而且没有考虑人的个性、需求的差异和客观环境对人的影响。"复杂人"的观点认为人是因时、因地、因各种情况采取适当反应的"复杂人",被称之为"超 Y 理论",其要点如下:

①人不但复杂,而且变动很大;②人的需求与他所处的组织环境有关系,在不同的组织环境与时间、地点会有不同的需求;③人是否愿意为组织目标作贡献,取决于他自身需求状况以及他与组织之间的相互关系;④人可以依自己的需求、能力,而对不同的管理方式作出不同的反应,没有一套适合于任何人、任何时代的万能管理方法。

---

**课 堂 活 动**

"超 Y 理论"是以下哪种人性假设(　　　)

A."经济人"　　　　B."社会人"　　　　C."自我实现人"　　　　D."复杂人"

---

## 二、领导理论

领导理论是研究领导有效性的理论。自 20 世纪 40 年代以来,西方学者从不同角度对领导问题进行大量研究,先后形成了三个不同的发展阶段:领导特质理论、领导行为理论和领导权变理论。20 世纪 80 年代以来,经济的不断发展和企业的不断增加促使越来越多的学者及实践工作者从其他角度对领导行为进行研究,推动了领导理论的不断发展。

### (一)领导特质理论

在 20 世纪 40 年代前,管理学研究的重点之一就是领导的特征,并在此基础上形成了领导特质理论。领导特质理论是最早对领导活动及行为进行系统研究的尝试。领导特质理论普遍认为有一组可以用来识别有效领导者的个人素质和特征,领导效率的高低主要取决于领导者的特质,如果能够找出这些特质,人们就可以用这些特质来培养、挑选和考核领导者。

普林斯顿大学教授鲍莫尔提出了作为一个领导者应具备的十个条件。①合作精神:能赢得人们的合作,愿意与其他人一起工作,对人不是压服,而是说服和感召;②决策能力:依据事实而非想象来进行决策,有高瞻远瞩的能力;③组织能力:善于组织人力、物力和财力;④精于授权:能抓住大事,把小事分给下属去完成;⑤善于应变:权宜通达,灵活进取而不是抱残守缺、墨守成规;⑥敢于创新:对新事物、新环境、新观念有敏锐的接受能力;⑦勇于负责:对上下级以及整个社会抱有高度责任心;⑧敢担风险:要敢于承担改变企业现状时遇到的风险,并有创造新局面的雄心和信心;⑨尊重他人:重视和采纳别人的合理化意见;⑩品德高尚:在品德上为社会和企业员工所敬仰。

豪斯认为魅力型领导者的关键特征包括:自信,有远见,具有清楚阐述目标的能力,对目标有坚定信念,对环境敏感,不循规蹈矩,是激进变革的代言人。并总结出领导者应具备的九项核心特征和能力:应变力、责任感、影响力、概念化、多视角、预见性、尊重和敏感、沟通、自知之明。

领导特质理论至今仍是领导学研究的重要内容,但特征仅仅是领导者应当具备的前提,它并不能说明一个领导者究竟应该在多大程度上具备某种领导特质,同时也忽视了情景因素等其他因素对领导力的影响。

### (二) 领导行为理论

由于领导特质理论在解释有效领导的问题上遇到了困难,研究者开始把目标从研究领导者的内在特征转移到外在行为上,侧重研究领导者的行为和领导方式对组织成员的影响,从而找出最佳的领导行为和领导风格。

**1. 领导风格理论** 美国社会学家勒温根据领导者如何运用他们的权力,将领导风格分为三种不同的形式,即专制式领导、民主式领导和放任式领导。

专制式亦称专权式或独裁式,团队的权力定位于领导者个人手中,领导者只注重工作的目标,只关心工作任务的完成和工作效率的高低,对团队成员个人不关心。专制式领导行为的主要特点如下:团队中,团队成员均处于一种无权参与决策的从属地位,团队的目标和工作方针都由领导者自行制订,具体的工作安排和人员调配也由领导者个人决定;团队成员对团队工作的意见不受领导者欢迎,也很少会被采纳;领导者根据个人的了解与判断来监督和控制团队成员的工作,导致上级与下级之间存在较大的社会心理距离和隔阂;领导者对被领导者缺乏敏感性,被领导者对领导者存有戒心和敌意,下级只是被动、盲目、消极地遵守制度,执行指令;团队中缺乏创新与合作精神,团队成员之间易产生攻击性行为。

民主式又称为参与式,民主式的领导者注重对团体成员的工作加以鼓励和协助,关心并满足团体成员的需要,营造一种民主与平等的氛围,工作效率比较高。民主式领导行为的主要特点如下:团队的权力定位于全体成员,领导者只起到一个指导者的作用,其主要任务就是在成员之间进行调解、沟通和仲裁;团队的目标和工作方针会征求大家的意见并尽量获得大家的赞同,工作安排和人员调配等问题,会经共同协商再作决定;团队工作的各种意见和建议将会受到领导者鼓励,而且很可能会被采纳,一切决策都会经过充分协商讨论后才作出。

放任式领导的团队的权力定位于每一个成员,领导者置身于团队工作之外,只起到一种被动服务的作用,其扮演的角色像一个情报传递员和后勤服务员,工作效率低。放任式领导行为的主要特点如下:领导者缺乏关于团体目标和工作方针的指示,对具体工作安排和人员调配也不作明确指导;领导者满足于任务布置和物质条件的提供,对团体成员的具体执行情况既不主动协助,也不进行主动监督和控制;听任团队成员各行其是,自主进行决定,对工作成果不作任何评价和奖惩。

勒温根据实验认为放任式领导工作效率最低,只达到了社交目标,而没有完成工作目标。专制式领导虽然通过严格管理达到了工作目标,但群体成员情绪消极、士气低落、争吵较多。只有民主式领导工作效率最高,不但可完成工作目标,而且群体成员关系融洽,工作积极主动、有创造性。

**2. 管理方格图** 管理方格图是美国管理学家布莱克和穆顿于 1964 年提出的,认为在企业管理的领导工作中往往出现一些极端的方式,或者以生产为中心,或者以人为中心,在对生产关心的领导方式和对人关心的领导方式之间,可以有使两者在不同程度上互相结合的多种领导方式。如图 4-1 所示,横坐标与纵坐标分别表示对生产和对人的关心程度。每个方格表示"关心生产"和"关心人"两个基本因素以不同程度相结合的一种领导方式,共 81 种。

在图 4-1 中,有 5 种典型的组合,形成了典型的领导方式。

**图 4-1 管理方格图**

1.1 贫乏型：表示对工作和人都极不关心，这种方式的领导者只做维持自己职务的最低限度的工作，也就是只要不出差错，多一事不如少一事。

9.1 任务型：对工作极为关心，但忽略对人的关心，不关心工作人员的需求和满足，并尽可能使后者不干扰工作的进行。这种方式的领导者拥有很大的权力，强调有效地控制下属，努力完成各项工作。

1.9 乡村俱乐部型：对人极为关心，关心工作人员的需求是否获得满足，重视处理好人际关系，看重同事和下级与自己的感情，但忽略工作的成效。

5.5 中庸型：既对工作关心，也对人关心，兼而顾之，程度适中，强调适可而止。这种方式的领导既对工作的质量和数量有一定要求，又强调通过引导和激励使下属完成任务。但是这种领导往往缺乏进取心，乐意保持现状。

9.9 团队型：对工作和对人都极为关心。这种方式的领导者能够将组织的目标与个人的需求有效地结合起来，既高度重视组织的各项工作，能通过沟通和激励，促进团队合作，从而获得高的工作效率，又能使员工获得事业的成就与满足。

### (三) 领导权变理论

尽管领导特性理论和领导行为理论作出了重要的贡献，但实际上，领导行为的有效性受情景因素的影响很大。在不同的情景中，不同的领导行为有不同的效果，领导是一个动态的过程，有效的领导应该随着被领导者以及情境的变化而变化。

**1. 菲德勒模型** 菲德勒认为不存在一种"普遍适用"的领导方式，任何形态的领导方式都可能有效，其有效性完全取决于领导方式与环境是否适应。

决定领导有效性的环境因素主要有 3 个。

(1)职位权力：这是指领导者所处的职位具有的权力和权威的大小。一个具有明确并且高的职位权力的领导者比缺乏这种权力的领导者更容易得到他人的追随。

(2)任务结构：即工作任务的明确程度和部下对任务的负责程度。任务清楚，工作的质量就比较容易控制,也更容易为组织成员明确工作职责。

(3)上下级关系:指领导者受到下级爱戴、尊敬和信任以及下级愿意追随领导者的程度。

根据以上3个因素,将领导所处的环境从最有利到最不利分为8种类型,如图4-2所示,在最有利和最不利的情景下,工作任务型的领导方式比较有效;在中等状态情景下,人际关系型的领导方式比较有效。

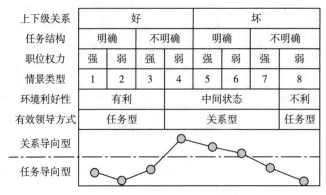

**图 4-2  菲德勒模型示意图**

**2. 路径-目标理论**  该理论是豪斯于1968年最先提出,米切尔参与了这一理论的完善和补充。路径-目标理论立足于部下,而不是立足于领导者。豪斯认为领导者的基本任务就是让部下发挥作用,帮助部下设定目标和实现目标。该理论的基本模式如下:分析并依据情景因素选择适宜的领导行为模式,以满足部下的需要并提高管理的绩效。

该理论中关键的情景要素包括:①部下特征,即员工的个人特征存在差异,任职时间长短、性格特点、技术水平、责任心等都会影响领导方式的选择;②环境特点,即不同的企业类型、岗位工作任务、企业组织权力系统均存在差异,这些差异影响领导行为方式的确定。

领导可采用的行为方式具体如下。①指示型领导:领导者给予部下具体明确的指令或指导,属于任务绩效型导向;②支持型领导:领导者关心下级,从各方面给予支持,属于群体维系型领导;③参与型领导:领导者征求并采纳下级建议,鼓励下级参与决策;④成就取向型领导:领导者设置挑战性目标,奖励作出贡献的下属,采取各种手段激励取得成就的下属。

依据对部下特性和所处环境特点的分析,有针对性地选择恰当的领导方式,就能使下级获得满足,有效地实现组织目标。如图4-3所示。

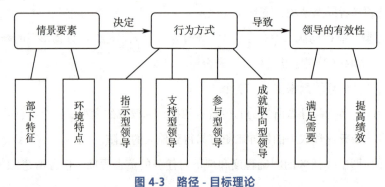

**图 4-3  路径-目标理论**

领导者需要在实践中选择最适合下属特征和工作需要的领导方式。如果下属是教条的和权力主义的,任务是不明确的,组织的规章和程序是不清晰的,指示型领导方式最适合;对于结构层次清晰、令人不满意或者是令人感到灰心的工作,领导者应该使用支持型领导方式;当任务不明确,或下属具有独立性,具有强烈的控制欲,参与型领导方式效果最佳;如果组织要求下属完成具有挑战性的任务,成就导向型领导方式效果最好。

---

### 点滴积累

1. 人性假设的发展经过了"经济人""社会人""自我实现人""复杂人"假设四个阶段。
2. 领导理论的发展经过了领导特质理论、领导行为理论和领导权变理论。
3. 管理方格图中五种典型的领导方式分别是 1.1 型、1.9 型、9.1 型、9.9 型和 5.5 型。
4. 菲德勒模型认为不存在一种"普遍适用"的领导方式,任何形态的领导方式都可能有效,其有效性完全取决于领导方式与环境是否适应。

---

## 第二节 激励概述

现代管理高度重视激励问题,企业的发展需要每一个成员长期协作努力,如何激发、调动组织成员的工作积极性是企业管理的一个关键问题。激励在管理活动中起着重要的作用,任何组织都是由人创建、由人来管理的,组织内的一切物流、资金流、信息流都是由人来运作的,因此人是决定组织成败的最关键因素。组织中人积极性的高低直接影响工作的绩效,而要提高人的工作积极性就离不开激励,激励是组织目标能够得以实现的最可靠保障。

### 一、激励的含义

"激励"一词是激发、鼓动、鼓励之意。在我国,最早使用"激励"一词的文献是《资治通鉴》,书中的"将士皆激励请奋"和"操抚循激励,明设赏罚"句中均出现"激励"一词。

"激励"一词作为心理学术语,指的是持续激发人的动机的心理过程,引起个体产生明确的目标指向行为的内在动力。通过激励,在某种内部或外部刺激的影响下,使人始终维持在一个兴奋状态中。

"激励"这一概念用于管理,就是通常所说的调动人积极性的问题。激励是通过管理者的行为、企业制度和规定给被管理者的行为以某种刺激,使其努力实现管理目标,完成工作任务的管理过程。激励是开发人力资源,充分挖掘人的内在潜力,促使人发展完善的有效方法。每个企业经营管理者都要认真研究激励,积极运用激励,以实现其既定的目标。

激励具有以下特征。

**1. 目的性**　任何激励行为都具有目的性。这个目的可能是一个结果,也可能是一个过程,但必须是一个现实的、明确的目的。

**2. 选择性**　人的积极性因人而异,每个人根据自己的特征,如气质、性格、爱好、兴趣、情感等,来决定对事物的积极性的选择。

**3. 复杂性**　激励是一个由多种复杂的内在、外在因素交织起来持续作用和影响的复杂过程,而不是一个互动式的即时过程。

**4. 时效性**　积极性不可能持续高涨,经常是起伏不定的,如发奖金时,员工的积极性会高涨,过后积极性则会下降。

激励包括两种类型,即物质激励和精神激励。物质激励主要是指劳动报酬激励,包括工资、奖金与津贴等,以物质奖励的方式满足员工物质需求,促使员工认真工作。精神激励主要是指精神上的无形激励,包括鼓舞、支持员工工作,给予他们更多培训和晋升的机会等,从而调动员工的工作积极性与创造性。

**案例分析**

### 医药企业加大激励力度,助力企业未来快速发展

**案例:** 人才是生产发展的第一生产力,是企业发展和创新的动力源泉,是企业提升竞争力的重要保障。药店作为服务密集型企业,要想维持长期稳定发展,离不开人才的招聘、储备和培养,尤其是精药、懂医、晓政策的复合型核心骨干。如何吸引和留住优秀人才,降低人才流失率,对于上市连锁企业来说至关重要。某连锁大药房为了激励和留住核心人才,通过对员工工作年限、业绩目标完成情况、公司贡献度等方面进行全面分析和评价,确定和发布了 2023 年限制性股票激励计划,授予的激励对象总人数达 321 人,激励对象覆盖公司高级管理人员、中层管理人员及核心骨干,成为公司有史以来覆盖人群最多的股权激励计划。

**分析:** 股权激励主要是通过给予员工部分股东权益,使其具有主人翁意识,从而与企业形成利益共同体,促进企业与员工共同成长,从而帮助企业实现稳定发展的长期目标。企业通过股权激励将核心人才的价值回报与公司的持续增值紧密联系起来,留住人才的同时,也能够助力实现公司阶段性发展目标和中长期战略规划。

## 二、激励理论

企业激励理论是企业理论的重要组成部分。在管理活动中,激励理论已经形成了较为完善的理论框架和知识体系,并广泛应用于社会经济的各个领域。按照研究层面的不同,激励理论可以分为两种类型:内容型激励理论与过程型激励理论。内容型激励理论旨在找出促使员工努力工作的具体因素,该类理论主要研究人的需要以及如何满足需要的问题,主要包括马斯洛的需要层次理论、赫茨伯格的激励 - 保健理论;过程型激励理论关注的是动机的产生以及从动机产生到采取具体行为的心理过程,主要包括期望理论和公平理论。

## （一）内容型激励理论

**1. 马斯洛的需要层次理论**　该理论是由美国心理学家马斯洛提出的。马斯洛认为人的需要可以划分为五个层次,从低到高依次为生理需要、安全需要、社交需要、尊重需要和自我实现需要。

（1）生理需要:维持自身生存的最基本需要,包括衣、食、住、行等方面。

（2）安全需要:保护自己免受生理和心理伤害的需要,包括人身安全、生活稳定以及免遭痛苦、威胁或疾病等。

（3）社交需要:包括感情的需要和归属群体的需要,如爱、归属、接纳和友谊等。

（4）尊重需要:包括自我尊重和受到他人的尊重,如自尊、受尊重、被关注、认可、地位和成就等。

（5）自我实现需要:最大限度地发挥自己潜能的需要,将自己的潜能现实化,实现个人理想、抱负,发挥个人的能力。

当某一种需要没有被满足的时候,人就会去追求它,从而产生一种内驱力。只有当较低层次的需要获得基本满足后,下一个较高层次的需要才能成为主导需要。每个人在不同时期都有一个占主导地位的优势需要,它是在五种需要中力量最强的一个。

根据马斯洛的需要层次理论,如果管理者要激励人,就应该知道他现在处于需要层次的哪个水平上,其当时最迫切的需要是什么,并将激励措施用在满足这些需要上,如表 4-1 所示,只有这样,才能充分调动其积极性,使其处于最佳的工作状态。

**表 4-1　需要层次与管理措施对应表**

| 需要层次 | 诱因 | 管理制度与措施 |
| --- | --- | --- |
| 生理需要 | 薪水、健康的工作环境 | 薪资制度、工作环境保障体系（食堂、交通、住宿） |
| 安全需要 | 职位的保障、意外的防止、福利 | 聘用雇用保障机制、退休金制度、保险制度、意外保障机制、福利制度 |
| 社交需要 | 友谊、同事之间的融洽、领导的接纳、归属感 | 企业文化建设、娱乐规定、利润分配制度、教育培训制度、团队建设 |
| 尊重需要 | 地位、名誉、权力、责任、成就、认可度 | 人事考核制度、晋升表彰制度、奖金分配制度 |
| 自我实现需要 | 组织环境的适宜度、工作的挑战性 | 决策参与机制、提案制度、战略规划 |

**2. 赫茨伯格的激励 - 保健理论**　赫茨伯格的激励 - 保健理论也被称为双因素理论。该理论认为激发人的动机的因素有两类,一类为保健因素,另一类为激励因素。

（1）保健因素:又称非本质因素或情境因素,是指除工作本身之外的影响员工的因素,包括公司政策、管理、监督、与上下级和同事的关系、工作条件、薪酬、地位和安全保障等。这类因素与不满意相联系,如果缺少了这些因素,员工就会感到不满,但是即使这类因素的状态水平较为理想,也不会使员工产生满意感。

（2）激励因素:又称本质因素或内容因素,是指工作本身的各个方面,包括成就、认可、工作的挑战性、责任、进步和成长等。这类因素的存在能够使员工感到满意,并能激励员工的行为。

根据赫茨伯格的观点,管理者需首先改善工作中的保健因素,物质需求的满足是必要的,没有它会导致员工不满,但是即使获得满足,它的作用又往往是很有限的、不能持久的。负面的保健因素会将员工的注意力从体验到的激励因素上转移开。一旦工作环境得到改善,管理者就可以试着将工作过程丰富化,对工作进行重新设计,提供激励因素,对员工进行精神鼓励,给予表扬和认可,注意给人以成长、发展、晋升的机会,增强员工的成就感和责任心,达到激励员工的目的。

知识链接

### 麦克利兰的后天需要理论

麦克利兰是当代研究动机的心理学家。从 20 世纪 40~50 年代起就开始对人的需求和动机进行研究,提出了"三种需要理论",并得出一系列的研究结论。认为个体在工作情境中有三种需要。

(1)成就需要:争取成功,希望做得最好的需要。

(2)权力需要:影响或控制他人且不受他人控制的需要。

(3)归属需要:建立友好亲密的人际关系的需要。

麦克利兰的理论在企业管理中应用广泛。首先,在人员的选拔和安置上,通过测量和评价一个人动机体系的特征对于如何分派工作和安排职位有重要的意义。其次,由于具有不同需要的人需要不同的激励方式,了解员工的需要与动机有利于建立合理的激励机制。最后,麦克利兰认为动机是可以训练和激发的,因此可以训练和提高员工的成就动机,以提高生产率。

### (二)过程型激励理论

**1. 期望理论** 期望理论是弗鲁姆于 1964 年提出的。弗鲁姆提出期望理论的基础:人之所以能够从事某项工作并达成组织目标,是因为这些工作和组织目标会帮助他们达成自己的目标,满足自己某方面的需要。弗鲁姆认为,人们采取某项行动的动力或激励力取决于其对行动结果的价值评价和预期达成该结果可能性的估计。可以用公式表示如下:

$$M = V \times E$$

式中,M 为激励力量(motivation),是直接推动或使人们采取某一行动的内驱力,是指调动一个人的积极性,激发出人的潜力的强度;V 为目标效价(valence),指达到目标后,能够满足个人需要价值的大小,它反映个人对某一成果或奖酬的重视与渴望程度;E 为期望值(expectancy),是指根据以往的经验进行的主观判断,达到目标并能导致某种结果的概率,是个人对某一行为导致特定成果的可能性或概率的估计与判断。

人们总是希望通过一定的努力达到预期的目标,如果个人主观认为达到目标的概率很高,就会有信心,并激发出很强的工作力量。同时,希望获得的成果能够满足自身需要,由于人们在年龄、性别、资历、社会地位和经济条件等方面存在差异,对各种需要的渴望程度不同,因此,对于不同的人,采用同一种奖励办法,其获得满足的程度不同,激发的工作动力也就不同。

案例分析

### "奖金"和"绩效"

案例:某医药公司年底进行营业收入汇总和分析,发现 2022 年营业收入比 2021 年下降了 13%,为了找出导致营业收入下降的原因,公司管理层对企业经营全年的各项数据进行汇总,通过分析、诊断和评价,发现2022年公司全年奖金发放总额只有2021年的50%,少发了一半。

该公司激励制度将奖金和绩效挂钩,只有在完成额定业绩的基础上,超过额定部分才能计算并发放相应的奖金。公司将2022年和2021年业务部门制订的销售员额定业绩量进行对比分析,发现2022年制订的额定业绩量均高于2021年,平均高出20%,导致2022年完成额定业绩量的业务员人数减少,所以企业奖金发放也变少了。

分析:公司将奖金与绩效挂钩,可以起到很好的激励作用,充分调动业务人员的积极性。奖金发放数量不足,就意味着激励作用变弱。公司应科学合理制订额定业绩量,综合考虑内外部环境的影响,提高达成目标的概率和可能性,从而提升激励效果。

**2. 公平理论** 公平理论是研究工资报酬分配的合理性、公平性对职工工作积极性影响的理论。由美国心理学家亚当斯提出,该理论认为职工对收入的满意程度能够影响职工工作的积极性,而职工对收入的满意程度取决于一个社会比较过程。职工不仅注重自己的绝对收入数量,更重视自己的投入和所得与其他人的投入和所得相比较的结果,以及与自己过去投入和所得进行历史比较的结果。这里的投入包括个人的努力、以往的工作经验、教育背景、时间、能力等;而所得包括薪酬、奖励、认可、晋升、培训、工作条件等。

当职工发现自己的收支比例(所得与投入的比值)与他人的收支比例相等,或现在的收支比例与过去的收支比例相等时,就会认为公平、合理;如果发现自己的收支比例小于他人的收支比例,或现在的收支比例小于过去的收支比例时,就会感觉到不公平,从而出现下述6种行为:①改变投入;②改变产出;③歪曲对自我的认知;④歪曲对他人的认知;⑤选择其他不同的参照对象;⑥离开工作场所。如果发现自己的收支比例大于他人的收支比例,或现在的收支比例大于过去的收支比例时,多数情况下不会因此产生不公平的感觉。

公平理论给予管理者的启示如下。

(1)引导职工形成正确的公平感:职工的社会比较或历史比较客观存在,并且往往是凭个人的主观感觉产生这种比较。管理者要作正确的引导,使职工形成正确的公平感。

(2)营造公平的工作氛围:职工的公平感不仅对职工个体行为有直接影响,而且还会通过个体行为影响整个组织的积极性。管理者要处事公正,正确引导职工言论,消除消极情绪,着力营造一种公平的氛围。

(3)建立科学的分配和激励机制:对职工报酬的分配要体现"多劳多得,质优多得,责重多得"的原则,坚持精神激励与物质激励相结合的办法,将个人目标与组织目标整合一致,为公平氛围的形成提供保障。

---

**课堂活动**

如果你是一位连锁药店门店的店长,店员向你抱怨公司3年工资都不涨,且低于部分同行其他企业待遇,没有干劲了,你该如何处理?

---

## 第三节　沟通概述

沟通是人类社会中最基本、最重要的活动之一,是人类交流思想、感情和信息的方式。良好的沟通能够建立起人与人之间的信任和理解,促进彼此的合作和发展。在现代社会中,沟通已经成为组织活动的重要组成部分,组织需要通过沟通来传达信息、交流想法和意见,以便更好地实现组织目标。

### 一、沟通的含义

#### (一) 沟通的定义

"沟通",源于拉丁文 communis,意为共同化,英文是 communication,《现代汉语词典》对"沟通"的定义是"使两方能通连"。

目前,学者们对沟通的定义主要有以下 4 种。

(1)沟通是互相交换信息的行为。

(2)沟通是将观念或思想由一个人传递给另一个人的过程,或者是一个人自身内的传递,其目的是使接受沟通的人获得思想上的了解。

(3)沟通是信息的传递、信息的解释及个人的思维参照系共同发挥作用的过程。

(4)沟通是人们分享信息思想和情感的任何过程。

本书认为沟通是人们通过语言和非语言方式传递并理解信息或知识的过程,是人们了解他人需求、思想、情感、见解和价值观的一种双向的互动过程。在这个过程中,信息发送者和信息接收者都是沟通的主体,信息沟通的媒介包括语言和文字等。

#### (二) 沟通的基本模式

沟通的起点是信息的发送者,终点是信息的接收者,当终点的接收者作出反馈时,信息的接收者转变为发送者,最初起点上的发送者变成接收者,沟通就是这样一个轮回反复的过程。如图 4-4 所示,一个完整的沟通过程包括六个环节和一个干扰源,六个环节即信息源(发送者)、编码、渠道、接收者、解码、反馈,干扰源指噪声。

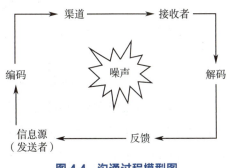

**图 4-4  沟通过程模型图**

**1. 信息源**　信息产生于信息的发送者,提供用于交流的信息,在沟通过程中处于信息传递的主动地位,是整个沟通过程的起点。发送方可以是个人,也可以是群体。

**2. 编码**　编码就是发送方将信息以接收方能够正确接收并识别的方式表达出来的过程。由于沟通的主体是人,所以信息的表示形式可以是语言、文字、图形、符号、动作或表情等。

**3. 渠道**　即信息的传递方式。除最常用的通过语言进行直接交流外,随着各种通信工具的产生和发展,人们还可以通过电话、传真、电子邮件、互联网聊天工具等形式传递信息。在实际沟通过程中,人们除要选择适合的通信工具外,还要考虑恰当的时间和环境。如重要的合同除口头协议外,还应选择书面方式等。

**4. 接收者**　接收者是信息送达的对象,在沟通过程中处于被动地位。人们往往借助于听觉、视觉、触觉等感知信息。在面对面口头交流过程中,接收者需要积极地倾听,有助于提升信息的接收效率。

**5. 解码**　解码是接收者将送达的信息经过"翻译",变成自身可理解的信息的过程,是编码的逆过程。编码和解码过程类似于电报传输中的加密和解密过程,双方如果要进行信息的准确传递,就必须遵循一定的规则。在实际的沟通中,由于信息双方的主观意识不同,以及经验背景、立场角度和文化具有差异等,会出现接收者解码后获得的信息与发送者的本意不一致,因此,需加强沟通,提升信息传递的准确性。

**6. 反馈**　反馈是接收者接收并解码信息后,对所获信息作出的反应,是沟通过程的最后一个环节。反馈使沟通过程变成一个闭合循环的过程,使得信息传递双方在发送方和接收者两个角色之间进行不断切换,是双方准确进行信息交换的重要环节。信息接收者应积极向发送者作出反馈,发送者也应该主动向接收者获取反馈,以达到最终信息传递的目的。

**7. 噪声**　对信息的传递有可能造成干扰的一切因素均可称作噪声。噪声越大,信息传递障碍越大,信息传递效率越低。在沟通过程中,噪声的影响无处不在,我们无法将其彻底消除,需尽量避免噪声的产生,减少或弱化噪声干扰的影响。常见的噪声源如下:不同的文化背景、主体的情绪、个人的价值观和伦理道德观、模棱两可的语言、认知水平的高低、个性经历等。

> **课 堂 活 动**
> 在你的学习生活中,出现过哪些沟通噪声?请举例说明。

**(三)沟通的特征**

**1. 目的性**　沟通具有目的性,是为了了解需求、寻求帮助或解决问题等。沟通双方都有各自的目标、动机和立场,并设想和判定自己发出的信息会得到什么样的反馈。因此,在沟通过程中,不是简单的信息传递,而是信息的积极交流和理解。

**2. 互动性**　沟通是一种动态系统,沟通的双方处于不断地互动中,刺激与反应互为结果。如乙的语言是对甲的反应,同时也是对甲的刺激。良好的沟通是一个良性的互动过程,双向达成一致的过程。

**3. 多维多样性**　沟通不是单一的维度,而是多维的,需要考虑多方面的多样性。如沟通对象的多样性、沟通方式的多样性、沟通渠道媒介的多样性,面对不同的沟通对象,需要确定或选择最佳的方式和媒介,才能提升沟通的效率。

## 二、沟通的方式和类型

### (一)沟通的方式

人们会根据沟通的目的、对象和内容等因素需要,选择适宜的方式进行沟通。如图 4-5 所示,沟通方式的选择取决于两个方面的因素,即信息发送者对内容控制的程度和信息接收者参与的程度。

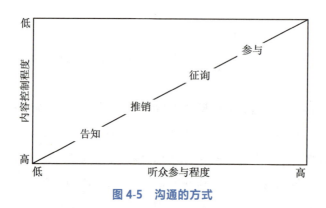

**图 4-5　沟通的方式**

**1. 告知**　告知是信息发送者对内容控制程度高、信息接收者参与程度低的沟通方式,信息发送者采用口头和书面等形式进行信息传递。如医生与患者的沟通、专家的讲座报告、传达法律政策和规章制度。

**2. 推销**　推销是信息发送者对内容控制程度较高,有一定开放性,信息接收者有一定的参与度的沟通方式。如产品推销、提出建议和观点等。

**3. 征询**　征询是信息发送者对内容控制带有更多开放性,信息接收者参与程度较高的沟通方式。如咨询会、调研会等。

**4. 参与**　参与是四种沟通方式中信息发送者对内容控制程度最低、信息接收者参与程度最高的沟通方式。如团队的头脑风暴、职工座谈会等。

沟通方式的选择完全取决于沟通目的、沟通对象和信息内容的需要。沟通以传递信息为目的时,需采用告知或推销的沟通方式,发送者控制着足够的信息,在沟通过程中起主导作用,接收者可以接收更多的信息;沟通以了解和获取信息为目的时,则应该运用征询或参与的沟通方式,体现互动性和开放性,发送者不掌握足够的信息,希望在沟通过程中听取接收者的意见,获取有价值的信息。

**药师的"千叮咛、万嘱咐"**

**案例：** 药师在医疗体系中扮演至关重要的角色，他们的作用和重要性体现在多个方面，包括临床治疗、药物管理、患者教育以及药物安全监控等。

药师在指导患者用药的过程中，需要交代患者遵从医嘱，嘱咐患者应按时、按量用药；说明药物与饮食的关系，强调用药注意事项、禁忌证、服药的适宜时间、用药的疗程、药物的不良反应等；阐述正确贮存药物的方法，指导患者妥善保存药物。

患者的用药安全离不开药师的"千叮咛、万嘱咐"。某医院的用药交代制度规定药师进行用药交代时，要本着同情和理解的心情，正确对待患者，详细交代用药中应注意的事项和可能出现的反应，耐心解答患者的疑问。在与患者沟通的过程中，注意语言技巧，做到简单易懂、准确无误，提倡采用激励宽慰性语言，以增加患者的安全感和治疗信心。

**分析：** 药师对用药信息控制程度高，具有专业性，而患者对药品的使用缺乏了解，参与程度低，因此，药师对患者进行用药交代时，需要掌握必要的沟通技巧，提升沟通能力，从而提升沟通效果，减少沟通障碍。

### （二）沟通的类型

**1. 按信息载体划分** 根据沟通过程中信息载体的不同，沟通分为语言沟通和非语言沟通。

（1）语言沟通：语言沟通是人类特有的一种活动方式，是指个体或群体之间以语词符号为载体互相交换观念、意图、看法等，从而实现信息共享、人际交流、教育教化、传递能量、帮助思考等目的。语言沟通主要包括口头沟通、书面沟通、电子沟通和视图沟通。

1）口头沟通：是指借助于口头语言实现的信息交流，是日常生活中最常用、最直接、最灵活的沟通形式。主要包括口头汇报、讨论、会谈、演讲、电话交流等。例如，药师向患者口头进行用药指导等。

口头沟通的优点是可以实现信息沟通的快速传递和反馈，能及时观察接收者的反应，并根据反馈补充阐述及举例说明，用声音和姿势等来加强沟通，建立共识与共鸣，从而提高沟通的效率。

口头沟通的缺点是信息易失真，传递的层次越多，信息越容易失真；信息易逝，不易保存；不能与太多人实现双向沟通，效率较低；易受情绪和表达能力影响，出现沟通障碍。

2）书面沟通：是以文字为媒体的信息传递，形式主要包括文件、报告、信件、书面合同、报刊等。例如，药品经营企业质量管理文件、医院的体检报告、药品购销合同等。

书面沟通的优点是沟通成本较低，受场地的限制小；沟通的信息易见易核实、易保存易查询、准确性高。一方面，在解决简单易描述的问题或发布信息通知时采用书面沟通，可以提高沟通效率、降低成本；另一方面，对于复杂或长期的沟通，需要形成计划和方案，书面沟通可以提升沟通的严谨性、条理性和科学性。在计算机信息系统普及应用的今天，书面沟通多采用电子的形式进行，纸质的形式越来越少。

书面沟通的缺点是缺乏反馈，接收者对收到的信息往往不能及时作出回应，不同的接收者对信息的解读和理解不同，出现沟通低效的情况。

3）电子沟通：是以计算机技术与电子通信技术组合而产生的信息交流技术为基础的沟通。它是随着电子信息技术的兴起而新发展起来的一种沟通形式,包括网络、聊天工具等。电子沟通使组织内的电子化书面沟通形式多于口头沟通,实现了即时输出、即时反馈、远距离、跨地域的即时沟通。

电子沟通除具备书面沟通的部分优点外,还具有传递快捷、信息容量大、成本低和效率高等优点。如一份信件要从国内寄往国外,恐怕要数天才能到达收信者的手中,而通过电子邮件或传真,可实现即时收到。

电子沟通的缺点是存在信息失真的可能性,如信息发送者身份失真、信息本身准确性不足。

4)视图沟通:是在沟通的过程中,利用形象直观的表格、图示和多媒体文件等手段,来增加沟通的效果和效率,使得沟通双方能够准确表达彼此的思想和观点的一种沟通手段。例如,医药企业利用宣传片进行企业和产品推广。

视图沟通的优点是沟通更直观,信息更加生动简洁,更好地突出重点。如在进行产品介绍时,单一的语言沟通信息量大,不够直观,如果配合图片、PPT等视图形式,就可以提升产品的展示效果。

视图沟通的缺点是要结合其他语言或非语言等沟通方式一起使用,单独使用沟通效果不佳。一般来说,当沟通内容包含大量数据,且内容较复杂,语言描述不足以达到理想的沟通效果,需要在有限的时间内陈述大量的信息时,使用视图沟通。

(2)非语言沟通:非语言沟通是通过非语言途径所呈现的信息,包括声音、肢体语言等。80%的人际沟通都是非语言性的,人们经常会注意沟通中的非语言信息、符号和线索,解读其信息和意义,提升沟通的效率。按照非语言沟通信息传递的介质不同,非语言沟通包括副语言沟通、身体语言沟通和环境语言沟通。

1)副语言沟通:是通过非语词的声音,如重音、声调的变化,以及哭、笑、停顿来实现的沟通。这些非语词的声音在沟通过程中起着重要的作用,可以使字面相同的一句话具有完全不同的含义,可以表现出一个人的情绪状况和态度。例如,说话速率的快慢可以传达不同的情绪信息,声音的高低起伏变化可以影响听众的感受,而音量的大小则可以影响信息的接收质量。

2)身体语言沟通:是通过动态无声的目光、表情、手势语言等身体运动,或者是静态无声的身体姿势、衣着打扮等形式来实现沟通。例如,人们可以借助面部表情、手部动作等身体姿态来传达诸如攻击、恐惧、腼腆、傲慢、愉快、愤怒、悲伤等情绪或意图;可以运用服饰传送关于重视程度、严谨程度和进取性的信号。

3)环境语言沟通:指人们自身因素之外的环境因素传递沟通信息的过程,包括空间、时间和物理环境,如沟通中座位的安排、沟通的时间长短、沟通场所的设计等。

**2. 按沟通渠道划分** 根据沟通过程中使用的信息渠道不同,沟通分为正式沟通与非正式沟通。

(1)正式沟通:是指组织中依据规章制度的原则和渠道进行的沟通。如组织间的公函来往,组织内部的文件传达、发布指示、指示汇报、会议制度、书面报告、一对一的正式会见等。按照信息流向的不同,正式沟通主要包括下向沟通、上向沟通、横向沟通、斜向沟通四种形式。

1)下向沟通：也称为"自上而下的沟通"或"下行沟通"，是指组织中的上层领导将目标、规章制度、工作程序等信息逐级向下传达的沟通方式。这种沟通通过正式渠道进行，如下达命令、发送通知、协调和评估下属等。下向沟通是为了控制、指示、激励及评估。下向沟通需注意以下几点：提供新信息、新消息，引起接收者的兴趣；注意接收者的情绪，调动其积极性；发扬民主作风，不搞专制独裁；讲究沟通艺术，言简意赅，目的明确。

2)上向沟通：也称为"上行沟通"或"向上沟通"，是指下级向上级报告工作、提出建议、意见或表达个人意愿的过程，是领导者了解和掌握组织和团体全面情况的重要途径，是组织制订科学决策的重要保障。上向沟通的信息内容有定期的工作进展汇报、与上级共识工作问题及解决方案、寻求资源和支持以确保方案的实施。上向沟通的渠道包括定期汇报、座谈会、谈心交流、意见箱等。上向沟通需要做到以下几点：明确沟通目的，定期进行汇报，提前准备，表述清晰；了解上级的需求和风格，给予上级充足的信息；提出解决方案而非问题，准备多个方案以供选择。

3)横向沟通：也称"平行沟通"，是指组织中具有相对等同职权地位的人之间进行的沟通，横向沟通大多发生在工作交流时，对于加强公司的凝聚力具有重要作用。横向沟通的形式包括部门会议、协调会议、主题报告、专项培训等。横向沟通的优点是简化办事程序和手续，节省时间，提高工作效率，促进不同部门之间相互了解。横向沟通的缺点是信息量大，涉及面广，易于造成分歧，个体之间的沟通可能成为职工发牢骚、传播小道消息的一条途径，导致团队士气涣散。

4)斜向沟通：也称"越级沟通"和"交叉沟通"，是涉及组织内部不同层级部门间或个人的信息交流。斜向沟通发生在既不属于同一隶属关系，也不属于同一层级之间的个体或单位之间的沟通。斜向沟通有利于提高工作的配合度、加快信息的传递和加强领导者的控制，但也易于出现多头领导、工作安排难以协调一致的情况，因此组织需要加强斜向沟通的管理，形成规范化管理制度。

(2)非正式沟通：是指在组织正式信息渠道之外进行的信息交流，非正式沟通补充了正式沟通的信息不足，是正式沟通的有机补充。非正式沟通主要包括传闻和小道消息，具有偶然性和随机性。

非正式沟通的优点是沟通形式灵活，直接明了，传播速度快，不需要烦琐的程序，信息往往可真实地反映员工的思想、态度和动机，可以获得正式沟通难以获取的信息。

非正式沟通的缺点是传递的信息难以控制，信息不确切、易失真，可促进小集团、小圈子的建立，影响员工关系的稳定和团体的凝聚力。管理者需要对组织内部非正式沟通信息和渠道加以合理利用和引导，获得信息的同时，解决潜在的问题，从而最大限度稳定员工的关系和提升团队的凝聚力。

**3. 按信息是否反馈划分** 按照沟通是否存在信息反馈，沟通分为单向沟通和双向沟通。

(1)单向沟通：是指信息发送者只发送信息，接收者只接收信息的沟通，在整个信息传播过程中发送者和接收者的位置不发生变化。常见的单向沟通有上级向下级发布命令、指示、做报告、发表演说等。单向沟通具有信息传播速度快、信息发送者压力小和传播过程简单的特点，但是由于接收者没有反馈意见的机会，不能产生平等和参与感，不利于增加接收者的自信心和责任心，不利于增进双方的感情，容易产生不满和抗拒心理。

(2)双向沟通:指信息的发送者和接收者的位置不断变换,信息可以在发送者和接收者之间互相传播的沟通类型。双向沟通的优点是沟通信息准确性较高,接收者有反馈意见的机会,产生平等感和参与感,增加自信心和责任心,有助于增进双方的感情。

## 三、沟通障碍

### (一) 沟通障碍的含义

沟通障碍是指信息在传递和交换过程中,由于信息意图受到干扰或误解,而导致沟通失真的现象。由于沟通过程受多种因素的影响,加之存在各种干扰源,沟通过程就会出现各种障碍,沟通障碍普遍存在于每个组织的管理过程中,无法避免。

### (二) 沟通障碍产生的原因

沟通障碍主要来自三个方面:信息发送者、信息接收者和信息传播渠道。

#### 1. 源于信息发送者的障碍

(1)沟通目的不明确:沟通目的的达成是沟通双方进行有效沟通的前提和原动力。信息发送者在信息交流之前必须有一个明确的目的,即"我要传递什么信息,通过什么渠道,向谁传递,最终达到什么目的"。沟通的目的决定了沟通的内容,信息发送者如果目的不明确,就会导致沟通内容不确定,沟通效果不佳。

(2)信息发送者经验和能力不足:信息发送者的经验和能力水平是影响沟通结果的重要因素。如果信息发送者针对沟通的内容或涉及行业领域不熟悉,缺乏经验,自身专业知识和能力不足,对自己所传递的信息了解不全面,在传递信息过程中不能准确地将自己所要传递的信息表达清楚,缺乏专业性,就会造成对方的不理解,产生沟通障碍。

(3)沟通方式和形式不当:科学选择沟通方式和形式是保证沟通取得成功的关键。例如,组织政策制度的贯彻采用征询方式而不是告知方式,导致接收者不知道是否要贯彻执行,出现分歧;重要紧急的事项采用书面沟通,不采用口头沟通,导致信息没有及时接收到,出现沟通障碍。

(4)信息传递时机不当:信息发送者传递信息的时机选择得当可大大提高沟通的成功率,相反如果信息传递时机不当,缺乏审时度势的能力,会导致沟通低效甚至失败。例如,午休时间打电话,沟通地点选择喧闹场所,明知道沟通对象心情不佳或身体不适,还在夸夸其谈,都会导致沟通障碍。

#### 2. 源于信息接收者的障碍

(1)过度加工:不同的信息接收者对所见到的同一信息会有不同的理解,接收者往往在信息交流过程中,对信息进行加工的过程,会加入个人的经验、个人的好恶、个人的认知,从而过度解读信息,导致信息的模糊或失真。

(2)知觉偏差:人们的知觉是具有选择性的,在沟通过程中接收者总是对与自身关系密切的信息重视,而忽略与自己无关的信息;或是选择自己认为值得注意的信息而忽视其他重要的信息,习惯于以自己为准则,对不利于自己的信息,要么视而不见,要么熟视无睹,甚至颠倒黑白,最终导致对信息理解的偏差。

(3)心理障碍：当接收者对发送者存在偏见，或对自我的认识不足，或沟通的内容让接收者有过不愉快的体验，都会导致信息接收者拒绝接收信息或者拒绝参与信息的交流，从而影响沟通的效果。

### 3. 源于信息传播渠道的障碍

(1)沟通渠道选择不当：信息沟通中，信息传播可以采用多种方式，如果沟通渠道选择不当，就会产生沟通障碍。例如，信息发送者对重要的事情首次沟通采用电话沟通方式，接收者可能不会重视，导致沟通效果不佳。

(2)不同媒介的信息不一致：在沟通过程当中，经常采用多种沟通媒介，如书面沟通与口头沟通相结合，如果口头传达的精神与文件不符，或者信息接收者对文件的解读与口头传达的信息理解不一致，就会产生沟通障碍。

(3)沟通渠道过长：沟通渠道越长，沟通的中间环节就会越多，信息在传递过程中就有可能失真。例如，在非正式沟通过程当中，传闻与小道消息中参与的人员过多，信息在传递的过程当中失真，甚至颠倒，就会造成最终的沟通障碍。

### (三)沟通障碍的应对策略

在沟通过程中不可避免会存在各种各样的障碍，沟通障碍虽然无法完全避免，但却可以通过制订科学的应对策略，减少沟通障碍的发生。

(1)明确目的和思路，做好沟通前准备：沟通前参与人员需要进行必要的信息收集，做好充分的准备，明确沟通的目的，梳理沟通内容，选择恰当的沟通方式和形式，思路要清晰，条理要分明。

(2)把握时机和节奏，做好沟通控制：沟通过程中，需要把握好时机和节奏，能够根据接收者的观点、立场、语言、表情等情况，控制沟通节奏，换位思考，既要把握关键信号，用行动语言强化，提高沟通效率，又要避免一味说教，引起接收者的反感。

(3)及时反馈和互动，保证沟通的完整：完整的沟通过程不能缺少信息接收者的反馈，信息发送者需要通过提问、约谈、倾听、观察等方式获得信息的反馈，同时信息接收者也需要通过汇报、建议、回电等方式及时回复反馈，从而保证沟通的完整性。

### 案例分析

#### 总经理接待日

**案例**：某医药公司新上任的总经理发现企业员工不愿说真话、讲实情，主人翁意识淡薄，凝聚力和向心力不强。经过了解才知企业上任总经理总是高高在上，很少走到职工中间去听取不同的意见和建议，导致企业缺乏民主的气氛。

为了扭转局面，公司设立了"总经理接待日"，公司将每月最后一周的周三设置为"总经理接待日"，只要是企业的员工，无论是管理人员还是一线职工，都可以在当天与总经理或企业高层领导面对面进行交流、反映问题、提出建议意见，鼓励员工大胆地说出工作中的问题和困难，对公司的发展提出宝贵意见。管理者对收集到的信息进行梳理，并及时给予反馈、解决，大大提升了企业凝聚力和向心力。

**分析**：公司设立"总经理接待日"的做法，一方面，通过民主管理的方式，可加强与职工的沟通，使职工的知情权、参与权、表达权和监督权得到有效的保障和落实,增强员工的主人翁意识;另一方面,企业面对面地鼓励职工"找找茬""提提事""交交心",既可以听取不同的意见和想法,及时掌握职工的思想动态,又能从职工的"吐槽"和真知灼见中,找到解决问题的办法,从而促进企业和谐发展。

---

**点滴积累**

1. 沟通是人们通过语言和非语言方式传递并理解信息或知识的过程,是人们了解他人需求、思想、情感、见解和价值观的一种双向的互动过程。
2. 根据沟通过程中信息载体的不同,沟通分为语言沟通和非语言沟通。
3. 根据沟通过程中使用的信息渠道不同,沟通分为正式沟通与非正式沟通。
4. 沟通障碍是指信息在传递和交换过程中,由于信息意图受到干扰或误解,而导致沟通失真的现象。
5. 沟通障碍主要来自三个方面:信息发送者、信息接收者和信息传播渠道。

# 实训四　医药企业激励案例分析

## 一、实训目的

1. 能够应用激励理论剖析医药企业激励案例,提高理论指导实践的能力。
2. 提升学生收集资料、团队合作和总结分析的素养。

## 二、实训要求

1. **实训分组**　将全班同学按照4~6名同学为一组进行分组。
2. **任务确定**　由老师为各小组布置小组任务。
3. **实训实施**　各小组根据老师布置的小组任务,收集资料,并进行整理分析,将分析结果制作成 PPT 和视频。
4. **成果汇报**　实训课堂上以 PPT 和视频形式进行成果汇报和展示。

## 三、实训内容

请学生通过网络等途径搜索医药企业激励的真实案例,应用激励理论进行分析,并得出分析的结论。

## 四、实训评价

1. 小组成员分工明确,并在规定时间内完成实训任务,得 2 分。
2. 收集的企业案例与激励主题密切相关,得 2 分。
3. 能够应用激励理论对案例进行准确深入分析,得 3 分。
4. 能完成实训汇报和展示,逻辑性强,条理清晰,得 3 分。

## 目标检测

ER 4-2

习题

### 一、简答题

1. "超 Y 理论"包含的要点有哪些?
2. 魅力型领导者的关键特征包括哪些?
3. 简述管理方格图中五种典型的领导方式。
4. 简述马斯洛需求层次理论的五种需求。
5. 公平理论给予管理者的启示有哪些?
6. 沟通过程包括哪些环节?
7. 沟通障碍产生的原因有哪些?

### 二、案例分析题

#### 股权激励

股权激励是企业为了留住核心关键的职工并激励他们为企业的长远发展服务而施行的一种长期的激励机制。这种激励机制通过有条件地授予激励对象企业部分的股权,使其有机会成为企业的"主人",与所有者一起共担风险共享收益,实现两者利益的统一,进而促使其为企业的长远发展勤勉尽责,适当减少代理成本,提升企业的价值。

某医药公司为了留住核心人才,提高竞争力,自 2010 年以来,已连续实施四次限制性股票激励计划,授予激励对象数量超过 2 000 人次,激励范围除高级管理人员外,也包括骨干业务人员和中层管理人员。

结合案例分析该医药公司进行股权激励的目的有哪些?

(刘丹丹)

# 第五章　控制

ER 5-1

第五章
控制(课件)

**学习目标**

1. 掌握　控制的概念;控制的过程。
2. 熟悉　控制的类型。
3. 了解　控制方法。

**导学情景**

情景描述:

2023 年 7 月 21 日,国家药品监督管理局发布了关于修订《药品检查管理办法(试行)》(以下简称《办法》)部分条款有关事宜的通知,包含对现场检查评定标准、检查程序等内容的修订,并于发布之日起施行。新修订的《办法》强化了稽查衔接,细化了评定标准,明确了时限要求,更加突出药品检查全过程的法治化和规范化。

药品检查制度是确保药品全生命周期质量的重要手段,是药品上市后风险管理的重要举措,更是一项法定药品监管规定。《办法》对药品检查的机构和人员、检查程序、许可检查、常规检查、有因检查、检查与稽查的衔接、跨区域检查协助、检查结果处理等环节予以明确,指出药品上市后药品检查主要包括许可检查、常规检查、有因检查、其他检查。药品监管部门结合新修订的《办法》,统一工作标准,细化工作要求,优化工作程序,做好药品生产经营及使用环节检查,持续加强监督管理,切实履行属地监管责任,督促持有人落实药品质量安全责任。

学前导语:

药品检查是药品监管部门对医药企业生产经营过程实施控制的有效手段。控制对医药企业和公众极其重要,恰当的控制能够帮助管理者准确发现具体的绩效差距以及需要改进的领域。

## 第一节　控制概述

人们在执行计划的过程中,由于受到各种因素的干扰,常常使实践活动偏离原来的计划。为了保证目标及为此而制订的计划得以实现,就需要实施有效控制。控制是管理的重要职能之一,是管理过程不可分割的一部分,是医药企业各级管理人员的一项重要工作内容。没有控制就不能实现完整的管理过程。有效的管理者应该始终保证应该采取的行动事实上已经在进行,且保证应该达到的目标事实上已经达到。

## 一、控制的概念

控制工作是使组织活动达到预期目标的保证,是日常生活中的常见现象。许多人希望自己身体健康,就坚持健身;高血压患者经常测量血压,以免身体出现问题;人们在上班途中经常看表、调整行走速度,以便能按时到达工作地点;在工作环境中,为了团队有和谐的工作氛围,每个人尽可能地控制自己的独特的个性;在药店日常经营中,店员需要定时检查店内温湿度等药品储存条件,以保证药品质量安全,这些都属于某种形式的控制。

控制是指管理人员为了保证组织目标的实现,按照计划标准对实际工作进行衡量和评价,并采取相应措施纠正各种偏差,确保实际活动与计划相一致的过程。控制的概念主要包括如下四点内容。

(1)控制的目的是保证实现组织目标。

(2)控制的依据是计划。

(3)控制的内容包括制订标准、衡量绩效和纠正偏差。

(4)控制的实质是使实际活动符合计划。

> **课 堂 活 动**
> 医药流通企业中有哪些管理行为属于控制?

## 二、控制的类型

由于控制工作的普遍性,控制的类型多种多样,从不同角度可以将控制划分为不同类型。

### (一)按控制时机的不同分类

根据控制时机的不同,可以将控制划分为事前控制、事中控制和事后控制三类。

**1. 事前控制**　也称前馈控制或预先控制,是为了使未来的实际结果达到计划结果的可能性增加,确保目标的实现,在实际工作开始之前,运用最新信息,包括上一控制循环中的经验教训,对可能出现的结果进行预测,通过采取相应的措施事先消除可能产生偏差的隐患。事前控制的着力点在于预防。

事前控制这种面向未来的控制方法应用非常广泛。例如,组织总要制订一系列规章制度让员工遵守,以这种事前对基本行为的规范来保证工作的顺利进行。再如,当公司的销售预测表明销售额将下降到期望值以下时,管理人员就会制订新的广告宣传计划、推销计划、新产品引进计划等以改善销售的预期结果。

事前控制的优点:①事前控制面向未来,作用于计划执行过程的输入环节,由于在工作开始之前进行,可防患于未然;②事前控制由于是在工作开始之前针对某项计划行动所依赖的条件进行控制,不针对具体人员,因而不易造成对立面的冲突,易于被管理对象接受并付诸实施;③适用于各行业领域,适用范围广。

事前控制的缺点:需要大量、及时和准确的信息,并要求管理人员充分了解事前控制因素与计划工作的影响关系,在管理实践中,这种要求很难达到,因此常需辅之以事中控制和事后控制。

### 预防为主的大健康体系

**案例:** 2016 年 10 月,中共中央、国务院发布《"健康中国 2030"规划纲要》,提出"落实预防为主,推行健康生活方式,减少疾病发生,强化早诊断、早治疗、早康复,实现全民健康"。2019 年 7 月,国务院印发《国务院关于实施健康中国行动的意见》,提出加快推动从以治病为中心转变为以人民健康为中心,动员全社会落实预防为主方针,实施健康中国行动,提高全民健康水平。预防为主的大健康体系,能够有效减少疾病的发生,是降低社会医疗成本、缓解医疗压力、解决医改难题的突破口。

**分析:** 事后控制不如事中控制,事中控制不如事前控制。预防是经济有效的健康策略,也是典型的事前控制。事前控制可以预见并避免可能出现的问题,具有防患于未然的效果。

**2. 事中控制** 也称实时控制、现场控制或同步控制。是管理人员在计划执行过程中,对活动中的人和事进行监督和指导,以便管理者在问题出现时及时采取纠正措施。它是监控正在发生的行为,目的就是要及时发现偏差、纠正偏差,改进本次活动,将损失降到最低。事中控制的着力点在于及时了解情况并予以指导。

事中控制有监督和指导两项职能。监督是指按照既定的标准检查正在进行的工作,以保证目标的实现;指导是指管理者针对工作中出现的问题,根据自己的经验指导下属改进工作,或与下属商讨纠偏措施以使任务可以顺利完成,提高下属的工作能力。

事中控制的优点:①一旦发现偏差,可以在错误扩大之前及时采取纠正措施,从而避免产生更大损失;②通过实时指导,培养并提高员工的工作能力及自我控制能力。

事中控制的缺点:①控制效果容易受管理者时间、精力和能力的制约;②应用范围较窄;③容易引发管理者和管理对象间的矛盾。

### GMP 和 GSP 检查常态化

**案例:** 2019 年 9 月 25 日,国家药品监督管理局印发关于学习宣传贯彻《中华人民共和国药品管理法》的通知,明确提出取消《药品生产质量管理规范》(Good Manufacturing Practice,GMP)认证和《药品经营质量管理规范》(Good Supply Practice,GSP)认证,要将静态的节点式监管调整为动态和全过程的监管,事前审批更多变为事中事后监管,将认证制度、药品企业准入标准和日常生产、经营行为的监管结合起来,减少审批监管,药品监督管理部门将随时以"飞行检查"的形式对 GMP、GSP 等执行情况进行检查,加强日常监督检查力度。

**分析:** GMP 和 GSP 认证取消,并不意味着放松监管,而是逐渐转型为动态的事中事后监管,对企业的监管力度反而更强。事中、事后控制可以及时发现问题,查明原因,总结经验教训,采取纠偏措施消除隐患。

**3. 事后控制**　又称反馈控制,是在一个时期的生产经营活动已经结束以后,对本期的资源利用状况及其结果进行总结,并依据总结的反馈信息来监控和矫正下一次活动,为未来计划的制订和活动的安排提供借鉴。事后控制的着力点在于矫正偏差。

周期性重复活动常需要事后控制来总结过去的经验和教训,为未来计划的制订和活动的安排提供借鉴,以避免下一次活动发生类似的问题。事后控制广泛应用于实际工作中,如应用于财务分析、成本分析、质量分析和职工绩效评定等工作中。

事后控制的优点:工作结束之后进行控制,注意力集中于结果上,有利于总结规律,为进一步实施创造条件,矫正今后活动,实现良性循环,提高效率。

事后控制的缺点:滞后性。由于这种控制是事后进行的,活动中出现的偏差已造成一定损失,对已经发生的失误只能"亡羊补牢"。

---

**课 堂 活 动**

人的身体是"三分治七分养",从管理学的角度这句话说的是(　　　)

A. 前馈控制比现场控制更重要　　　　　　B. 现场控制比前馈控制更重要

C. 前馈控制比反馈控制更重要　　　　　　D. 现场控制比反馈控制更重要

---

### (二) 按管理者与控制对象关系的不同分类

根据管理者与控制对象关系的不同,可以将控制划分为直接控制和间接控制两类。

**1. 直接控制**　直接控制是指由管理者与控制对象直接接触,通过培训、评价、考核等形式,提高主管人员素质和责任感,使他们改善管理工作,从而防止出现因管理不善而造成的不良后果的一种控制方式。

直接控制的优点:①提高对个人委派任务的准确性;同时,在对主管人员工作的不断评价中,揭露其工作中存在的缺点,为后续针对性的培训提供依据;②对主管人员工作的评价过程中,揭露其工作中存在的缺点,促使其主动地采取纠正措施并使其更加有效;③主管人员素质提高后,可得到更多下属的信任和支持,有利于计划目标的实现;④主管人员素质的提高,可带动工作质量的提升,有效降低偏差出现的概率和间接控制的成本。

直接控制的缺点:直接控制的有效实施是以四个假设条件为前提。①合格的主管人员所犯的错误最少;②管理工作的成效是可以计量的;③在计量管理工作成效时,管理的理念、原理和方法是一些有用的判断标准;④管理基本原理的应用情况是可以评价的。如果以上条件不能完全满足,则直接控制很难有效发挥作用。此外,主管人员素质和工作水平的提高是一个长期的、不断努力的过程,也需要支付很高的成本。

**2. 间接控制**　间接控制是指根据计划和标准考核工作的实际结果,分析出现偏差的原因,并追究责任者的个人责任以使其改进未来工作,通过间接手段引导和影响运行过程,从而达到目的的一种控制方式。

间接控制的优点：纠正主管人员由于缺乏知识、经验和判断力所造成的管理上的失误和偏差，帮助主管人员总结经验、吸取教训、增加知识，提高判断能力和管理水平。

间接控制的缺点：间接控制的实施必须满足以下条件，否则将在一定程度上影响其有效性。①工作成效可以准确计量，相互比较；②工作人员有明确的责任划分；③出现的偏差能够及时被发现；④有充分的时间和费用用于分析偏差、追究责任；⑤有关部门或人员将会采取纠正措施。另外，间接控制对于那些由于未来的不确定性因素造成的工作偏差也是无能为力的。

**课堂活动**

请举例说明生活中不同类型的控制行为。

## 三、控制的过程

尽管控制的时机和对象各不相同，但控制的过程基本是一致的，主要包括确定标准、衡量成效和纠正偏差三个基本环节。

### (一) 确定标准

标准是人们检查和衡量工作及其结果(包括阶段结果与最终结果)的依据和尺度，是控制工作得以开展的前提。确定标准是进行控制的基础。没有一套完整的标准，衡量成效或纠正偏差就失去了客观依据。

**1. 确定控制对象**　标准的具体内容涉及需要控制的对象。进行控制首先要明确"控制什么"，这是在制订控制标准之前需要妥善解决的问题。

(1)生产经营活动的成果：对企业生产经营活动进行控制的目的是实现组织目标，取得相应成果，因此，生产经营活动的成果应该优先作为管理控制工作的重点对象。基于此，管理者需要明确分析组织活动想要实现的目标，确定企业活动需要的成果类型，并从营利性、市场占有率等多个角度对成果进行明确、尽可能定量分析描述，确定需要的成果在正常情况下希望达到的状况和水平，并建立组织针对各层次、各部门人员应取得具体工作成果的完整目标体系。按照该目标体系的要求，管理者就可以对有关成果的完成情况进行考核和控制。

(2)影响企业生产经营成果的各种因素：要保证企业取得预期的成果，必须在成果最终形成以前进行控制，纠正与预期成果的要求不相符的活动。因此，还需要分析影响企业生产经营结果的各种因素，并将它们列为需要控制的对象，但如果将所有因素全部列为控制对象往往是不现实的，也是缺乏经济性的。通常选择那些对实现组织目标成果有重大影响的因素进行重点控制，这些重点控制对象也被称为关键绩效区域。一般来讲，关键绩效区域主要包含以下三项。

1)关于环境特点及其发展趋势的假设：企业在特定时期的生产经营活动是根据决策者对生产经营环境的认识和预测来计划和安排的。如果预期的市场环境没有出现，或者企业外部发生了某种无法预料和抗拒的变化，那么原来计划的活动就可能无法继续进行，从而难以为组织带来预期的结果。因此，应将制订计划时所依据的生产经营环境的特点及其发展趋势作为控制对象，列出"正常环境"的具体标志或标准。

2）资源投入：企业的生产经营成果是通过对一定资源的加工转换而得到的。没有或缺乏这些资源，企业生产经营就会成为无源之水，无本之木。资源投入的数量和质量会对生产经营活动的正常进行和营利程度产生影响。因此，必须对资源投入进行控制，使之在数量、质量以及价格等方面符合预期生产经营成果的要求。

3）组织的活动：输入生产经营中的各种资源不可能自然形成产品。企业生产经营成果是通过全体员工在不同时间和空间上，利用一定技术和设备对不同资源进行不同内容的加工劳动才最终得到的。企业员工的工作质量和数量是决定生产经营成果的重要因素，因此，必须建立员工的工作规范，以便对他们的活动进行控制，使企业员工的活动符合计划和预期结果的要求。

**2. 选择控制重点**　企业无力、也没有必要对所有成员的所有活动进行控制，可以在影响生产经营成果的众多因素中选择若干关键环节作为重点控制对象。选择控制重点一般应注意以下几个方面。

（1）注意平衡：控制重点应该是影响整个工作运行过程的重要操作与事项。一个控制点的选择有时会对另一个标准产生负面影响，实际工作中必须根据部门工作的性质，选择恰当的控制重点，并综合平衡各标准，使组织的总体绩效达到最优。

（2）控制重点应能及时反映并发现问题：越早发现偏差越好，控制重点必须是能在重大损失出现之前显示出差异的事项。管理者应该选择那些易检测出偏差的环节进行控制，这样才有可能对问题作出及时、灵敏的反应，以停止工作或改变原有的工作程序。

（3）控制重点应能全面反映并说明绩效水平：必须是若干能反映组织主要绩效水平的时间与空间分布均衡的控制点，因为关键控制点数量的选择足以使管理者对组织总体状况形成一个比较全面的把握。

---

**案例分析**

### 药物临床试验机构检查中的关键项目

**案例**：为进一步加强对药物临床试验机构的管理，规范药物临床试验机构监督检查工作，2023 年 11 月 3 日，国家药品监督管理局发布《药物临床试验机构监督检查办法（试行）》，同时，国家药品监督管理局食品药品审核查验中心发布《药物临床试验机构监督检查要点及判定原则（试行）》。两项文件均自 2024 年 3 月 1 日起实施。文件对药物临床试验机构检查的机构和人员、检查程序、检查内容、结果判定原则、结果处理等内容进行了明确规范，详细列出了 16 个检查环节和 109 个检查项目，其中关键项目 9 项，主要项目 51 项，一般项目 49 项。

关键项目不符合要求即被判为严重缺陷，主要项目不符合要求判为主要缺陷，一般项目不符合要求判为一般缺陷。属于以下情形之一，经综合研判，所发现缺陷可能严重影响受试者安全和 / 或试验数据质量，认为质量管理体系不能有效运行或者不符合机构备案基本条件的，结论为不符合要求：严重缺陷 1 项及以上；未发现严重缺陷，但主要缺陷 3 项以上；其他不符合要求的情形。

**分析**：管理者需集中力量关注关键问题，选择在系统中进行观察和收集信息的关键点，通过这些关键点来确认整个工作是否按计划进行。有了关键控制点，管理者就能有效改善管理状况，提高管理效率，并最终实现成本的节约和沟通的改善。

### 3. 制订标准

(1)标准的基本要求：管理者制订的控制标准应对员工的工作行为具有指引和导向作用，并便于对各项工作及其成果进行衡量和评价。科学的控制标准应该满足以下六项基本要求。

1)简明性：标准应简单明确、不含糊，对标准的量值、单位和可允许的偏差范围要有明确说明，表述通俗易懂，便于理解和把握。

2)适用性：标准要有利于组织目标的实现，对每一项工作的衡量都明确规定具体的衡量频度、衡量内容与要求，以便能准确地反映组织活动的状态。

3)一致性：标准应尽可能地体现协调一致、公平合理的原则，彼此协调，在规定范围内保持公平性，避免出现相互矛盾之处。

4)可行性：标准应考虑工作人员的实际情况，不能过高也不能过低，要使绝大多数员工经过努力后可以达到。

5)可量化：标准应尽可能量化，易于衡量和评价，有利于发现工作中出现的偏差，也便于及时采取纠正措施。

6)稳定性：标准要在一个时期内保持不变，经常变化的标准会缺乏权威性，并加大控制工作的难度。但这种稳定不是绝对的，标准也要随企业生产经营活动的发展进行必要的调整。一般情况下，随着企业发展和生产经营效率的提高，标准应不断提高。

(2)制订标准的方法：控制的对象不同，为它们建立标准的方法也不一样。一般来说，企业可以使用的制订标准的方法有三种。

1)统计分析法：统计分析法是运用统计学方法，分析企业生产经营的历史数据，并以此为基础制订未来工作标准的方法。这些数据可能来自本企业的历史统计，也可能来自其他企业的经验；据此建立的标准，称为历史性标准，可能是历史数据的平均数，也可能是高于或低于中位数的某个数。这种方法比较简单，工作量也较小，常用于原始记录和统计工作比较健全的企业，制订与经济效益有关的标准，能较好地反映企业过往的经营状况，为企业制订未来的工作标准提供参考依据。

利用本企业的历史性统计资料为某项工作确定标准，具有简便易行的好处。但是，据此制订的工作标准可能低于同行业的卓越水平，甚至是平均水平。这种条件下，即使企业的各项工作都达到了标准的要求，但也可能造成劳动生产率的相对低下，制造成本的相对高昂，从而造成生产经营成果和竞争能力劣于竞争对手。为了克服这种局限性，在根据历史性统计数据制订未来工作标准时，充分考虑行业的平均水平，并研究竞争企业的经验是非常必要的。

2)工程法：工程法是对工作情况进行客观的定量分析，以准确的技术参数和实测数据为基础，通过科学计算确定标准的方法。据此制订的标准称为工程标准。这种方法有一定的技术依据，准确性较高，标准可以达到先进合理的水平，但技术要求高，工作量大，要求有较全面和准确的技术资料，只有在条件比较稳定的情况下才采用。

严格地说，工程法也是用统计方法制订工作标准，但它不是对历史性统计资料的分析，而是对实际发生的活动进行测量，从而制订符合实际的可靠标准。例如，产品标准是其设计者计算的在正常情况下被使用的最大产出量；工人操作标准是劳动研究人员在对构成作业的各项动作和要素的客观描述与分析的基础上,经过消除、改进和合并而确定的标准作业方法;劳动时间定额是测定的受过训练的普通工人以正常速度按照标准操作方法对产品或零部件进行某个(些)工序的加工所需的平均必需时间。

3)经验估计法:经验估计法是根据管理人员的经验、判断和评估来制订标准的方法。据此建立的标准称为经验性标准。这种方法常作为以上两种方法的补充,适用于缺乏技术资料、统计资料的企业,简单易行,工作量小,并方便标准的及时修改,但对于影响标准的各项因素不能仔细分析和计算,技术依据不足,容易受管理人员的主观因素影响,出现标准偏高或偏低的现象。利用这种方法建立工作标准时,要注意利用各方面管理人员的知识和经验,综合判断,制订相对先进合理的标准。

## (二) 衡量成效

企业生产经营活动中的偏差如能在产生之前就被发现,管理者就有可能预先采取必要的措施以求避免。但这种理想的控制和纠偏方式,在实际工作中出现的可能性不是很高。并非所有的管理人员都有卓越的远见,同时也并非所有的偏差都能在产生之前被预见。最满意的控制方式是管理者能够在偏差产生以后迅速采取必要的纠偏行动。为此,要求管理者能够及时掌握准确的信息,用既定标准对实际工作成效和进度进行检查、衡量和比较,了解偏差是否产生,并判定其严重程度,以采取必要的纠偏措施,这就是控制的第二个基本环节,衡量成效。

衡量成效是指管理者依据既定的标准检查工作的实际执行情况,以便与预期的目标相比较,从而为纠偏提供依据。它是控制工作的中间环节,是发现问题的过程,需要管理者选择恰当的衡量方法,并在实施过程中注意检验标准的客观性和有效性,确定适宜的衡量频度,建立信息反馈系统,保证衡量结果的准确有效。

1. **选择方法**　常见的衡量成效的方法包括个人观察法、统计报告法、会议报告法和抽样检查法。

(1)个人观察法:通过个人的亲自观察,管理者可亲眼看到工作现场的实际情况,还可通过与现场工作人员的交谈来了解工作的进展及存在的问题,进而可获得真实而全面的信息。避免信息在传递过程中可能出现遗漏、忽略和信息的失真。常用于对基层工作人员工作业绩的控制,以及衡量因素比较简单的控制。但这种方法工作量大,需要管理者付出大量的劳动,往往不能考查更深层次的工作内容,而且管理者所看到的也有可能只是假象。

(2)统计报告法:统计报告法是按一定的统计方法分析处理控制标准相关数据而形成的书面报告。采用统计报告法时特别要注意三个问题:一是所采集的原始数据要真实、准确;二是所使用的统计方法要恰当;三是报告内容要求全面,包括涉及工作衡量的各个重要方面,特别是其关键点不能遗漏。这种由书面材料了解工作情况的方法,可以节省时间。随着计算机的运用越来越广泛,统计报告法的地位越来越高,其作用也越来越明显。

(3)会议报告法:召集各部门主管汇报各自的工作近况及遇到的问题,既有助于管理者了解各部门工作的情况,又有助于加强部门间的配合协作。这种方法快捷方便,而且能够得到立即反馈。

(4)抽样检查法:抽样检查法就是随机抽取一部分工作作为样本,进行深入细致的检查、测量,再通过样本数据的统计分析,从而推测全部工作的情况。例如,在大批量生产的企业,产品的质量检查通常采用这种方法。这种方法可节省调查成本及时间。

**2. 注意事项** 在衡量成效过程中,应注意以下几个问题。

(1)检验标准的客观性和有效性:由于管理人员的主观原因或面对某些难以用精确手段加以衡量的活动时,控制标准可能并不能客观有效地全面反映工作成效。如管理人员仅用出勤率评价员工的工作热情、劳动效率或劳动贡献,导致员工一味追求工作时间长短,故意磨洋工,影响劳动效率;根据研究报告的数量和质量来判断科研人员的工作进展,导致科研人员用更多的时间去撰写数量更多、结构更严谨的报告,而不是将这些精力真正投入科研。衡量成效的过程中,可以分析通过对标准执行情况的测量能否取得符合控制需要的信息,辨别并剔除这些不能为有效控制提供必需信息、容易产生误导作用的不适宜标准,指出能够反映控制对象真实情况的本质特征,明确适宜的标准,达到检验标准客观性和有效性的目的。

(2)确定适宜的衡量频度:衡量频度即衡量成效的次数或频率。要进行有效的控制,就要避免出现控制过多或控制不足的现象。这里的"过多"或"不足",不仅体现在控制对象和需要衡量标准数目的选择上,而且表现在对同一标准的衡量次数或频度上。对影响某种结果的要素或活动过于频繁的衡量,不仅会增加控制的费用,而且可能引起有关人员的不满,从而影响他们的工作态度;而检查和衡量的次数过少,则可能使许多重大的偏差不能及时发现,从而不能及时采取措施。适宜的频度取决于被控制活动的性质、要求和控制对象可能发生重大变化的时间间隔。例如,对产品的质量控制常常需要以小时或以日为单位进行;而对新产品开发的控制则可能只需以月为单位进行。

(3)建立信息反馈系统:负有控制责任的管理人员只有及时掌握了反映实际工作与预期工作绩效之间偏差的信息,才能迅速采取有效的纠正措施。然而,并不是所有的衡量绩效的工作都是由主管直接进行的,有时需要借助专职的监测人员。因此,应该建立有效的信息反馈网络,使反映实际工作情况的信息适时地传递给适当的管理人员,使之能与预定标准相比较,及时发现问题。这个网络还应能及时将偏差信息传递给与被控制活动有关的部门和个人,以使他们及时知道自己的工作状况、出错原因,以及需要怎样做才能更有效地完成工作。建立这样的信息反馈系统,不仅更有利于保证预定计划的实施,而且能防止基层工作人员将衡量和控制视作上级检查工作、进行惩罚的手段,从而避免产生抵触情绪。

### (三) 纠正偏差

纠正偏差就是分析衡量成效的过程中发现偏差产生的原因,制订并实施必要的纠正措施,使组织计划得以遵循,组织结构和人事安排得到调整,控制过程得以完整。采取纠正偏差措施是控制过程的最后一个环节,也是控制工作的关键,它体现了控制的目的,同时通过采取纠正偏差措施,将控制与其他管理职能结合在一起。为了保证纠正偏差措施的针对性和有效性,必须在制订和实施纠正偏差措施的过程中注意下述问题。

**1. 找出导致偏差产生的主要原因** 纠正偏差措施的制订是以偏差原因的分析为依据的。同一偏差则可能由不同的原因造成,销售利润的下降,既可能是因为销售量的降低,也可能是因为生产成本的提高。前者既可能是因为市场上出现了技术更加先进的新产品,也可能是由于竞争对手采取了某种竞争策略,或是企业产品质量下降;后者既可能是原材料、劳动力消耗和占用数量的增加,也可能是由于购买价格的提高。不同的原因要求采取不同的纠正措施,要求管理者透过表面现象找出造成偏差的深层原因,在众多的深层原因中找出主要原因,为纠正偏差措施的制订明确方向。

**2. 确定纠正偏差措施的实施对象**　需要纠正的既可能是企业的实际活动,也可能是组织这些活动的计划或衡量这些活动的标准。大部分员工没有完成工作任务定额,可能不是由于员工的抵制,而是定额水平太高;企业产品销售量下降,可能并不是由于产品质量劣化或价格不合理,而是由于市场需求的饱和或周期性的经济萧条等。在这些情况下,首先要改变的是衡量这些工作的标准或指导工作的计划,如果不对预先制订的计划和行动准则进行及时的调整,即使内部活动组织得非常完善,企业也可能无法实现预定的目标。

**3. 选择恰当的纠正偏差措施**　针对产生偏差的主要原因,需要制订改进工作或调整计划与标准的纠正偏差方案。纠正偏差措施的选择和实施过程中要注意的事项如下。

(1)双重优化纠正偏差方案:纠正偏差,不仅在实施对象上可以进行选择,而且针对同一对象纠正偏差也可采取多种不同的措施。所有这些措施,其实施条件和效果的经济性都要优于不采取任何行动、使偏差任其发展可能给组织造成的损失。有时最好的方案也许是不采取任何行动(如果行动的费用超过偏差带来的损失时),这是纠正偏差方案选择过程中的第一重优化。第二重优化是在此基础上,通过对各种经济可行方案的比较,找出其中追加投入最少、解决偏差效果最好的方案来组织实施。

(2)充分考虑原先计划实施的影响:由于对客观环境的认识能力提高,或者由于客观环境本身发生了重要变化而引起的纠正偏差需要,可能会导致原先计划与决策局部甚至全局的否定,从而要求企业活动的方向和内容进行重大的调整。这种调整有时被称为"追踪决策",即当原有决策的实施将危及决策目标的实现时,对目标或决策方案所进行的一种根本性修正。

(3)注意消除人们对纠正偏差措施的疑虑:任何纠正偏差措施都会在不同程度上引起组织的结构、关系和活动的调整,从而会涉及某些组织成员的利益。不同的组织成员会因此对纠正偏差措施持不同态度,特别是纠正偏差措施属于对原先决策和活动进行重大调整的"追踪决策"时。虽然一些原先反对初始决策的人会夸大原先决策的失误,反对保留其中任何合理的成分,但更多的人对纠正偏差措施持怀疑和反对的态度,原先决策的制订者和支持者会担心改变决策标志自己失败,从而会公开或暗地反对纠正偏差措施的实施;执行原决策、从事具体活动的基层工作人员则会对自己参与的、已经形成或开始形成的活动结果怀有感情,或者担心调整使自己失去某种工作机会、影响自己的既得利益而极力反对任何重要的纠正偏差措施的制订和执行。

因此,控制人员要充分考虑组织成员对纠正偏差措施的不同态度,注意消除执行者的疑虑,争取更多的人理解、赞同和支持,以保证避免在纠正偏差方案的实施过程中可能出现的人为障碍。

---

**点滴积累**

1. 根据控制时机的不同,可以将控制划分为事前控制、事中控制和事后控制三类。
2. 控制的基本过程主要包括确定标准、衡量成效和纠正偏差三个基本环节。
3. 制订标准的方法有统计分析法、工程法和经验估计法。

## 第二节　控制方法

企业管理实践中有多种控制方法可供选择,要根据控制对象、内容和条件的不同采取相应的控制方法。充分了解并有效地运用这些控制方法是企业成功控制的一个重要方面。

### 一、预算控制

企业未来的几乎所有的活动都可以利用预算进行控制。预算预估了企业在未来时期的经营收入或现金流量,同时也为各部门、各项活动在资金、劳动、材料、能源等方面的支出不能超过的额度作了明确规定。预算控制就是根据预算规定的收入与支出标准来检查和监督各个部门的生产经营活动,以保证企业各种活动或各个部门在充分达成既定目标、实现利润的过程中对企业资源的有效利用,使费用的支出受到严格有效的约束。

#### (一) 预算的形式

为了有效地从预期收入和费用两个方面对企业经营全面控制,不仅需要对各个部门、各项活动制订分预算,而且要对企业整体编制全面预算。

1. **分预算**　分预算是按照部门和项目来编制的,其详细说明相应部门的收入目标或费用支出的水平,规定它们在生产活动、销售活动、采购活动,研究开发活动或财务活动中筹措和利用劳动力、资金等生产要素的标准。

2. **全面预算**　全面预算是在对所有部门或项目分预算进行综合平衡的基础上编制而成的,其概括了企业相互联系的各个方面在未来时期的总体目标。只有编制全面预算,才能进一步明确组织各部门的任务、目标、制约条件以及各部门在活动中的相互关系,从而为正确评价和控制各部门的工作提供客观的依据。

#### (二) 预算的内容

同一企业,由于生产经营活动的特点不同,预算表中的项目会有不同程度的差异。但一般来说,预算内容要涉及以下几个方面。

1. **收入预算**　收入预算是从财务角度计划和预测未来活动的成果。

由于企业收入主要来源于产品销售,因此收入预算的主要内容是销售预算。销售预算是在销售预测的基础上编制的,即通过分析企业过去的销售情况、目前和未来的市场需求特点及其发展趋势,比较竞争对手和本企业的经营实力,确定企业在未来时期内,为了实现目标利润必须达到的销售水平。

2. **支出预算**　支出预算是从财务角度计划和预测为取得未来活动成果所需付出的费用。

企业销售的产品是在内部生产过程中加工制造出来的,在这个过程中,企业需要借助一定的劳动力,利用和消耗一定的物质资源。因此,与销售预算相对应,企业必须编制能够保证销售过程得以进行的生产活动的预算,关于生产活动的预算,不仅要确定为取得一定销售收入所需要的产品数量,而且更重要的是要预计为得到这些产品、实现销售收入需要付出的费用,即编制各种支出预算。

(1)直接材料预算:直接材料预算是根据实现销售收入所需的产品种类和数量,详细分析为了生产这些产品,企业必须利用的原材料的种类数量,它通常以实物单位表示,考虑库存因素后,直接材料预算可以成为采购部门编制采购预算、组织采购活动的基础。

(2)直接人工预算:预计企业为了生产一定量的产品,需要哪些种类的工人,每种类型的工人在什么时候需要多少数量,以及利用这些人员劳动的直接成本是多少。

(3)附加费用预算:主要指企业的行政管理、营销宣传、人员推销、销售服务、设备维修、固定资产折旧、资金筹措及税金等费用,这些也要耗费企业的资金,需要提前预算。

**3. 现金预算**　现金预算是对企业未来生产与销售活动中现金的流入与流出进行预测,通常由财务部门编制。现金预算只能包括现金流程中的项目,赊销所得的应收款在用户实际支付以前不能列作现金收入,赊购所得的原材料在未向供应商付款以前也不能列入现金支出,而需要今后连年分摊的投资费用却需要当年实际支出现金。因此,现金预算并不需要反映企业的资产负债情况,而是要反映企业在未来活动中的实际现金流量和流程。通过现金预算,可以帮助企业发现资金的闲置或不足,从而指导企业及时利用暂时过剩的现金,或及早筹齐维持营运所短缺的现金。

**4. 资金支出预算**　资金支出预算与上述各种短期预算不同,属于长期预算。企业利用部分利润恢复和扩大生产能力。这些支出由于具有投资的性质,因此对其计划安排通常被称为投资预算或资金支出预算。资金支出预算的项目包括:用于更新改造或扩充包括厂房、设备在内的生产设施的支出;用于增加品种、完善产品性能或改进工艺的研究与开发支出;用于提高职工和管理队伍素质的人事培训与发展支出;用于广告宣传、寻找顾客的市场发展支出等。

**5. 资产负债预算**　资产负债预算是对企业会计年度末期的财务状况进行预测。其通过将各部门和各项目的分预算汇总在一起,表明企业的各种业务活动达到预先规定的标准时,在财务期末企业资产与负债会呈现何种状况,作为各分预算的汇总,管理人员在编制资产负债预算时,虽然不需制订新的计划或决策,但通过对预算表的分析,可以发现某些分预算的问题,从而有助于采取及时的调整措施。

### (三) 预算的作用及其局限性

**1. 预算的作用**　预算的实质是用统一的货币单位为企业各部门的各项活动编制计划,因此它使得企业在不同时期的活动效果和不同部门的经营绩效具有可比性,可以使管理者了解企业经营状况的变化方向和组织中的优势部门与问题部门,从而为调整企业活动指明方向;通过为不同的职能部门和职能活动编制预算,也可为协调企业活动提供依据。

更重要的是,预算的编制与执行始终是与控制过程联系在一起的;编制预算是为企业的各项活动确立财务标准;用数量形式的预算标准来对照企业活动的实际效果,大大方便了控制过程中的绩效衡量工作,也使之更加客观可靠;在此基础上,很容易测量出实际活动对预期效果的偏离程度,从而为采取纠正措施奠定了基础。

**2. 预算的局限性**　由于这些积极作用,预算控制在组织管理中得到了广泛运用。但其也有一些局限性,具体如下。

(1)只能帮助企业控制那些可以计量的,特别是可以用货币单位计量的业务活动,而不能促使企业对不能计量的企业文化、企业形象、企业活力的改善予以足够的重视。

(2)编制预算时通常参照上期的预算项目和标准,从而会忽视本期活动的实际需要,因此会导致上期有的而本期不需的项目仍然沿用,而本期必需而上期没有的项目会因缺乏先例而不能增设。

(3)企业活动的外部环境是在不断变化的,这些变化会改变企业获取资源的支出或销售产品实现的收入,从而使预算变得不合时宜。因此,缺乏弹性、非常具体,特别是涉及较长时期的预算可能会过度束缚决策者的行动,使企业经营缺乏灵活性和适应性。

(4)项目预算或部门预算不仅提出希望有关负责人实现的结果,而且也为其为得到这些成果而有效开支的费用规定了限度。这种规定可能使得主管们在活动中精打细算,小心翼翼地遵守不得超过支出预算的准则,而忽视部门活动的本来目的。

## 二、非预算控制

### (一)生产控制

生产控制是指为保证生产计划目标的实现,按照生产计划的要求,对企业生产活动全过程进行检查、监督、分析偏差和合理调节的系列活动。企业是一个动态过程,需要首先获得原材料、零部件、劳动力等投入,经过企业系统的转换和运营,最终生产出有形的产品或无形的劳务并销售到市场上,实现产品的最终价值。在这个动态的过程中,为了达到企业预定的目标,就必须对企业的生产经营管理活动进行控制。事实上,控制活动贯穿于上述整个过程,即管理人员需要对原材料、零部件、劳动力等投入进行控制,需要对企业系统的转换和运营进行控制,也需要对有形的产品或无形的劳务进行控制。其内容包括供应商控制、库存控制和质量控制。

**1. 供应商控制** 供应商控制是指企业对供应商原辅料以及配套的服务进行评估和接收的控制方法。供应商既为本企业提供了所需的原材料或零部件,根据波特的竞争模型,他们又是本企业的竞争力之一。供应商供货及时与否、供货质量的好坏、价格的高低,都对本企业最终产品产生重大影响。因此,对供应商的控制可以说是从企业运营的源头抓起,能够起到防微杜渐的作用。就长期发展而言,企业与供应商的竞争与合作关系是长期并存的,企业与供应商可以通过市场契约和纵向一体化两种方式建立稳定的合作关系,从而实现双赢。

**知识链接**

#### 首营企业审核

根据《药品经营质量管理规范》(2016年修订版)的要求,药品经营企业应建立首营企业审核制度,采购部门应当填写相关申请表格,经过质量管理部门和企业质量负责人的审核批准。必要时应当组织实地考察,对供货单位质量管理体系进行评价。对首营企业的审核,应当查验加盖其公章原印章的以下资料,确认真实、有效。

(1)《药品生产许可证》或者《药品经营许可证》复印件。

(2)营业执照、税务登记、组织机构代码的证件复印件,及上一年度企业年度报告公示情况。

(3)《药品生产质量管理规范》认证证书或者《药品经营质量管理规范》认证证书复印件。

(4)相关印章、随货同行单(票)样式。

(5)开户户名、开户银行及账号。

---

(1)通过市场契约建立合作关系:企业在十余家甚至更多家供应商中进行选择,鼓励他们互相竞争,从中选取能够提供低价格、高质量产品的供应商。现代企业也在更广范围内挑选供应商,甚至在全球范围内选择供应商,能够有保障地获得高质量、低价格的原材料,同时也可避免只选择少数几个供应商可能构成的威胁。但是,一旦确定供应商,就应与其建立长远的、稳定的联系,并且会为供应商提供相关技术,帮助供应商提高原材料的质量,降低成本。企业和供应商形成相互依赖、相互促进的新型关系,双方都能降低风险,提高效益,实现双方利益的共赢。

(2)通过纵向一体化建立合作关系:如果市场契约形式建立的合作关系不够稳定,那么企业通过对供应商参股或控股的方式建立的长期合作关系,或直接选择由本企业系统内部的某个子企业供货,稳定性会显著加强。企业通过纵向一体化,成为供应商的股东,双方的利益一致,从而实现双方利益的共赢。这是跨国公司为了保证货源而经常采用的做法。

**2. 库存控制**　库存控制,是对企业生产、经营全过程的各种物品、成品以及其他资源进行管理和控制,使其储备保持在经济合理的水平上。从生产组织的角度看,一定量的库存对于企业的生产经营有积极的作用,但库存占用大量流动资金,有时还会造成极大浪费,需要通过库存控制在保证企业正常经营活动的前提下,降低不合理占用,提高经济效益。其作用主要表现在以下几个方面。

(1)对供、产、销过程中的不确定性因素起缓冲作用:在产品和销售过程中,原材料和零部件的供给、顾客对产品的需求和各工序状态等,都存在各种不确定性,随时可能出现各种意外事故和变化,企业建立一定的安全库存即可对这些不确定性因素起到缓冲作用,用库存来调节预期误差。

(2)对生产工序起分解和隔离作用:在生产系统中,相邻的各工序之间设置一定量的在制品库存,就可使上下工序形成柔性连接,必需的工序能相对独立,使相邻工序的时间差、效率差不至于相互牵连影响,从而保证整个系统生产顺利进行。

(3)对季节性供需矛盾起调节作用:企业生产中某些原材料和产品的供需有极强的季节性,建立一定的季节性库存能够调节季节性供需矛盾,充分发挥企业的生产能力,保持生产的均衡性。

(4)合理的库存可提高产品生产和订货的经济性:企业通常是按批量进行生产和订货的。生产批量大,设备调整费用就低,生产规模经济;订货批量大可享受数量折扣,订货费用就低。通过设置合理的周转库存,按经济批量进行生产和订货,可降低产品生产和订货的总费用,提高生产的经济性。

库存对企业的生产经营虽然具有上述重要作用,但在传统的管理中常常被强调到不适当的地位,使得企业的库存成本人为加大,造成很大浪费。不仅如此,过大的库存还可能会掩盖企业生产管理中存在的一些严重问题,如生产计划不合理、生产过程组织不合理、产品制造质量问题、供应商的材料质量以及劳动纪律差、生产现场管理混乱等。这些问题如果不能及时被发现解决,会导致企业生产管理水平差,生产成本居高不下。

因此,从企业降低生产成本和提高生产管理水平的角度考虑,生产管理中的一个重要任务就是努力控制库存,将企业的库存水平降到能够保证生产顺利进行的最低限度。

**3. 质量控制**　质量控制是对产品、工作是否满足规定要求的属性或特征进行控制。产品质量是指产品适合人们一定用途和需要所具备的特性;工作质量是指企业的管理、技术和组织等工作对实现或高产品(或服务)质量标准的保证程度,它可反映企业为了保证和提高产品质量标准,在经营管理、生产技术等方面所要达到的水平。关于企业的质量控制见第八章中相关内容。

### (二) 财务控制

财务控制是指按照一定的程序与方法,对企业的资金投入及收益过程和结果进行衡量与校正,目的是确保企业目标以及为达到此目标所制订的财务计划得以实现。财务控制以价值形式为控制手段,以不同岗位、部门和层次的不同经济业务为综合控制对象,以控制日常现金流量为主要内容,主要包括控制会计记录信息的准确性、定期审核财务会计报告,保证财务目标的实现等几个方面的工作。

财务控制总体目标是在确保法律法规和规章制度贯彻执行的基础上,优化企业整体资源综合配置效益,厘定资本保值和增值的委托责任目标与其他各项绩效考核标准来制订财务控制目标,是企业理财活动的关键环节,也是确保实现理财目标的根本保证,所以财务控制将服务于企业的理财目标。

**1. 财务控制的作用**　任何企业要生存和发展,投入和产出之间就要实现一种平衡关系,而这种关系的实现要依赖对企业财务的控制。例如,为了弄清楚过度开支问题,企业可能会分析季度财务报告。企业还可能会计算某些财务比率以确保有足够现金来支付当期开支、债务水平没有变得过高或者组织的资产正在被高效利用。当然财务控制不仅仅局限于私人企业,对非营利性组织同样适用,如财务控制对于学校、医院和政府也是极为重要的控制手段。财务控制的作用主要体现在以下三个方面。

(1)有助于实现公司经营方针和目标,它既是工作中的实时监控手段,也是评价标准。

(2)保护单位各项资产的安全和完整,防止资产流失。

(3)保证业务经营信息和财务会计资料的真实性和完整性。

**2. 财务控制的局限性**　良好的财务控制虽然能够达到上述目标,但无论控制的设计和运行多么完善,其都无法消除本身固有的局限性,为此必须对这些局限性加以研究和预防。局限性主要有三个方面。

(1)受成本效益原则的局限。

(2)财务控制人员由于判断错误、忽略控制程序或人为作假等,导致财务控制失灵。

(3)管理人员的行政干预,致使建立的财务控制制度形同虚设。

**边 学 边 练**

零售药店所应用的控制方法有哪些？请见"实训五　调查零售药店所应用的控制方法"。

**点滴积累**

1. 控制的方法有预算控制和非预算控制。
2. 预算的形式有分预算和全面预算。
3. 预算的内容有收入预算、支出预算、现金预算、资金支出预算以及资产负债预算。
4. 生产控制的内容有供应商控制、库存控制以及质量控制。

# 实训五　调查零售药店所应用的控制方法

## 一、实训目的

培养学生对控制的理解,掌握控制类型和控制方法的具体内容。

## 二、实训要求

1. 将学生每 4 人一组分成若干组。

2. 每组学生分别走访某一个零售药店,考察控制方法应用的具体情况(或从资料中提炼出相关内容)。

## 三、实训内容

通过访问典型企业或教师所提供的资料,列出零售药店所应用的控制方法,并确定其控制类型。

## 四、实训评价

1. 小组成员都能积极参与讨论,得分 5 分。参与度低的,酌情扣分。

2. 能列出两类控制方法,得分 3 分。

3. 能正确说出控制类型,每一点给 1 分,共 2 分。

## 目标检测

### 一、简答题

1. 控制的类型有哪些?

2. 控制的方法有哪些?

3. 简述控制的过程。

### 二、案例分析题

#### 企业如何自我控制

某制药厂在日常质量检查工作中发现其采购的某药品包装材料不符合质量标准要求,为此,企业组织了内部专题讨论会。与会者从企业如何加强自我控制提出了很多建议:有人说要从源头上进行控制,把好原料、辅料和包装材料的质量关;有人说要从实际的生产过程上下功夫,做到每时每刻、每个环节都有人检查;有人说要加大对各批次产品抽检力度。大家说得都有道理,但最关键的是什么,却没有统一意见。

请思考并回答以下问题:

1. 请说明这里涉及哪几种控制类型。

2. 结合案例说明"药品质量形成是设计和生产出来的,而不是检验出来的"。

(张 琳)

# 第六章　医药企业人力资源管理

ER 6-1

第六章
医药企业人
力资源管理
（课件）

## 学习目标

1. **掌握**　人力资源规划的流程；人力资源需求和供给预测的方法；员工培训的流程、内容和方法；绩效管理的流程。
2. **熟悉**　人力资源规划的内容；面试的组织形式；员工的甄选方法；员工培训的各种方法。
3. **了解**　人力资源管理的概念、目标和内容；招聘广告的内容要求；员工选聘的主要程序；绩效和绩效管理的定义；薪酬的定义、形式和构成。

## 导学情景

**情景描述：**

　　近年来,在两票制、仿制药一致性评价、"4+7"带量采购等系列政策的影响下,医药市场迎来巨大变革,药品竞争更多地回归产品本身,医药企业亟待优化技术工艺,不断提升药品的效用,加速"创新研发"的步伐。

　　在竞争持续升级的过程中,医药行业人才出现供需缺口,特别是"中高端研发人才"以及"复合型商业化人才",不少企业都加大人才投入,人力资源的成本也在不断攀升。

　　在企业快速发展的过程中,某医药公司注重人才建设和管理。为了打造高质量的人才队伍,该公司不断加大人才投入,提高薪酬福利,完善激励政策,紧跟战略步伐,调整人才管理重心,最大化优化人力成本,保障人力资源的建设与公司的战略、业务发展高度一致。

　　该公司严格遵循"以人为本"的人力资源管理理念,从最基本的物质保障(薪资待遇)、工作环境,到更高层次的被关怀、被尊重以及自我价值的实现等,让员工获取更高层次的、精神上持久的激励,建成了积极向上、携手奋斗、公平竞争的人力资源管理正循环体系。

**学前导语：**

　　该医药公司为确保公司战略目标的实现,在人力资源建设方面进行不断的改革创新,加大投入;不仅通过人力资源的分析帮助企业及时调整战略,优化人力成本,同时还完善激励政策,招聘和留用符合企业发展所需要的关键人才,保障企业在未来的市场竞争中处于优势地位。

## 第一节　人力资源概述

　　1954 年,被誉为"现代管理学之父"的彼得·德鲁克在他的著作《管理实践》中首次提出了"人力资源"这个概念,并指出了人力资源具有其他资源所没有的一些特性,如协调能力、融合能力、判断力和想象力等。

随着时代的发展,人力资源管理已经上升为企业战略层面,是决定企业能否实现战略目标的关键因素。人力资源管理必须以帮助实现企业战略和赢得竞争优势为目标,不再是传统的"成本中心",而要变成"利润中心",要以利润为导向,用成本与收益来分析人力资源管理中存在的问题,通过不断的优化与改进提升企业的工作效率和工作业绩。

## 一、人力资源的概念

人力资源是指在一个国家或地区中,处于劳动年龄、未到劳动年龄和超过劳动年龄但具有劳动能力的人口之和。

人力资源的构成主要包括数量构成和质量构成两个方面。数量构成是指一个国家或地区具有劳动能力、从事社会劳动的人口的总和,包含:适龄就业人口、未成年就业人口、老年就业人口、求业人口、求学人口、家务劳动人口、军队服役人口和其他人口。质量构成包含人力资源所具有的体质状况、智力情形、文化水平、专业能力、工作态度等。

人力资源作为一种特殊的资源,与其他资源相比,具有如下特征。

1. **能动性**  人力资源来源于作为劳动者的人,是体力和智力的结合,具有思想、感情和主观能动性,具有不断开发的潜力,能够有目的地进行活动。

2. **再生性**  人力资源的提供者在消耗后,可通过人口总体和劳动力总体内各个个体的不断替换、更新和恢复的过程得以实现再生。这种再生性除遵守一般生物学规律之外,还受人类社会意识的支配作用的影响。

3. **两重性**  人力资源与其他任何资源不同,是属于人类自身所有,存在于人体之中的活的资源,因而人力资源既是生产者,同时又是消费者。因此也就比其他很多资源具备更高的增值效应。

4. **社会性**  人力资源总是与一定的社会环境相联系的。它的形成、配置、开发和使用都是一种社会活动,人力资源是一种社会性资源,其价值和作用不仅仅局限于组织内部,还涉及整个社会的发展和进步。在特定的社会和特定的时代,人的价值观念和行为方式是有区别的。在人力资源的开发过程中,人力资源会受到政治制度、国家政策和法律法规的制约和影响。人力资源的社会性主要表现为信仰性、传统性、人群性、时代性、地域性、国别性、民族性、职业性、层级性和文化性。

5. **时效性**  人力资源的培养、贮存与运用与人的年龄有直接关系。不同年龄阶段反映人力资源不同类别发挥的不同程度。这种不同时效的反映,也是一种自然规律制约的结果。它为人力资源使用的社会政策与技术手段提供了重要参考。青少年时期,主要是培养教育资源增存阶段;青中年时期,主要是资源运用与发挥时期;老年时期,主要是剩余资源价值发掘阶段。人力资源的时效性表现为用时有效,用必及时,用逢其时,过时效用不大或无效用;用必须因类而不同,因目的而不同。

6. **连续性**  人力资源始于可以持续开发的资源,不仅表现在使用的过程中,而且包括培训、积累、创造在内的活动,也属于开发的过程。

课 堂 活 动
1. 人力资源的数量和质量构成分别是什么?
2. 人力资源具有哪些不同于其他资源的特征?

## 二、人力资源管理机制

### (一) 人力资源管理的定义

人力资源管理是依据组织和个人发展的需要,对组织中的人力资源进行开发、利用和科学管理的机制、制度、流程、技术和方法的总和。

### (二) 人力资源管理的分类

人力资源管理分为宏观和微观两个方面。

宏观人力资源管理是指对一个国家或地区的人力资源形成、开发和利用进行管理,即全社会的人力资源管理。

微观人力资源管理是指企业根据自身战略发展的要求,通过实行一系列的科学管理,充分发掘企业的人力资源潜能。

### (三) 人力资源管理的目标

人力资源管理的总体目标是指通过人力资源管理活动所争取达到的一种未来状态,是开展各种人力资源活动的依据和动力。

人力资源管理的最高目标是促进人的全面发展,包括人的体力和智力全面、和谐、充分的发展,还包括人的道德发展。

人力资源管理的具体目标包括经济目标、社会目标、个人目标、技术目标和价值目标五个方面。经济目标是人力和物力经常保持最佳的比例和有机结合,使人和物都发挥最佳的效应;社会目标是培养高素质人才,促进经济增长,提高社会生产力;个人目标是通过对个人职业生涯设计,个人潜能开发,提升知识和技能水平,能使人力更好地适应组织、融入组织、创造价值、奉献社会;技术目标是指人力资源管理过程中的人员素质测试、工作评估分析等技术手段和方法不断完善和改进;价值目标是通过人力资源管理的合理开发与管理,实现人力资源的高效使用,实现人力资源价值的最大化。

### (四) 人力资源管理的内容

人力资源管理包含人力资源规划、人力资源选聘、人力资源培训、人力资源开发、人力资源绩效管理、人力资源薪酬管理六个具体内容,是企业人力资源管理的全流程体现。

### (五) 人力资源管理的机制

人力资源管理的机制本质是人力资源管理系统的各个要素通过四大机制进行人力资源整合,

以及整合后所达到的状态和效果。

　　人力资源管理机制主要包括牵引机制、激励机制、约束机制和竞争机制。这四大机制相互协同，从不同角度整合和激活组织的人力资源，提升人力资源管理的有效性。

　　牵引机制是指通过明确企业对员工的期望和要求，使员工能够正确的选择自身的行为，将员工的努力和贡献与企业的战略目标保持一致。

　　激励机制是通过员工职业生涯规划、薪酬体系设计及升迁制度等手段对员工进行内外部驱动，从而实现对员工的激励。

　　约束机制是对员工的行为进行限定，使其符合企业发展要求的一种行为控制，保障员工的行为始终在预定的轨道上运行，一般会通过关键绩效考核指标和任职资格等手段实现。

　　竞争机制是相对于牵引机制和激励机制的反向机制，一般会通过竞聘上岗及末位淘汰等手段实施。

> **点滴积累**
>
> 1. 人力资源管理的最高目标是促进人的全面发展，包括人的体力和智力全面、和谐、充分的发展，还包括人的道德发展。
> 2. 人力资源管理的六个具体内容包含人力资源规划、人力资源选聘、人力资源培训、人力资源开发、人力资源绩效管理、人力资源薪酬管理。
> 3. 人力资源管理的四大机制主要包括牵引机制、激励机制、约束机制和竞争机制。

## 第二节　医药企业人力资源主要业务

　　医药企业一般具有高投入、高收益、高技术密集与高劳动密集相结合的特性，其人力资源的主体包含中高级管理人员、医药技术研究人员、开发人才以及医药商品、医疗器械等医药相关产品的供应与销售流通人才。医药企业的人力资源主要业务是在针对医药企业特性的基础上，围绕人力资源管理的具体内容开展实施。

### 一、医药企业人力资源规划

#### （一）医药企业人力资源规划的定义

　　医药企业人力资源规划是指医药企业根据战略目标和内外环境的变化，科学分析和预测未来企业人力资源的需求和供给状况，并据此制订必要的政策和措施来平衡人力资源的供需。简单概括如下：确保医药企业在合适的时间，将合适的员工放到合适的位置上。

医药企业人力资源规划要根据企业自身战略目标的制订情况进行制订,确保人力资源与企业战略的一致、稳定和有效。

### (二)医药企业人力资源规划的作用

人力资源是企业获得持久竞争优势的保障,越来越多的医药企业开始重视人力资源的整体规划,希望通过有效的人员规划,为企业蓄积人力资源,保障事业的持续发展。

医药企业如果没有进行人力资源规划,例如人员需求量、供给量、职务以及任务的规划等,就会使招聘工作陷入被动。有很多医药企业的招聘工作就一直处于救火状态:由于业务部门在年初没有对人力资源进行计划和分析,也没有提出有规划的年度人力资源需求,导致企业全年不断地提出紧急性的招聘要求,加重企业的招聘工作,这也是很多企业招聘工作中的通病。因此,人力资源规划是组织管理的重要依据,它会为医药企业的录用、晋升、培训、人员调整以及人工成本的控制等活动,提供准确的信息和依据。人力资源规划的重要作用主要体现在以下五个方面。

**1. 为医药企业战略目标的实现提供人力保证** 人力资源规划是根据医药企业内部环境的变化以及企业目标和战略的调整制订的,为企业战略目标的实现提供人力保证。

**2. 让医药企业更能适应环境变化的需要** 人力资源规划还可以预测和判断医药企业所面临的机遇、挑战以及所受到的威胁,深化对企业优势和劣势的认识,预测企业组织战略实施执行过程中遇到的障碍,有利于实现企业人力资源管理活动的有序化,保障企业各项活动的有序进行。

**3. 有利于医药企业人力资源的合理配置** 随着医药企业内外部环境的变化以及战略的不断调整,人力资源规划可以通过动态地调整人力资源配置,改善资源配置不平衡的状况,以达到人力资源的最优化配置。

**4. 可以降低医药企业的人力成本** 在医药企业中,人力资源是创造价值的源泉,但人工成本与所创造的财富价值很多时候都是不成比例的。而通过人力资源规划可以预测企业人员变化,调整企业的人员结构,找出影响人力资源有效运用的主要矛盾,充分发挥人力效能,从而将人工成本控制在合理的水平上,降低企业的人力成本。

**5. 调动医药企业员工的工作积极性** 人力资源规划是以企业和个人为依据制订的,因而只有在人力资源规划的条件下,以下方面才是可知可控的:如员工适合做什么、企业组织的战略目标是什么、价值观是什么、岗位职责是什么、如何有效地融入组织中、如何挖掘潜能、如何设计职业生涯等。

医药企业的发展、进步与员工个人的发展息息相关,企业若想在日趋激烈的市场竞争中站稳脚跟、有所突破,则应从战略目标实现的角度激励员工,调动员工的积极性和创造性,实现企业和员工的双赢。

> **课 堂 活 动**
> 人力资源规划的作用是什么?

### (三)医药企业人力资源规划的主要内容

**1. 平衡供需规划** 人力资源规划根据医药企业的发展战略,结合社会环境的发展变化,进行人力资源的供给和需求预测,对供需的结果进行分析,制订平衡供需的政策和措施,实现人力资源整体的最优供给。

**2. 人员补充计划**　人力资源规划根据人才补充需求,依照需求岗位的数量和质量,通过任职资格分析,确定获取人员的途径,制订人员补充计划和实施方案。

**3. 人员配备计划**　人力资源规划根据企业发展战略需求,对人员进行招聘、晋升、调动培训等,解决部门之间人员不足或者人员过剩的问题,是人力资源规划中的配置计划过程。

**4. 退休解聘计划**　退休解聘计划可以使医药企业更好地配置人力资源,提高员工的素质和整体竞争力,为企业的发展提供可持续的保障,同时降低企业人力成本,优化企业组织结构,实现更高效的运行。

**5. 人员使用计划**　人员使用计划是指针对配置的人员,根据战略发展需求制订晋升、调整的规定和时间等,同时根据岗位的变动,合理匹配薪酬、福利等政策。

**6. 员工培训计划**　为更好地促进企业战略目标实现,提升员工的技能水平和专业素质,为企业提供具有永续竞争力的卓越人才,医药企业进行的培训计划的制订主要包括:培训目的、培训对象、培训时间、培训地点、培训内容、培训师选定、培训结果考核、培训评估等。

**7. 薪酬激励计划**　薪酬激励计划是人力资源规划中吸引人才、留用人才和激励人才的重要环节,是保证人力资源规划顺利达成目标的关键环节。

> **课堂活动**
> 人力资源规划的主要内容都包含哪些?

**(四) 医药企业人力资源规划的流程**

医药企业人力资源规划的流程分为四个阶段(图 6-1)。

**图 6-1　医药企业人力资源规划的流程**

第一阶段为调查阶段,主要针对医药行业当前面临的社会环境进行调研,了解行业相关的法律法规、市场经济形式、社会文化和技术发展水平等,确定人力资源面临的问题。

第二阶段为预测阶段,根据当前行业的社会环境、企业制订的战略目标、当前企业人力资源的情况以及人力资源需求和供给分析,预测企业所需人力资源的数量和质量,同时对完成人力资源目标的成本进行预测。

第三阶段为规划阶段,确定企业人力资源需要达成的目标,并制订相应的实施方案,包括招聘、培训、现有人员组织架构和人员调整、薪酬激励设计等等。

第四阶段为评估阶段,对制订的人力资源规划方案实施效果进行评估,并不断进行优化调整。

**(五) 医药企业人力资源规划的需求预测**

医药企业从自身的战略目标、发展规划和工作任务出发,综合考虑其他因素影响,对企业未来某一时期所需要的人力资源情况进行预测的活动,称之为需求预测。

需求预测按照时间可分为短期预测、中期预测和长期预测三种类型;按照范围可分为总量预测和各岗位预测。

人力资源规划的需求预测的方法分为定性分析和定量分析两种类型,定性分析法经常采用的有主观判断法、德尔菲法,定量分析法经常采用的有总体预测法、工作负荷法、趋势预测法和回归预测法。

**1. 主观判断法** 指管理人员根据部门或企业一定时期的工作目标情况来预测人员需求,主要用于短期预测或规模较小、流动性不大的企业,要求管理人员要有比较丰富的经验。

**2. 德尔菲法** 也称专家预测法,就是邀请在相应领域的专家或者经验丰富的管理人员,分别进行匿名判断预测,经过多轮反复的反馈、整理、汇总,并最终达成一致意见的结构化方法。德尔菲法适用于那些无法通过数据分析来预测需求的情况,准确性较高,但是过程较长、费用较高。

**3. 总体预测法** 通过确定企业的经营活动和人员配置的比例关系,然后根据经营目标和比例关系来预测需要的人员。

**4. 工作负荷法** 通过确定人员的个人单产量,然后根据未来需要完成的工作总量预测所需要的人员。

**5. 趋势预测法** 通过对过去一段时间的数据进行分析和比较,来预测未来的人力资源需求。这种方法的关键在于找出合适的指标来衡量企业的人力资源需求,并通过分析时间序列数据来预测未来的趋势。可以使用的指标包括员工离职率、公司的业务增长率等。

**6. 回归分析法** 通过分析与人力资源需求相关的变量之间的关系,来预测未来的需求量。这种方法基于统计学原理,可以建立数学模型来预测未来的人力资源需求。例如,可以通过分析员工数量与销售额之间的关系来预测未来的人力资源需求。

> **课堂活动**
> 医药企业人力资源规划的需求预测常采用的方法有哪些?

### (六)医药企业人力资源规划的供给预测

医药企业为满足未来一段时间内的人力资源需求,对将来这个时期内,企业可以获得的人力资源情况进行预测。企业获得人力资源的渠道分为内部获得和外部获得两种情形。

医药企业人力资源内部供给预测的方法有主观判断法、人员核查法、人员替换法、水池模型预测法、马尔可夫预测法。

**1. 主观判断法** 就是管理人员运用知识、经验,甚至直觉作出预测判断的方法。

**2. 人员核查法** 对企业内部现有的人力资源进行核查,包括员工的工作经验、技能、绩效、发展潜力等,来预测未来的人力资源供给。

**3. 人员替换法** 根据现有人员分布状况及绩效评估的资料,结合人员分布和流失率的情况,对人力资源的现状和发展潜力进行分析,来预测人员供给的方法。

**4. 水池模型预测法** 在现有人力资源的基础上,通过计算人员流入量和流出量预测未来人员供给量,类似于计算一个水池未来的蓄水量。水池模型预测法的计算公式:未来供给量 = 现有数量 + 流入数量 – 流出数量。

**5. 马尔可夫预测法** 根据历史数据,对等时间间隔点上的人员分布情况进行分析,得出转移矩阵,从而对未来各种人员供给情况进行预测。

> **课堂活动**
> 医药企业人力资源规划的内部供给预测常采用的方法有哪些?

医药企业人力资源外部供给预测的因素有行业经济形势、社会人口状况、当地劳动力市场状况、政府法律法规等。

## 二、医药企业人力资源选聘

### (一)医药企业人力资源选聘的定义

医药企业根据人力资源规划和工作本身的需求,从企业内外部选择聘用人员的过程,为人力资源的选聘过程,包含选择和聘用两个步骤。

### (二)医药企业人力资源选聘的意义

医药企业进行人力资源选聘可以实现的目的和意义如下:满足企业发展对人员的需求,保障企业人员具备较高的技能素质,使企业团队具备一定程度的稳定性,同时也是树立企业形象的一种公共活动。

### (三)医药企业人力资源选聘的原则

不同的医药企业会根据自身的情况制订相应的人员选聘具体操作原则,例如:"先内后外""效率优先"等。但所有企业在人员选聘时,都应该遵循以下六个原则。

**1. 符合法律法规的原则** 企业的人力资源选聘不得违背法律法规的要求,这是企业人力资源选聘的根本原则。

**2. 公开竞争原则** 公开就是要公示选聘信息、选聘方法,这样既可以将选聘工作置于公开监督之下,防止以权谋私、假公济私的现象,又能吸引人员参与,通过公平竞争实现择优选聘。

**3. 双向选择原则** 双向选择是市场经济条件下劳动力资源配置的基本属性,企业按照这一属性进行人员选聘,可以实现提高人员素质,优化人员结构,激发人员工作热情,赢得市场竞争。

**4. 效率优先原则** 人员选聘要以效率为中心,即用尽量低的选聘成本获取高素质、符合企业需要的人员。

**5. 因事择人原则** 人员选聘要以企业的实际岗位需要为标准,要从岗位的实际要求出发,做到人和事的有机配合,不能出现损害企业利益和浪费人才的情形。

> **课 堂 活 动**
> 医药企业人力资源选聘应遵循哪些原则?

**6. 全面考核原则** 人员选聘要注重人员素质的全面考核,使选聘的人才满足企业长期发展的需要。

### (四)医药企业人力资源选聘公告的内容要求

企业的人力资源选聘内容应符合的要求如下:岗位名称要准确,聘用数量要精确,岗位的要求描述要规范,晋升空间要明确,福利待遇要清晰,工作地点和选聘的方式要标明。

### (五)医药企业人力资源选聘渠道

企业人力资源的选聘渠道主要分为内部选拔和外部招聘,内部选拔的流程如下:发布内部选聘公告,对报名人员进行评定,入围人员进行竞聘,用人部门和人力资源部最终确定人选,进行内部公示,正式聘任上岗。外部招聘的流程如下:发布外部招聘信息,依照简历邀约面试,综合面试测评,进行背调等信息确认,人员录用。

**案例分析**

**某医药企业选聘渠道的难题**

**案例:** 某医药企业过去几年在中层管理招聘过程中遇到了困难,该企业属于医药流通行业,主要设有销售部门和物流部门。公司最高层认为这些部门的管理者需要具有物流和销售的具体实践经验,需要具有行业属性的技术认知。因此,刚开始严格执行从企业内部选聘。但很快发现,那些提升到中层管理岗位上的员工通常缺乏完成新任务的能力。于是,公司决定从外部进行招聘,招聘部分具有管理团队经验的人员,先安排他们在较低的管理岗位上,为其将来担任中级管理工作做准备。但是在两年内,这些人都离开了公司。企业又转向以前内部招聘的政策。

**分析:** 每个岗位在人员选聘时首先要考虑选聘人员的任职能力匹配度,其次也要考虑选聘的成本和人员留用稳定性的因素。那么能快速提高岗位匹配度、选聘成本较低和人员稳定性较强的内部招聘途径应该为该企业的首选途径,针对内部选聘人员缺乏完成新任务能力的情况,要进行相应的培训和考核,促使选聘的员工尽快具备新岗位的任职技能。

**(六) 医药企业人力资源选聘面试的组织形式**

人力资源面试的组织形式分为结构化面试、非结构化面试和半结构化面试。

结构化面试是针对岗位的任职要求,遵循固定的程序,采用设计好的问题、评价标准、评价方法对应聘者进行面试。该面试方式可以更好地将应聘者的行为表现与岗位的素质需求相对应,实施过程比较规范,面试结果比较客观、公平、有效。

非结构化面试也称为"随机面试",没有提前设置好的规则和框架,面试者可以随意与应聘者讨论各种话题,可以比较直接、有重点地收集信息,但缺少统一的判断标准,容易受面试者个人的主观判断影响。

半结构化面试为介于非结构化面试和结构化面试之间的面试。包括两种方式:一种是面试者提前准备重要问题,但不要求按照固定次序提问,且可讨论在面试过程中出现需进一步调查的问题;另一种是面试者依据事先规划的一系列问题提问被试者,根据不同的工作类型设计不同的问题表格。它结合两者的优点,有效避免了单一方法上的不足。总的说来,这种面试的方法有很多优势,具有双向沟通性,面试者可以获得丰富、完整和深入的信息,并且面试可以实现内容结构性和灵活性的结合。所以,半结构化面试越来越得到广泛使用。

**(七) 医药企业人力资源选聘的甄选方法**

人员甄选是综合利用心理学、管理学和人才学等方法,根据岗位需求对应聘者进行测评,从而最终挑选出最符合组织需要的、最为恰当的职位空缺填补者的过程。常用的甄选方法有简历分析、心理测试、评价中心技术等。

1. **简历分析** 是指通过对参与选聘人员的学习、工作经历、背景等工作相关的信息进行分析,从而判断其是否胜任的方法。因此要求简历信息必须全面、真实、与工作相关。

2. **心理测试** 是运用一系列的心理学方法来测量被甄选者的智力水平和个性方面差异的一种

方法,包括人格测试、能力测试、职业兴趣测试等。

(1)人格测试:主要测试人的行为倾向心理特征,用于了解应聘者的情绪、性格、态度、工作动机、品德、价值观等方面,通过个性测验可以寻求应聘者的性格特征和工作要求的匹配度。

(2)能力测试:是针对应聘者在某个或某些方面所具备的能力或潜力的测试,主要反映被测试者针对某项工作或某个岗位是否能够胜任的情况。主要包括身体能力测试和认知能力测试。身体能力测试是对身体协调、运动反应等生理特征的测试;认知能力测试主要是对智商的测试,从而发现被测试者的潜在才能,深入了解其长处和发展倾向。

**案例分析**

### 人员甄选的重要性

**案例:** 某公司是一家生产、销售药品的公司,随着生产业务的扩大,决定在生产部新设立一个岗位,但没有明确的岗位说明书。

部门经理希望从外部招聘合适人员,人力资源发布外部招聘广告后,一周时间内收到了500多份简历,人力资源部首先筛选出50份候选简历,再次筛选后确定了5名候选的应聘人员,生产部门经理最后决定选出两个人进行面试。这两位候选人为张某和王某,在面试过程中,通过与两人的沟通交流和对两人的简历的对比分析,觉得对两人都比较满意,人力资源部通知一周内等待通知。在此期间,张某选择静候等待通知,王某给人力资源部打过几次电话,第一次表示感谢、第二次表示非常愿意从事这份工作。人力资源部将这些情况与生产部门经理沟通后,认为王某对待工作比较积极主动,因此最后决定录用王某。

王某在公司工作一段时间后,公司发现,其工作能力和结果不如预期好,甚至有些不能胜任工作。

**分析:** 本次招聘没有明确的岗位说明书,人力资源部门和部门经理在简历的筛选时,没有明确的对照标准,只是通过主观经验去判断,因此在简历筛选上存在一定的偏差。在面试过程中,未对参加选聘的人员进行必要的能力测试,最后依据工作意愿选择录用王某。因此应当在人员选聘前确定岗位任职要求,按照任职需求进行简历筛选,人员选聘过程中,要进行必要的岗位任职相关测试。

(3)职业兴趣测试:是由美国心理学教授约翰·霍兰德提出的,他认为人的人格类型、兴趣和职业密切相关,并且职业兴趣和人格之间存在很高的相关性。霍兰德理论将职业兴趣分为以下六种类型。

1)现实型:偏好使用具体物体和基本操作性工作,动手能力强,比较适合从事一线具体的,且不怎么与其他人较多交流的工作。例如:医药企业中的仓库分拣作业人员。

2)研究型:考虑问题理性,擅长逻辑和推理,乐于探讨未知领域,喜欢从事创造性的工作,比较适合研发性的工作。例如:医药企业中的生产、物流运营人员。

3)社会型:善于和人交往,注重人际关系和社会责任,渴望发挥自己的社会作用及价值,适合教育性的工作。例如:医药企业中的培训师。

4)企业型:喜欢追求地位、财务和权力,具有领导才能,做事目的性比较明确,适合企业领导或政府官员类工作。例如:医药企业中的高级管理人员、销售人员。

5)艺术型:有创意,具有一定的艺术才能和个性,喜欢模糊的、自由的工作,适合文学创作、艺术创作类工作。例如：医药企业中的品牌策划人员、新媒体运营人员。

6）常规型：喜欢按计划办事，做事有条理，习惯接受他人的指挥和领导，相对谨慎和保守，适合行政类、会计类工作。例如：医药企业中的行政文员、财务会计岗位。

### 课 堂 活 动

1. 如果企业要招聘一名人力资源培训专员，应该选择哪一种职业兴趣类型的人员（　　）

A. 企业型　　B. 艺术型　　C. 社会型　　D. 常规型　　E. 现实型　　F. 研究型

2. 如果企业要选聘一名新媒体撰稿人员，应该选择哪一种职业兴趣类型的人员（　　）

A. 企业型　　B. 艺术型　　C. 社会型　　D. 常规型　　E. 现实型　　F. 研究型

3. **评价中心技术**　是通过创设一种逼真的模拟管理系统和工作场景，将应聘者纳入该环境系统中，使其完成该系统环境下对应的各种工作，面试官通过观察和分析应聘者在模拟的各种情景压力下的心理、行为、表现以及工作绩效，测量评价应聘者的管理能力和潜能等素质。评价中心技术一般使用的具体操作方式有角色扮演、公文筐测试、无领导小组讨论等。角色扮演是根据应聘者可能担任的职务，将其安排在模拟、逼真的工作环境中，由应聘者处理可能出现的问题，对其进行测评的方法。公文筐测试是应聘者在模拟岗位下进行相应的文件处理，并要以书面或者口头的方式说明处理的原则和理由。无领导小组讨论指由一组应聘者组成一个临时工作小组，讨论给定的问题，并作出决策。目的就在于考察应聘者的表现，尤其是看谁会从中脱颖而出，无领导小组讨论采用情景模拟的方式对应聘者进行集体面试，来综合评价应聘者之间的差别。

### 课 堂 活 动

霍兰德将职业兴趣分为哪几种类型？

## 三、医药企业人力资源培训

### （一）医药企业人力资源培训的定义

医药企业人力资源培训是指医药企业为使企业发展目标和员工个人发展目标一致，有计划地组织员工进行学习和训练，目的在于提高员工知识和技能，改善员工态度和行为，增强员工绩效结果。

### （二）医药企业人力资源培训的类型

#### 1. 按照员工在职情况分类

（1）在职培训：是指企业针对已在工作岗位上且从事有酬劳动的员工进行培训。

（2）脱产培训：是指被培训人员脱离直接工作场所，利用原用于工作的时间进行培训。

（3）半脱产培训：是指被培训人员利用原部分工作时间和业余时间进行脱离工作岗位的培训。

#### 2. 按照培训对象和内容分类

（1）入职培训：是指针对新入职员工的培训，一般培训的内容为企业的发展历史、目标和愿景，企业的文化理念和价值观，企业的规章制度，岗位的工作职责要求等。

（2）岗前培训：是指员工在入职后但进入岗位工作之前的培训，一般的培训内容为员工即将从事岗位的工作流程标准、工作操作的注意事项、工作中异常事项的处理方案和应急措施等。

（3）在岗培训：是指对所从事岗位工作的专业知识和技能进行强化的培训，是为了提升员工自身素质和能力，提高岗位工作效率所进行的培训。

（4）管理人员培训：主要是基于管理人员领导能力的培训，培训内容一般为管理知识和技能，包括统筹能力、沟通能力、价值观引导能力等。

### （三）医药企业人力资源培训的流程

医药企业人力资源培训流程见图 6-2。

**图 6-2　医药企业人力资源培训流程图**

**1. 培训需求分析**　产生培训需求的原因一般为法律法规制度的调整和新颁布，岗位工作技能欠缺，工作业绩较差，新技术或新流程的应用，客户服务新需求，新产品出现，调整新岗位，等等。因此要针对不同的培训需求进行分析，以便制订对应的培训方案。

**2. 制订培训计划**　培训计划一般由人力资源部门主导组织，收集各部门的培训草案，然后统一整理成企业的培训计划。培训计划包含的项目有培训内容、培训对象、培训老师、培训方法、培训时间和地点、培训成本和费用。

医药企业具体所使用的八种培训方法是案例分析法、讨论法、带教培训法、网络培训法、角色扮演法、课堂讲授法、工作轮换法和游戏培训法。

**3. 实施培训方案**　企业培训方案的实施应该依照以下的步骤进行：第一步，确定落实培训场所，以及培训需要准备的设施设备等；第二步，准备培训相关资料，包含培训课件、培训时间安排表、培训注意事项告知、培训考核办法等；第三步，签订培训协议，明确双方的权利和义务，法律上的支持和保护等；第四步，制订培训制度，包括培训费用预算、培训管理制度、培训效果评估、培训奖惩制度等。

**4. 评估培训效果**　一般从四个层面对培训效果进行评估。第一层次为反应层面，着重评估受训人员的整体主观感受，一般使用问卷调查、访谈和观察的方式进行；第二层次为学习层面，着重检查受训人员培训前后在知识和技能方面的提高程度，一般使用试题测试、现场模拟、座谈会等方式进行；第三层次为行为层面，着重考察受训人员在培训后的行为习惯是否有改变，一般使用观察法、访谈法、绩效考核法等方式进行；第四层次为结果层面，重点关注受训人员和所属部门或企业的绩效改进情况，并分析绩效变化和培

> **课堂活动**
> 医药企业具体使用的培训方法有几种？分别是什么？

训活动之间的相关程度,一般使用绩效考核结果分析、部门或企业的运营情况分析、投资回报率分析等。

## 四、医药企业人力资源开发

### (一) 医药企业人力资源开发的定义

医药企业人力资源开发是指医药企业在现有的人力资源的基础上,依据企业战略目标、组织结构变化,对人力资源进行调查、分析、规划、调整,提高组织现有的人力资源管理水平和管理效率。

### (二) 医药企业人力资源开发的目标

人力资源开发是一种主动的、系统化的干预,它与战略规划和文化变革紧密相连。与传统的培训发展不同,人力资源开发强调针对具体问题采取逐步实施的相应干预措施。人力资源开发的目标主要围绕能力和态度两个方面进行,即通过开发活动提高人员的知识、技能等工作能力和通过开发活动增强人员工作的积极性。

### (三) 医药企业人力资源开发的原则

人力资源开发应该遵循以下四个基本原则。

1. 既要重视智商方面,也要注重情商方面。

2. 既要能够胜任现在岗位的需求,也要注重员工潜能的激发。

3. 既要使用利益驱动手段,也要进行精神方面的激励。

4. 既要使员工进行专业知识学习,也要针对员工的综合素质进行训练使其提高。

### (四) 医药企业人力资源开发的方法

人力资源开发实质是人力资源培训的目的和延续,是有计划、有步骤、有目的、持续性的培训活动。

人力资源开发一般包含四种具体的操作方法。

1. **工作轮换** 工作轮换是医药企业为了适应复杂多变的经营环境,进行多样化人员储备的一种方法。通过工作岗位轮换,开发员工新的工作兴趣,新的环境适应能力、新的问题处理能力等,从而激发整个企业的组织活力,为企业储备多样化的人才。

2. **专家指导** 专家指导是根据员工知识和技能亟须提升的需求,安排相应领域的专家或带教老师,进行针对性的培训和指导,以便尽快地培养出可胜任该工作的人员。

3. **成立模拟管理组织** 模拟管理组织是面向管理人员管理技能开发的重要手段,即由选拔出来的中层管理人员组成一个模拟的公司管理组织,让其面对目前公司存在的问题进行分析并提出解决方案,让中层管理人员通过分析高层次问题积累决策经验,为被开发者提供全局视角,使其学会从战略高度去思考问题。

4. **执行项目成果研究** 给被开发者提供专项的项目课题,让被开发者作为项目负责人进行项目研究,开发其独立组织、实施项目的能力。

> **课 堂 活 动**
> 医药企业人力资源开发的具体操作方法有哪些?

## 五、医药企业人力资源绩效管理

### （一）人力资源绩效、绩效管理和绩效考核的定义

绩效是指工作的效果和效率，是能够被企业评价的工作行为和结果。

绩效管理是指企业管理者与下属之间就工作目标与如何实现目标达成共识，并通过激励和沟通不断改善下属的工作绩效，从而实现企业战略目标的手段和过程。

绩效考核是指一套结构化的、有明确指标和要求的、正式的制度，用来评价、衡量和反馈员工工作行为、特征和结果，是一种绩效评价的工具。

因此，可以简单理解为绩效是结果，绩效管理是过程，绩效考核是工具。

### （二）人力资源绩效管理和绩效考核的区别

绩效管理和绩效考核是容易被混淆的两个概念，两者主要存在以下六个区别。

1. 绩效管理是一个完整的系统，绩效考核只是这个系统中的一部分。

2. 绩效管理是一个过程，注重过程的管理，而绩效考核只是一个阶段性的总结方法。

3. 绩效管理具有前瞻性，能够有效地规划企业和员工的未来发展，而绩效考核是对过去的回顾总结。

4. 绩效管理有完善的计划、监督、控制的办法和手段，绩效考核只是提取绩效信息的一个手段。

5. 绩效管理注重人员能力的培养，绩效考核只注重过去成果的大小。

6. 绩效管理能建立管理者与员工之间的绩效合作关系，而绩效考核是管理者站在员工对立面的一种监督。

---

**课 堂 活 动**

1. 从角色定位而言，绩效管理和绩效考核两者哪一个与员工是合作关系？哪一个是对立关系？

2. 从时间维度上来看，绩效管理和绩效考核两者哪一个关注的是未来？哪一个关注的是过去？

---

### （三）人力资源绩效管理的特征

人力资源绩效管理应具备的特征如下。

1. **敏感性**　是指可以迅速直接区分高效率人员和低效率人员。

2. **准确性**　是指人力资源的绩效管理要确保企业的战略目标和各岗位的工作标准联系在一起，并根据情况变化及时调整和修改，保持绩效管理的指标准确。

3. **可靠性**　是指无论评价者是否改变，作出的评价结果基本一致。

4. **可接受性**　是指企业所有部门都认可和支持绩效，以确保绩效管理能够成功进行。

**5. 实用性** 是指绩效管理体系的建立和实施成本要小于绩效管理带来的收益才有意义。

## （四）人力资源绩效管理的意义

人力资源管理主要有以下六个方面的意义。

1. 通过制订绩效考核的指标，能让员工的绩效和公司的战略规划建立清晰的联系。

2. 能够确定员工岗位的关键绩效指标（KPI），以便对员工进行针对性的绩效指导。

3. 能够对员工绩效进行跟踪检查，从而进行客观公正的绩效评估。

4. 通过绩效考核及时向员工反馈绩效结果，为员工绩效改进提供指导和帮助。

5. 通过绩效管理，能够激发员工实现主动学习和自我管理。

6. 绩效管理的实施，能为企业更好地进行人力资源规划提供重要的价值信息。

### 知识链接

#### 虚拟化运营绩效管理模式

虚拟化运营绩效管理模式是一种在阿米巴经营管理理念下的绩效管理方式。

重点聚焦员工的绩效结果考核，再通过考核结果激发员工绩效改善的思想认知和行为方式，从而推动绩效管理目标的实现。

在这种绩效管理模式下，每一个员工都是独立的最小绩效单元，员工的所有贡献都量化成绩效数值加分项，员工花费的所有成本、工作失误等负向贡献都量化成绩效数值的减分项，同时由管理人员组成付费绩效咨询小组提供有偿服务。员工为获取更高的得分，会积极主动同咨询小组沟通得分少或扣分项目的具体情况，如果需要咨询小组提供优化方案，则需要进行付费，付费计为花费成本。通过引导员工自发进行绩效分析，带着问题需求解决方案的这种方式，可使绩效管理更顺畅、更高效。

### （五）人力资源绩效管理的核心

1. 绩效管理是人力资源管理的核心。

2. 绩效管理的核心目标是绩效改进。

3. 绩效管理的核心手段是绩效沟通。

4. 绩效管理的核心关注点是既有过程也有结果。

5. 绩效管理的核心人员是全员参与。

### 案例分析

#### 某企业的虚拟化部门经营解决工作推诿现象

**案例：**某大健康产业集团是一家主要从事中西药、化妆品、医疗器械及保健食品的批发销售和物流配送服务的集团公司。近几年，该公司借助外部市场的有利条件和公司自身的优势，迅速发展，在国内医药流通领域获得了一定的知名度。

该集团公司主营业务涉及批发销售和物流配送两个板块，分别设置业务总经理，各业务部门向分管总经理汇报工作，各岗位按照制订的考核指标完成数量进行绩效考核。在公司高速发展的情况下，一些管理问题逐渐暴露出来，例如，员工／部门之间相互推卸责任、技术人员流动频繁、部分人员不能胜任岗位要求、业务人员工作积极性逐渐下降等。

公司在进行调研后,发现员工不愿接受非考核指标内的工作任务,不愿花费时间精力学习新工作内容的技能知识等。为此,公司进行了绩效管理改革,所有部门为虚拟化的独立运营单元,所有工作项目进行内部虚拟定价结算,各部门、各岗位按照虚拟经营数据变化进行考核。改革后,员工/部门之间的推诿现象消失了,员工主动为提高绩效不断学习进步,并开始积极主动承揽更多的工作,努力提升自己的工作业绩。

**分析:** 公司将各部门划分为虚拟化经营单元后,主观认识上从为公司工作变成为自己工作,具体行动上变为全力以赴以提升工作业绩。员工为能够提供更多服务价值,主动学习,提升工作技能。这次调整让所有员工都具备了"老板"思维,将被动考核变成了主动协作。

### (六)人力资源绩效管理的原则

人力资源的绩效管理需要把握六个原则。

**1. 权责一致原则** 各项绩效指标的作用在于监控和考核相关的业务流程及其所对应的工作岗位,绩效管理必须要达到企业战略清晰化、部门智能规范化、岗位职责细致化和业务流程合理化等目标。因此,绩效考核首先要明确考核对象,对考核对象所承担的责任和赋予的权力要明确界定,要遵循权责一致的原则。

**2. 量化考核原则** 绩效管理中的考核要以客观、量化的指标为依据,避免因考评者的主观意愿造成考核的不公平和不合理,需要量化考核的指标主要包括公司关键业绩指标、部门工作任务指标、日常工作流程指标等。

**3. 兼顾公平原则** 需要合理地设置考核权重,保持个人绩效和团队绩效考核方向的一致性,同时要相对准确地体现团队中每个员工个人的绩效,要实现拉开差距、激励先进、相对公平。

**4. 有效沟通原则** 绩效沟通是绩效管理的关键环节,管理者要在思想认识、知识学习、技能提升等多个方面与员工进行沟通,实施绩效管理的全过程跟踪。

**5. 全员参与原则** 全员参与原则是绩效管理提升执行力的关键,从企业高层到基层的每位员工,都有参与绩效管理的责任。

**6. 注重实效原则** 持续的绩效改进是绩效管理的根本意义所在,绩效管理须与员工的薪酬挂钩,绩效管理须达到奖优罚劣,激励先进,绩效管理须与员工的成长发展相互关联。

### (七)人力资源绩效管理的流程

人力资源绩效管理的流程是一个 PDCA 循环过程,它由四个步骤组成,包含:绩效计划(P)、绩效执行(D)、绩效评估(C)和绩效应用(A),通过这个工具,可以帮助企业不断优化绩效,提高员工的工作效率和绩效。

**1. 绩效计划** 绩效计划是绩效管理的起点,是绩效管理实施的基础,是确定企业对员工绩效期望并得到员工认可的过程。包含的关键因素为绩效期望和员工认可。绩效期望是期望员工要达到的结果,以及达到该结果应该表现出来的行为和技能;员工认可是指员工要参与其中,着重要参与制订绩效计划的目标。绩效计划制订的合理性,将会直接影响绩效管理整体实施效果。绩效计划分为工作计划和绩效指标,在企业管理中,主要体现为绩效指标,因此企业中的绩效计划内容主要包含六个确定,分别是确定绩效考核目标(考核什么),确定绩效考核周期(什么时间来考核),确定绩效考核主体(谁来考核),确定绩效考核信息(从哪里获取考核的数据和信息来源),确定绩效考核办法(怎样考核),确定绩效考核约定(达成一致)。

**2. 绩效执行** 绩效执行是绩效管理的主要环节,是根据绩效计划对员工绩效指标进行考核的过程。绩效考核常用的四大绩效管理工具为关键绩效指标(KPI)、平衡记分卡(BSC)、目标管理(MBO)和标杆管理。

(1)关键绩效指标:其理论基础是二八法则,因此,在绩效管理的应用中,只要重点关注约占20%的重要因素,即可实现绩效管理的目标。

知识链接

### 二八法则

二八法则又叫帕累托法则,也被称为80/20法则、关键少数法则、八二法则。它是20世纪意大利统计学家、经济学家维尔弗雷多·帕累托提出的,他指出:在任何特定群体中,重要的因素通常只占少数,约20%,而不重要的因素则占多数,约80%,因此只要能控制具有重要性的少数因素即能控制全局。这个原理经过多年的演化,已变成当今管理学界所熟知的二八法则——即80%的公司利润来自20%的重要客户,其余20%的利润则来自80%的普通客户。

帕累托法则起源于犹太人提出的"78:22"的宇宙法则,犹太人认为,世界上许多的事务,都是按照78:22的比率存在的。如空气中,氮气约占78%,氧气约占21%(其他气体和杂质约占1%);人体中的水分约占78%,其他约占22%;等等。后来,维尔弗雷多·帕累托经过观察验证,当年意大利20%的人口确实拥有80%的财产,从此推论"二八法则"确实存在。

关键绩效指标是对企业战略目标的分解,是连接企业和个人绩效的桥梁,其只关注关键的经营活动或指标,且需随着企业战略目标的变化而不断调整。关键绩效在设计时必须贯彻企业的战略核心,相同类型岗位的指标必须保持一致且数量不能过多。

关键绩效指标需要遵守"SMART"原则,S代表具体(specific),指绩效改进要切中特定的工作指标,不能笼统;M代表可度量(measurable),指绩效改进是数量化或者行为化的,验证这些绩效指标的数据或者信息是可以获得的;A代表可实现(attainable),指绩效指标在付出努力的情况下可以实现,避免设立过高或过低的目标;R代表相关性(relevant),指绩效指标是实实在在的,可以证明和观察,绩效指标是与本职工作相关联的;T代表有时限(time-bound),注重完成绩效指标的特定期限。

关键绩效指标能够将企业的战略目标和个人的发展目标很好地结合,按照自上而下的方式确定各个层级的绩效目标,但是并不适合所有的岗位,如难以量化的知识型岗位。

(2)平衡记分卡:平衡记分卡是帮助企业建立长远发展规划,将企业战略落实为可操作的衡量指标和目标值的一种绩效管理办法。

平衡记分卡主要从财务、客户、内部流程、学习和发展四个维度来进行考核。

1)财务维度:主要反映企业的经营结果,具体指标包括企业的营利情况、产品的销售额及利润情况、现金流状况、资金成本和资金收益等等，是其他维度的出发点和落脚点。

2）客户维度：主要反映客户依赖度和客户黏性，具体指标包括医药销售、配送服务及售后的满意度，产品质量情况，销售市场的覆盖情况，等等。

3）内部流程维度：是四个维度中的关键一环，是企业在医药行业中获得竞争优势的决定性因素，具体指标包括生产流程、销售业务、物流配送等各个环节的操作流程和操作标准，是企业运行效率的保障。

4）学习和发展维度：是企业成长的重要指标，是企业未来发展的依托，具体指标包括医药研发人员、生产人员、销售人员、物流人员的专业素质和学习能力，服务的专业化程度，信息系统的综合化程度，以及市场环境变化时的应变能力等。

平衡记分卡从企业的战略层面平衡了四个维度之间的因果关系，提高了企业发展的协调性，但是需要耗费大量的人力、物力和财力，实施成本较高。

（3）目标管理：目标管理是以成果为导向，经企业全员参与、上下级协商，依照企业战略规划制订总目标，并分解成若干对应到部门或个人的小目标，并将这些小目标作为绩效考核的过程。

在医药企业中，目标管理首先要确定医药产品的市场定位、渠道定位、销售模式定位等；然后根据不同的定位制订相应绩效考核指标，如销售额完成率、利润额完成率、市场覆盖率、客户复购率、销售利润率等；同时确定运营中的过程管理，如业务人员的推广管理、销售内勤的订单管理、物流人员的配送管理等；最后根据完成的实际结果对比制订的考核目标，并找出未达标或者超标完成的原因，然后进行目标的调整和管理过程的优化改进。

目标管理能够激发员工的自觉性，相比关键绩效指标和平衡记分卡更容易操作，但是要求员工高度自觉，容易聚焦于短期目标。

（4）标杆管理：标杆管理是选取行业内的一流企业作为标杆，将本企业在产品、服务、管理方面的实际情况和标杆企业进行对比，分析标杆企业优秀的原因，然后不断学习、借鉴，从而赶超标杆企业的过程。标杆管理的实质就是模仿和学习，并且最后完成超越的过程。

**3. 绩效评估** 绩效评估是企业管理者和员工之间的一项管理沟通活动，是通过一定的方法来评定员工的工作行为和工作成果。目前医药企业采用的绩效评估方法主要有比较法、量表法和描述法。

（1）比较法：比较法是将员工的绩效和其他同岗位或同级别人员进行比较，从而对员工绩效进行评估，比较法在实际应用中主要有三种形式，具体如下。

1）排序比较法：排序比较法是将进行绩效评估的员工按照从高到低或者从低到高进行排列比较的方法，有简单的排序比较法和交替排序比较法两种操作。简单排序比较法是对所有参与绩效评估的员工按照既定顺序进行逐一排序。交替排序比较法是先评估出绩效最好的一名员工，再找出绩效最差的一名员工，在剩下的员工中再找绩效第二好的员工，绩效倒数第二的员工，以此类推，直至将所有人员全部排序。

2）配对比较法：配对比较法是将要进行绩效评估的员工与其他员工进行两两配对比较，然后对每对的优胜者进行加分,依照最终的得分情况对员工进行绩效评估。

3)强制分布法:强制分布法是将参与绩效评估的员工按照一定的限制比例划分为不同等级,然后将员工按照绩效评估结果列入某一等级。

(2)量表法:量表法是根据评估的角度,按照预先设定的标准化量表对员工进行绩效评估,量表法在实际应用中主要有三种形式,具体如下。

1)图尺度量表法:图尺度量表法是通过将一定的分数或比重分配到各个绩效评价指标上,使每项评价指标都有一个权重,再根据员工在各个评价指标上的表现情况,对照标准进行打分,所有绩效评价指标的总分为最终的绩效评价结果。

2)行为锚定量表法:行为锚定量表法是先设计包含关键行为的等级性评分量表,再根据员工的行为情况对应该量表进行对号入座,旨在通过具体可衡量的工作行为来评估员工绩效。

3)行为观察量表法:行为观察量表法是将观察到的员工每个工作特定行为出现的频次同标准行为频次进行比较后评分,然后将所有工作特定行为得分相加来评估员工绩效。

(3)描述法:描述法是用叙述性文字描述促进绩效的关键事件或影响绩效的不良事故等,然后依据此描述标准对员工进行绩效评估,描述法在实际应用中主要有两种形式,具体如下。

1)不良事故评估法:不良事故评估法是根据员工工作中出现的不良事故情况,采用扣分的方式对员工进行绩效评估,该评估方式主要应用在工作失误会造成重大损失的岗位。

2)关键事件法:关键事件法是对员工工作中直接影响绩效优劣的重大行为进行记录,再对比员工在一定周期内的行为表现情况进行绩效评价。

**4. 绩效应用** 绩效应用主要表现在两个方面,一是价值评价,作为员工奖惩、调迁、薪酬的执行依据;二是绩效改进,为员工的绩效持续提升提供明确的方向。绩效应用是绩效管理的最后一个环节,也是非常关键的环节,必须要严格落实,才能确保企业的绩效管理真正发挥作用。绩效应用要以满足员工的职业发展为宗旨,以高效实用为目标,有目的、有计划地进行,实现企业战略和员工个人发展的高度统一。

---

**课 堂 活 动**

1. 绩效管理和绩效考核的区别有哪些?
2. 绩效管理的 PDCA 分别是什么?
3. 绩效考核常用的几种管理工具是什么?

---

## 六、医药企业人力资源薪酬管理

### (一)薪酬的定义

薪酬是指企业对员工所作的贡献,包括员工的绩效、付出的时间、努力、技能、经验与创造等而提供的回报,既包括经济收入和福利等有形收入,也包括工作环境、培训和晋升等无形收入。

## （二）医药企业薪酬的构成

医药企业的薪酬构成一般包括基本薪酬、绩效薪酬、奖金、福利和服务等。基本薪酬的制订一般依据社会的薪资水平、医药行业的薪资水平、岗位人员的知识和技能水平、岗位在企业中的重要性。绩效薪酬属于可变薪酬，是对过去工作行为和已取得成就的认可，往往随业绩的变化而调整，通过绩效提高员工工作的积极性和主动性。奖金是对超额劳动所支付的报酬，奖金是根据按劳分配的原则，对员工薪酬收入的补充。福利和服务等属于间接薪酬，是薪酬构成的重要组成部分。

## （三）医药企业常见的薪酬类型

**1. 股权激励**　股权激励是上市医药企业采用的一种薪酬类型，一般分为股票期权、股票增值权和限制性股票三种方式。

**2. 业务类薪酬**　业务类薪酬主要是以结果为导向的薪酬类型，一般分为纯佣金制、基本工资加佣金制、基本工资加奖金制、基本工资加佣金加奖金制四种方式。医药企业中，业务类薪酬主要是面向在企业中担负具体的、专项的经济任务的人员，具体包含按照销售业绩计发薪资的产品销售员工和按照物流业绩计发薪资的储运员工等。

**3. 技术类岗位薪酬**　技术类岗位薪酬一般是指具备专业技术能力，为主要业务进行保障或服务岗位的薪酬类型，例如需要创新的研发类人员，需要控制经营风险的法务类或质量类人员，需要具备一定专业知识的人力资源或财务类人员等。技术类岗位的薪酬结构一般采用基本薪酬、技能等级加薪、奖金及其他关乎技能提升的福利。

## （四）医药企业的薪酬管理内容

**1. 薪酬目标**　薪酬目标是薪酬管理的灵魂，薪酬要支持企业的战略发展，管理者要多站在员工的角度思考，多满足员工的心理需求，让员工的个人行为与企业的战略保持高度一致。

**2. 薪酬水平**　薪酬水平是指企业所在区域和行业内部的薪资行情，是企业吸纳人才的竞争力的体现。

**3. 薪酬体系**　薪酬体系是薪酬的构成和分配方式的综合，是薪酬管理能够顺利实施的保障，它决定薪酬管理的其他内容的确定。

**4. 薪酬结构**　薪酬结构是指企业中各个岗位或工作之间的薪酬水平的比例关系，包括薪酬差异的相对比值和绝对数值，同时也是薪酬的固定部分和浮动部分的比例体现。

**5. 薪酬制度**　薪酬制度是企业人力资源管理制度的重要组成部分，是一个企业薪酬实施的具体规范、执行步骤、激励流程等。

## （五）医药企业的薪酬管理原则

薪酬管理的目标是要实现企业管理的公平性、有效性及合法性，是一个企业实现战略目标的重要保障，因此在设计和实施中应遵循以下的原则。

**1. 合法性原则**　薪酬管理要求薪酬制度符合国家法律和政策的规定，这是薪酬管理的基本原则。

**2. 补偿性原则**　薪酬管理要求补偿员工恢复工作精力所必需的衣、食、住、行费用以及补偿员工为获得工作能力和身体发育所先行付出的费用。

**3. 公平性原则**　薪酬管理要求薪酬分配全面考虑员工的绩效、能力、劳动程度以及相应的责任等因素，考虑外部竞争性、内部一致性要求，达到薪酬的内部公平、外部公平和个人公平。

**4. 透明性原则**　薪酬管理要求薪酬方案要公开、透明。

**5. 激励性原则**　薪酬管理要求薪酬与员工的贡献相挂钩，通过动态工资和奖金等激励性工资单元的设计激发员工工作积极性，并设计和开放不同薪酬通道，使不同岗位的员工有同等的晋级机会。

**6. 竞争性原则**　薪酬管理要求薪酬有利于吸引和留住人才，做到在区域和行业之间具有较强的外部竞争力。

**7. 经济性原则**　薪酬管理要求比较投入和产出的效益，同时要在企业可承受的范围内进行，薪酬水平应与企业的财务水平相适应。

**8. 方便性原则**　薪酬管理要求内容简洁明确，计算方法简单和管理手续简便，以便实现及时、准确的核算和发放。

### （六）医药企业的薪酬管理策略

企业薪酬管理策略的制订要从企业的战略目标出发，企业的战略目标分为发展战略和竞争战略，因此企业的薪酬管理策略也应从这两个方面进行制订。

1. 医药企业根据不同发展战略，将薪酬管理策略的制订分为三种类型。

(1)成长战略：成长战略分为内部成长战略和外部成长战略，内部成长战略是通过整合内部资源和优势，实现自身的增强和扩张。外部成长战略是通过外部兼并、联合、收购等外部资源整合方式，扩展企业资源和增强企业市场地位。成长战略要求的薪酬策略是在短期内实行较低固定薪酬，采用奖金或股权激励计划等，使员工长期能够获得较丰厚的回报。

(2)稳定战略：稳定战略是强调市场占有份额或者运营成本的战略，企业处于较稳定的发展环境，增长率不是很高，对薪酬的内部一致性、管理的连续性和标准化要求比较高。

稳定战略要求的薪酬策略是稳定的基本薪酬和福利所占比重较大，薪酬水平一般持平或略高于市场水平，但是长期薪酬的增长幅度较小。

(3)收缩战略：收缩战略一般是在面临困难而要缩减部分业务的企业采用，经常会和裁员、剥离、清算等相关联。收缩战略要求的薪酬策略是设置较低的固定薪酬，员工的主要薪酬收入与业绩挂钩，鼓励员工与企业共担风险，共享收益。

2. 医药企业根据不同竞争战略，将薪酬管理策略的制订分为三种类型。

(1)成本领先战略：成本领先战略是指企业在产品或者服务大致相同的情况下，以低于竞争对手的价格提供产品或服务的一种竞争战略。因此，该类型企业注重效率，追求用较低成本做更多事情。成本领先战略要求的薪酬策略比较关注竞争对手的薪酬水平，而且会适当降低固定薪酬的比重，加大浮动薪酬的比重。

(2)创新战略：创新战略是指企业比较强调客户的满意度和个性化需要，较多地充当市场的领袖地位。创新战略要求薪酬策略可吸引能力较强、勇于创新的人员，因此薪酬水平一般会高于市场水平,并且针对创新要给予足够的激励和报酬。

(3)客户中心战略:客户中心战略是通过提高对客户的服务质量和效率赢得竞争,倡导员工不但要满足客户需求,还要发现客户的潜在需求并予以满足。客户中心战略要求的薪酬策略通常以员工的服务能力作为基本薪酬,以给客户提供的服务数量和质量作为激励薪酬。

### (七) 医药企业的薪酬体系设计流程

**1. 薪酬调查**　薪酬调查是薪酬体系设计中重要的组成部分,主要解决薪酬的对外竞争力和对外公平性的问题。医药企业首先要对市场上竞争对手或同类企业的各个岗位进行分类、汇总和统计分析,从而达到以合理的成本吸引人员的目的。调查的方式一般有查询相关机构发布的薪酬调查报告和委托专业机构进行调查两种方式。

**2. 确定薪酬原则和策略**　薪酬原则和策略的确定是薪酬后续设计的前提,在充分了解企业薪酬现状的前提下,确定薪酬的分配和原则。医药企业参照行业特性,确定不同层次、不同类别人员收入差次的标准,以及薪酬的构成和各部分比例情况等。

**3. 职位分析**　职位分析是薪酬设计的基础工作。医药企业首先要结合企业的经营目标,对业务和人员进行分析,明确部门职能和职位关系,然后进行岗位职责调查分析,最后由岗位员工上级、本人及人力资源部共同完成岗位说明书的编写。

**4. 岗位评价**　岗位评价主要解决岗位薪酬对企业内部的公平性问题。医药企业首先应通过比较各个岗位对企业内部的相对重要性,得出职位相对序列,然后结合自身的实际情况,采用恰当的方法进行评价。

**5. 薪酬类别确定**　根据企业的实际情况和未来发展的战略要求,对不同类型的人员应当采用不同类别的薪酬。医药企业要针对企业高管、中层管理人员、市场业务人员、一线操作人员以及急需的技术性人才等,采取不同的薪酬设计类别。

**6. 薪酬结构设计**　薪酬结构是反映企业战略关注点的主要因素,不同的战略关注点就会形成不同的薪酬结构。医药企业在设计薪酬结构时,要关注职位在企业中的层级、岗位在企业中的重要程度、岗位员工的技能和资历、岗位的绩效等,关注度不同就会使设计的薪酬结构不同。

---

### 案例分析

#### 薪酬体系设置对公司发展影响的重要性

**案例:**某医药公司主要经营医疗产品,包括一次性、高科技产品,针对切口、烧伤、溃疡、骨科专用的产品,输液留置贴等全科室使用的医疗产品,该企业具有独立自主研发的发明专利和实用新型专利十余项,产品的技术含量处于行业领先地位,销售主要渠道为三甲医院和二甲医院。

目前公司没有完善的定薪机制和调薪机制,尤其是针对研发类和管理类人员,定薪主要靠领导的随机判断,调薪靠领导的临时特批,随着公司团队的不断壮大和人员的不断增加,出现了有的员工开始混日子、熬资历,有的员工因定薪不满意而离职,有的员工采取离职威胁的手段要求涨薪,这种现象给公司带来较大的负面影响,形成不公平的企业氛围,对公司的进一步发展产生严重影响。

**分析:**该公司没有完善的定薪和调薪机制,导致员工的工作积极性不高,严重影响了公司的进一步发展。因此公司应该按照岗位类型设置薪酬,公司可以将岗位分成四种类型:研发型、管理型、生产型和销售型。再根据不同岗位类型分别设置明确的定薪和调薪机制,使公司内部形成公平、良性的竞争氛围,促进公司的发展。

---

**点滴积累**

1. 人力资源规划需求预测常用的方法是两种定性分析法和四种定量分析法。
2. 医药企业人力资源选聘面试的组织形式有三种,分别为结构化面试、非结构化面试和半结构化面试。
3. 人力资源培训包括四个环节,分别是培训需求分析、制订培训计划、实施培训方案、评估培训效果。
4. 平衡记分卡主要从财务、客户、内部流程、学习和发展四个维度来进行考核。
5. 医药企业薪酬管理内容有五种,分别是薪酬目标、薪酬水平、薪酬体系、薪酬结构和薪酬制度。

## 实训六　医药企业人力资源选聘实训

### 一、实训目的

使学生初步掌握医药企业人员选聘的基本流程和方法。

### 二、实训要求

1. 将学生分成两大组,其中一组为招聘组,另一组为应聘组。
2. 提前一周布置任务,要求学生完成并发布招聘广告或者准备简历。
3. 课堂模拟招聘和应聘。
4. 进行角色互换。

### 三、实训内容

教师提前一周列出五个企业的背景资料,学生根据背景资料撰写招聘广告和应聘资料。

### 四、实训评价

1. 小组成员都能积极参与讨论,得分5分。参与度低的,酌情扣分。

2. 能根据背景资料写出招聘广告,内容包括职位名称、公司简介、工作职责、任职要求、薪资待遇等。优秀 5 分,良好 4 分,及格 3 分。

3. 简历简洁明了、能清晰准确地描述职业规划。优秀 5 分,良好 4 分,及格 3 分。

4. 着装得体大方、仪容仪表整洁。优秀 5 分,良好 4 分,及格 3 分。

习题

## 目标检测

### 一、简答题

1. 人力资源管理包含哪些内容?

2. 人力资源需求的预测方法有哪些?

3. 人力资源内部供给的预测方法有哪些?

4. 在人力资源绩效管理中,绩效考核常用的工具有哪些?

### 二、案例分析题

#### 医药企业绩效考核

某民营医药流通公司主要从事药品、医疗器械和保健食品的销售与物流配送服务,主要业务部门有销售部门和配送部门,在这两个部门员工的绩效考核指标制订过程中,公司对比国内医药流通领域的龙头企业,分析龙头企业存在的优势,学习并参照龙头企业的绩效管理模式,确定从经营业绩、客户群体、内部管理和团队成长几个方面制订考核指标。为此,公司专门成立了绩效管理小组,公司总经理亲自挂帅,人力资源部门、财务部门、运营部门、客户服务部门、销售部门和配送部门的负责人参与,历时 3 个月时间,最终完成了绩效考核指标的制订,较为完善地将公司的战略目标分解成可衡量的员工工作指标。

请思考并回答以下问题:

1. 该企业在绩效管理中运用了哪几种管理工具?

2. 结合案例分析,该企业在制订具体的绩效考核指标时,采用的绩效管理工具具有哪些优缺点?

(杨赞辉)

# 第七章 医药企业财务管理

## 学习目标

1. **掌握** 医药企业财务管理的概念、基本内容；医药企业财务分析的含义。
2. **熟悉** 医药企业财务管理目标；医药企业投资的类型。
3. **了解** 资产负债率、流动比率、速动比率、应收账款周转速度、存货周转速度、销售毛利率、销售净利率、成本费用率各指标的简单分析方法。

## 导学情景

**情景描述：**

　　某企业是一家在我国率先研发、生产和销售抗肿瘤药物的医药公司。该企业成立于 2005 年，以创新药物研发为核心，拥有一支强大的研发团队，并与国内外多家知名医药企业合作，致力于为患者提供高质量的治疗方案。

　　该企业 2022 年财务指标具体如下。

　　1. **营业收入**　实现营业收入 100 亿元，比上年增长了 20%，主要得益于公司产品线的扩展和销售渠道的拓展。

　　2. **净利润**　实现净利润 20 亿元，比上年增长了 25%，主要得益于公司产品的高毛利率和有效的成本控制。

　　3. **资产负债率**　资产负债率为 30%，比上年下降了 5%。主要得益于公司的良好资金管理和有效的债务控制。

　　4. **现金流量**　经营活动现金流量净额为 10 亿元，比上年增长了 15%。主要得益于公司产品销售的增长和良好的应收账款管理。

**学前导语：**

　　该企业作为一家在我国率先研发抗肿瘤药物的公司，在财务指标、竞争分析和发展前景等方面表现出色。公司稳步增长的营业收入和净利润，以及良好的资产负债率和现金流量状况，为公司的健康发展打下了良好的基础。

## 第一节　医药企业财务管理总论

### 一、财务管理概述

财务管理是在一定的整体目标下,关于资产的购置(投资)、资本的融通(筹资)、经营中现金流量(营运资金)以及利润分配的管理。财务管理是企业管理的重要组成部分,它是根据财经法规制度,按照财务管理的原则,以货币为主要计量单位,对企业一定时期的资金运动进行预测、决策、计划、控制、考核、分析和评价,并通过企业的生产经营活动实现资金价值的一种管理活动。简单地说,财务管理是组织企业财务活动,处理财务关系的一项经济管理工作。

企业财务指企业在生产过程中的价值运动,它常常表现为企业资金的获得、使用、耗费、分配等一系列活动。实质是在生产过程中资金运动所体现的企业与各方面的经济关系,具体如下。

(1)企业与政府之间的财务关系:政府作为行政管理者,担负着维护社会正常秩序,保卫国家安全、组织和管理社会活动等任务。为完成这一任务,政府必然无偿参与企业利润的分配,企业则必然按照国家税法规定缴纳各种税款。这种关系体现为一种强制和无偿的分配关系。

包括:①企业与国家财政之间的缴款、拨款关系;②企业与主管部门之间的资金调拨关系;③企业与国家银行之间的存款、贷款关系。

(2)企业与投资人之间的财务关系:是指企业的所有者向企业投入资本形成的所有权关系。企业的所有者主要有国家、个人和法人单位,具体表现为独资、控股和参股关系。企业作为独立的经营实体,独立经营,自负盈亏,实现所有者资本的保值与增值。所有者以出资人的身份参与企业税后利润的分配,体现为所有权性质的投资与受资关系。

(3)企业与债权人之间的财务关系:是指债权人贷给企业资金,企业按借款合同的规定按时支付利息和归还本金所形成的经济关系。企业的债权人主要有金融机构、企业和个人。企业与债权人的财务关系在性质上属于债务与债权关系。

(4)企业与其他单位之间的财务关系:是指企业与企业,企业与其他非企业单位之间相互提供产品或劳务而发生的货币资金结算关系。其实质体现了单位之间的商品等价关系。

(5)企业内部各部门之间的财务关系:是指企业厂部与各管理部门以及企业供、产、销各环节之间在资金占用、耗费上的核算关系。体现了企业各部门与各级单位之间在厂部领导下的分工和合作关系。也是企业责、权、利在各环节之间的反映。

(6)企业与职工之间的财务关系:是指企业向职工支付劳动报酬过程中所形成的经济关系。职工是企业的劳动者,他们以自身提供的劳动作为参加企业分配的依据。企业根据劳动者的劳动情况,用其收入向职工支付工资、津贴和奖金,并按规定提取公积金等,体现了职工个人和集体在劳动成果上的分配关系。

## 二、财务管理的内容

财务管理是为了达到企业利润最大化和股东权益最大化而进行的决策和计划活动。主要包括筹资管理、投资管理、营运资金管理和利润(股利)分配管理四个方面,贯穿于企业生产经营活动的全过程。

**1. 筹资管理**　是指企业在资金筹集和使用过程中,为了实现财务目标,合理利用各种资金来源,协调各种资金的供求关系,保证资本结构和资本运营的合理配置,以实现企业价值最大化目标的一项财务管理活动。

**2. 投资管理**　是指为实现企业生产经营目标,对各种投资活动进行预测、决策、计划、组织、协调与控制,以最大限度地实现投资效益最大化的一项管理活动。

**3. 营运资金管理**　是指运用各种科学的方法,对企业的营运资金进行分析、规划和控制,以保证企业正常的生产经营活动顺利进行的管理工作,包括营运资金的筹集与分配、营运资金的使用与控制、营运资金的管理。

**4. 利润(股利)分配管理**　是指根据企业财务状况和现金流量等情况,结合企业股利分配政策和法规,对股利的分配数量和形式进行管理的过程。通过制订科学合理的股利政策,充分利用企业留存收益,尽可能地保持企业税后利润的稳定增长,确保股东财富最大化目标的实现,以实现资本保值增值。

> **课堂活动**
> 请说明财务管理的概念,以及其包括哪些内容。

## 三、财务管理的目标

财务管理的目标又称企业理财目标,是企业进行财务活动所要达到的根本目的,决定着企业财务管理的基本方向,是企业财务管理工作的出发点。企业财务管理的基本目标包括企业产值最大化、企业利润最大化、股东财富最大化、企业价值最大化、相关者利益最大化。

**1. 企业产值最大化**　是指在传统的高集中管理模式下,企业的财产所有权和经营权高度集中。企业的主要任务是在完成该指标的过程中,完成预定的产值指标,实现生产目标。

**2. 企业利润最大化**　利润是衡量医药企业经济效益、经营成果的一个重要指标,经营获利是企业生存和发展的必要条件和基本追求。企业资金筹集、使用、成本控制的目的就是获得必要资金、提高资产使用效率、控制成本耗费以达到利润最大化。

**3. 股东财富最大化**　是指公司通过合法经营,采取有效的经营和财务策略,使公司股东财富达到最大化。股东财富就是股东所持有股票的价值,通常按照股东持有的股份乘以股票的市场价格来确定。

**4. 企业价值最大化**　是指通过财务上的合理经营,采取最优的财务政策,充分利用资金的时间价值和风险与报酬的关系,在保证企业长期稳定发展的基础上,使企业总价值达到最大。其基本思想是将企业长期稳定发展摆在首位,强调在企业价值增长中满足各方利益关系。

**5. 相关者利益最大化** 是指追求与企业利益相关的各方利益最大化。包括企业所有者、债权人、员工、企业经营者、客户、供应商和政府等。

---

**点滴积累**

1. 财务管理是在一定的整体目标下,关于资产的购置(投资)、资本的融通(筹资)、经营中现金流量(营运资金)以及利润分配的管理。
2. 财务管理主要包括筹资管理、投资管理、营运资金管理和利润(股利)分配管理四个方面。
3. 企业财务管理基本目标包括企业产值最大化、企业利润最大化、股东财富最大化、企业价值最大化、相关者利益最大化。

---

## 第二节　医药企业投资管理

### 一、医药企业投资管理概述

投资管理是指企业根据自身战略发展规划,以企业价值最大化为目标,对资金投入营运进行的管理活动。医药企业投资管理是针对企业的各项投资进行的管理活动,是企业财务管理的重要组成部分,企业投资的直接目的是提高企业的市场竞争力,通过投资进行计划、组织、控制等管理活动以达到获得最大经济效益的目的。

### 二、医药企业投资的分类

#### (一) 按投资期限分类

按投资期限分为短期投资和长期投资。短期投资又称为流动资产投资,是指在一年内可收回的投资,主要包括现金、应收款项、存货以及准备在短期内变现的有价证券。长期投资是指一年以上才能收回的投资,主要包括机器、设备、厂房等固定资产的投资,也包括准备长期持有的有价证券投资以及对无形资产的投资。

#### (二) 按投资范围分类

按投资范围分为对内投资和对外投资。对内投资又称为内部投资,是指企业为了保证生产经营活动的正常进行和规模的扩大,将资金投在企业内部,购置企业生产经营所需各种资产的投资活动。对外投资是指企业将资金投向外部实体,通过股权或债权形式获取收益,而非直接用于自身生产经营。

### (三) 按投资与企业生产经营的关系分类

按投资与企业生产经营的关系分为直接投资和间接投资。直接投资指投资者直接开厂设店从事经营,或者投资购买企业相当数量的股份,从而对该企业具有经营上的控制权的投资方式。间接投资又称证券投资,是指投资者以其资本购买公司债券、金融债券或公司股票等各种有价证券,以预期获取一定收益的投资。

### (四) 按投资的风险程度分类

按投资的风险程度分为确定型投资和风险型投资。确定型投资是指未来情况可以较为准确预测的投资。由于风险小,未来收益较为确定,因而企业在进行此类投资决策时,可以不考虑风险问题。风险型投资是指未来情况不确定,难以准确预测的投资。由于风险大,未来收益不确定,企业在进行此类决策时,应充分考虑投资的风险问题,采用科学的分析方法,以作出正确的投资决策。企业的大多数战略性投资均属于风险投资。

### (五) 按投资方案是否相关分类

按投资方案是否相关分为独立投资和互斥投资。独立投资又称单独投资,指只有一个投资主体(可以是政府、企业和个人),没有其他人参与的投资方式。投资者独立承担投资风险、分享投资收益。独立投资适合于周期短、投资较少的项目。互斥投资又称不相容投资,是指采纳或放弃某一投资,会显著影响其他投资的投资类型。

### (六) 按对未来的影响程度分类

按对未来的影响程度分为战略性投资和战术性投资。战略性投资是指对企业全局及未来有重大影响的投资。战术性投资是指不影响企业全局和前途的投资。

> **课 堂 活 动**
>
> 列举医药企业投资的分类。

## 三、投资项目财务评价指标

投资项目财务评价指标包括投资报酬率、投资回收期、资本回报率和内部收益率,可用于准确地评价投资者的投资收益,监督投资项目的效果,改善投资活动的效率。

### (一) 投资报酬率

投资报酬率是指通过投资而应返回的价值,即企业从一项投资活动中得到的经济回报,即投资者的期望收益与投资金额的比率。

### (二) 投资回收期

投资回收期又称投资回收年限,投资项目投产后获得的收益总额达到该投资项目投入的投资总额所需要的时间(年限)。

### (三) 资本回报率

资本回报率是指投出或使用资金与相关回报（回报通常表现为获取的利息或分得的利润）的比例。用于衡量投出资金的使用效果。

### (四) 内部收益率

内部收益率是指资金流入现值总额与资金流出现值总额相等、净现值等于零时的折现率。

## 四、医药企业投资的影响因素

医药企业在投资管理中需要综合考虑多个因素，包括投资收益、投资风险、投资弹性、投资管理与经营控制能力、筹资能力、投资环境等。通过全面评估这些因素，投资者可以作出更加明智的投资决策。

### (一) 投资收益

投资收益是指企业对外投资所取得的收益，减去投资发生的损失，包括取得、持有、出售以公允价值计量且其变动计入当期损益的金融资产实现的损益，持有、出售以摊余成本计量的金融资产实现的损益，持有、出售以公允价值计量且其变动计入其他综合收益的投资实现的损益等。

投资收益包括股息收益、利息收益、资本收益、净租金收益及其他投资收益。

### (二) 投资风险

投资风险是指投资主体为实现其投资目的而对未来经营、财务活动可能造成的亏损或破产所承担的危险。投资风险是投资主体决定是否投资所进行预测分析的最主要内容。导致投资风险的主要因素有政府政策的变化、管理措施的失误、形成产品成本的重要物资价格大幅度上涨或产品价格大幅度下跌、借款利率急剧上升等。

### (三) 投资弹性

投资弹性是指投资者可以根据自己的实际情况调整投资组合，并配置不同类型的投资产品，以应对市场的波动。投资弹性涉及两个方面：一是规模弹性，即投资企业必须根据自身资金的可供能力和市场供求状况，调整投资规模，如收缩或者扩张；二是结构弹性，即投资企业必须根据市场的变化，及时调整投资结构，主要是调整现存投资结构，这种调整只有在投资结构具有弹性的情况下才能进行。

### (四) 投资管理与经营控制能力

对外投资管理与对内投资管理比较，涉及因素多、关系复杂、管理难度大。例如，股票投资就需要有扎实的证券知识和较强的证券运作技能。所以，对外投资要有相应的业务知识、法律知识、管理技能、市场运作经验作为基础。在许多情况下，通过投资获得其他企业部分或全部的经营控制权，以服务于本企业的经营目标，则应该考虑用多大的投资额才能拥有必要的经营控制权，取得控制权后，如何实现其权利等问题。

### (五) 筹资能力

筹资能力是企业财务活动能力的重要组成部分，它反映了企业获得发展所需资本的能力。这种能力通常可以通过企业股本扩张能力、净资产收益率、内部筹资能力、融资公关能力、资产负债比率、公司信用等级等指标来体现。

## (六) 投资环境

市场经济条件下的投资环境具有构成复杂、变化快等特点。这就要求财务管理人员在投资决策分析时，必须熟知投资环境的要素、性质，认清投资环境的特点、投资环境的发展变化，重视投资环境的影响作用，不断增强对投资环境的适应能力、应变能力和利用能力，根据投资环境的发展变化，采取相应的投资策略。

---

**案例分析**

### 医药企业投资管理

**案例：** 某生物医药企业主要从事创新药物的研发、生产和销售。该企业致力于开发治疗癌症、银屑病等疾病的创新药物，拥有国际领先的技术团队和高端的研发设备。投资者在深入了解该企业的技术实力和市场前景后，决定投入资金支持其研发和产业化的进行。

经过几年的投资，该生物医药企业在研发和产业化方面均取得了显著的成果。首先，该企业成功开发出多个创新药物，其中部分药物已在海外市场上市销售，为企业带来了可观的收益。其次，该企业在药物研发方面的技术水平得到大幅提升，为后续新药研发奠定了坚实的基础。此外，该企业在国内外市场上逐步建立其自己的品牌形象和销售渠道，市场占有率不断提高。

**分析：** 在进行生物医药企业项目投资前，需要了解国家对生物医药产品的政策扶持和法律法规要求，要充分评估项目的投资机会，确保投入的资金能够得到合理的收益。需要制订科学的投资策略，采取分阶段投资的方式，与其他机构合作以降低投资风险。

---

**点滴积累**

1. 投资管理是指企业根据自身战略发展规划，以企业价值最大化为目标，对资金投入营运进行的管理活动。
2. 医药企业投资可依据投资期限、投资范围、投资的风险等标准进行分类。
3. 投资项目财务评价指标包括投资报酬率、投资回报期、资本回报率和内部收益率。
4. 医药企业在投资管理中需要综合考虑的因素包括投资收益、投资风险、投资弹性、投资管理与经营控制能力、筹资能力、投资环境等。

---

## 第三节 医药企业筹资管理

### 一、医药企业筹资概述

医药企业筹资是指医药企业根据其生产经营、对外投资及调整资本结构的需要，通过筹资渠道和资本市场，并运用筹资方式，经济、有效地筹集企业所需资金的财务活动。

### (一）医药企业筹资的分类

**1. 按资金的来源渠道分类** 按资金的来源渠道分为权益性筹资和负债性筹资。权益性筹资又称自有资金筹资,是指企业通过发行股票、吸收直接投资、内部积累等方式筹集的资金。负债性筹资又称借入资金筹资,是指企业通过发行债券、向银行借款、融资租赁等方式筹集的资金。

**2. 按所筹集资金使用期限的长短分类** 按所筹集资金使用期限的长短分为短期筹资和长期筹资。短期筹资又称流动负债筹资或短期负债筹资,是指为满足企业临时性流动资金需要而进行的筹资活动。长期筹资是指企业作为筹资主体,根据其经营活动、投资活动和调整资本结构等长期需要,通过长期筹资渠道和资本市场,运用长期筹资方式,经济、有效地筹措和集中长期资本的活动。

### (二）医药企业筹资的基本原则

**1. 筹措合法原则** 是指医药企业要遵循国家法律法规,合法筹措资金。不论是直接筹资还是间接筹资,企业均通过筹资行为向社会获取资金。企业的筹资活动不仅可为自身的生产经营提供资金来源,也会影响投资者的经济利益,影响社会经济秩序。企业必须遵循国家的相关法律法规,依法履行法律法规和投资合同约定的责任,合法合规筹资,依法披露信息,维护各方的合法权益。

**2. 筹措及时原则** 是指要合理安排筹资时间,适时取得资金。企业筹资,需要合理预测并确定筹资需要的时间。要根据资金需求的具体情况,合理安排筹资到位的时间,使筹资与用资在时间上相衔接。既避免过早筹资形成资金投放前的闲置,又防止取得资金的时间滞后,错过资金投放的最佳时间。

**3. 规模适当原则** 是指要根据生产经营及其发展的需要,合理安排资金需求。企业筹资,要合理预计资金的需求量。筹资规模与资金需求量应当匹配一致,既要避免因筹资不足,影响生产经营的正常进行,又要防止筹资过多,造成资金闲置。

**4. 来源经济原则** 是指要充分利用各种筹资渠道,选择经济、可行的资金来源。

**5. 结构合理原则** 是指筹资管理要综合考虑各种筹资方式,优化资本结构。企业筹资要综合考虑股权资本与债务资本的关系、长期资本与短期资本的关系、内部筹资与外部筹资的关系,合理安排资本结构,保持适当偿债能力,防范企业财务风险。

## 二、医药企业权益筹资

医药企业的全部资产由两部分组成,即投资人提供的所有者权益和债权人提供的负债。所有者权益是医药企业资金的最主要来源,是医药企业筹集债务资金的前提与基础。所有者权益是指投资人对企业净资产的所有权,包括投资者投入企业的资本金及企业在经营过程中形成的积累,如盈余公积、资本公积和未分配利润等。医药企业通过吸收直接投资、发行股票、内部积累等方式筹集的资金都称为权益资金,权益资金不用还本,因而也称为自有资金或主权资金。

## (一) 吸收直接投资

吸收直接投资是指非股份制企业按照"共同投资、共同经营、共享利润"的原则直接吸收国家、法人、个人、外商投入资金的一种筹资方式。吸收直接投资不以股票为媒介，无须公开发行证券。吸收直接投资中的出资者都是企业的所有者，他们对企业拥有经营管理权，并按出资比例分享利润、承担损失。

**1. 吸收直接投资的渠道** 医药企业通过吸收直接投资的方式筹集资金有以下几种渠道。

(1)吸收国家投资：是指有权代表国家投资的政府部门或者机构以国家资产投入企业，由此形成国家资本金。

(2)吸收法人投资：是指其他企业、事业单位以其可支配的资产投入企业，由此形成法人资本金。

(3)吸收个人投资：是指社会上个人或本企业内部职工以其个人合法财产投入企业，形成个人资本金。

(4)吸收外商投资：是指外国的自然人、企业或者其他组织直接或者间接在我国境内进行的投资活动。

**2. 吸收直接投资的出资方式** 吸收直接投资中的投资者可采用现金、实物、无形资产等多种形式出资，主要出资方式有以下几种。

(1)现金投资：是吸收直接投资中最重要的出资形式。企业有了现金，就可获取所需物资，以及可支付各种费用，具有最大的灵活性。因此，企业要争取让投资者尽可能采用现金方式出资。

(2)实物投资：是指以房屋、建筑物、设备等固定资产和原材料、商品等流动资产形式进行的投资。实物投资应符合以下条件：符合企业生产经营、科研开发等的需要；技术性能良好；作价公平合理；实物不能涉及抵押、担保、诉讼冻结。投资实物的价值，除由出资各方协商确定外，也可聘请各方都同意的专业资产评估机构评估确定。

(3)无形资产投资：是指以商标权、专利权、非专利技术、知识产权、土地使用权等形式进行的投资。企业在吸收无形资产投资时应持谨慎态度，避免吸收短期内会贬值的无形资产，避免吸收对本企业利益不大及不适宜的无形资产。

**3. 吸收直接投资的优点** 筹资方式简便、筹资速度快；有利于提高企业信誉；有利于尽快形成生产能力；有利于降低财务风险。

**4. 吸收直接投资的缺点** 资金成本较高；企业控制权分散。

## (二) 发行股票

股票是股份公司为筹集主权资金而发行的有价证券，是持股人拥有公司股份的凭证，它表示持股人在股份公司中拥有的权利和应承担的义务。股票按股东权利和义务的不同，分为普通股和优先股。

**1. 普通股筹资** 普通股是股份公司发行的具有管理权而股利不固定的股票，是股份制企业筹集权益资金的主要方式。普通股股东对公司有经营管理权、营利分享权、优先认股权、剩余财产要求权、股票转让权。

（1）普通股筹资的优点：普通股筹资能增加股份公司的信誉；普通股筹资能减少股份公司的风险；普通股筹资能增强公司经营灵活性。

（2）普通股筹资的缺点：资金成本较高；新股东的增加，导致分散和削弱原股东对公司的控股权；新股东的增加，有可能降低原股东的收益水平。

**2. 优先股筹资** 优先股是股份公司发行的具有一定优先权的股票。它既具有普通股的某些特征，又与债券有相似之处。从法律上讲，企业对优先股不承担还本义务，因此它是企业自有资金的一部分。

（1）优先股筹资的优点：没有固定的到期日，不用偿还本金；股利支付率虽然固定，但无约定性；优先股属于自有资金，能增强企业信誉及借款能力。

（2）优先股筹资的缺点：资金成本高；优先股较普通股限制条款多。

## 案例分析

### 某医药公司的筹资管理

**案例：**某医药公司作为国内知名的医药企业，近年来在医药研发、生产和销售领域取得了显著的成绩。然而，随着市场竞争的加剧和研发成本的增加，该医药公司在发展过程中面临着巨大的资金压力。近年来进行了多次筹资活动，包括发行债券、股权融资以及与金融机构合作等。这些筹资活动为公司提供了稳定的资金来源，有助于推动其研发项目的进展、扩大生产规模以及提升市场竞争力。

该公司的筹资活动取得了显著的效果。一方面，公司成功筹集了大量资金，为其研发、生产和市场推广提供了有力支持。另一方面，通过引入战略投资者以及与金融机构的合作，公司获得了更多的市场资源、技术支持和金融服务，有助于推动其快速发展。

**分析：**医药企业在发展过程中需要关注市场需求和技术发展趋势，制订合理的筹资计划以满足不同阶段的资金需求。在选择筹资方式时，医药企业应综合考虑筹资成本、资金使用灵活性、投资者资源等因素，选择最适合企业的筹资方式。筹资活动不仅是资金的筹集过程，也是企业资源整合和战略合作的重要机会。医药企业应充分利用筹资活动带来的各种资源，推动企业的快速发展。

## 三、医药企业债务筹资

债务筹资是指企业按约定代价和用途取得且需要按期还本付息的一种筹资方式。就其性质而言，是不发生所有权变化的单方面资本使用权的临时让渡。虽然负债经营使企业得到财务杠杆效益和节税效益，但也增加了企业的财务风险。

### （一）银行借款

银行借款是指企业根据借款合同向银行或非银行金融机构借入的需要还本付息的款项。

**1. 银行借款筹资的流程** 银行借款是一种常见的融资方式，对于个人和企业来说都具有重要意义。借款流程的顺利进行，不仅能够满足资金需求，还能够提高借款人的信用度。

(1) 借款申请：企业向银行提出申请，填写包括借款金额、借款用途、偿还能力、还款方式等内容的借款申请书，并提供有关资料。

(2) 银行审查：银行对企业的借款申请要从企业的信用等级、基本财务情况、投资项目的经济利益、偿债能力等方面进行必要的审查，从而决定是否提供贷款。

(3) 签订借款合同：借款合同是规定借款单位和银行双方的权利、义务和经济责任的法律文件。借款合同包括基本条款、保证条款、违约条款及其他附属条款等内容。

(4) 发放贷款：双方签订借款合同后，银行应如期向企业发放贷款。

(5) 归还借款：企业应按借款合同规定按时足额归还借款本息。

**2. 银行借款的信用条件**　银行借款往往附带一些信用条件，主要有以下几个方面。

(1) 补偿性余额：是贷款发放银行要求借款企业以低息或者无息的形式，在银行账户中保留按贷款总额或实际借用额的一定百分比（一般为 10%~20%）计算的最低存款余额。

(2) 信贷额度：又称信贷限额，是借款人与银行在协议中规定的允许借款人的最高限额。

(3) 周转信贷协议：是银行具有法律义务承诺提供不超过某一最高限额的贷款协议。

**3. 借款利息支付方式**　借款利息的支付方式主要有以下两种。

(1) 贴现法：是银行向企业发放贷款时，先从本金中扣除利息部分，而到期时借款企业则只偿还贷款全部本金的一种计息方式。采用这种方式，企业可利用的贷款额只有本金减去利息部分后的差额，因此贷款的实际利率高于名义利率。贴现贷款实际利率计算公式为：

$$贴现贷款实际利率 = \frac{利息}{贷款金额 - 利息} \times 100\%$$

(2) 加息法：是银行发放分期等额偿还贷款时采用的利息收取方法。在分期等额偿还贷款的情况下，银行要将根据名义利率计算的利息加到贷款本金上，计算出贷款的本息和企业在贷款期内分期偿还本息之和的金额。由于贷款分期均衡偿还，借款企业实际只平均使用了贷款本金的半数，却必须支付全额利息。这样，企业所负担的实际利率便高于名义利率大约 1 倍。加息贷款实际利率公式为：

$$加息贷款实际利率 = \frac{贷款额 \times 利息率}{贷款额 \div 2} \times 100\%$$

**(二) 发行债券**

发行债券是发行人以借贷资金为目的，依照法律规定的程序向投资人要约发行代表一定债权和兑付条件的债券的法律行为，债券发行是证券发行的重要形式之一。是以债券形式筹措资金的行为过程。通过这一过程，发行者以最终债务人的身份将债券转移到其他最初投资者的手中。

债券的分类方式如下。

**1. 按发行主体分类**　按发行主体分为政府债券、金融债券和企业债券。政府债券是由中央政府或地方政府发行的债券。政府债券风险小、流动性强。金融债券是银行或其他金融机构发行的债券。金融债券风险不大、流动性较强、利率较高。企业债券是由各类企业发行的债券。企业债券风险较大、流动性差别较大、利率较高。

**2. 按有无抵押担保分类** 按有无抵押担保分为信用债券、抵押债券和担保债券。信用债券又称无抵押担保债券,是以债券发行者自身信誉而发行的债券。政府债券属于信用债券,信誉良好的企业也可发行信用债券。企业发行信用债券往往有一些限制条件,包括不准企业将其财产抵押给其他债权人,不能随意增发企业债券,未清偿债券之前股利不能分得过多等。抵押债券是指以一定抵押品作抵押而发行的债券。当企业不能偿还债券时,债权人可将抵押品拍卖以获取债券本息。担保债券是指由一定保证人作担保而发行的债券。当企业没有足够资金偿还债券时,债权人可以要求保证人偿还。

**3. 按偿还期限分类** 按偿还期限分为短期债券和长期债券。短期债券是指偿还期在一年以内的债券。长期债券是指偿还期在一年以上的债券。

债券发行方式有委托发行和自行发行两种方式。委托发行是指债券发行企业委托银行或者其他金融机构承销全部债券,并按总面额的一定比例支付手续费。自行发行是指债券发行企业不经过金融机构直接将债券配售给投资单位或个人。

### (三) 融资租赁

租赁是承租人向出租人交付租金,出租人在契约或合同规定的期限内将资产的使用权让渡给承租人的一种经济行为。

**1. 租赁的种类** 租赁的种类很多,按照租赁的性质不同,可分为经营性租赁和融资性租赁。

(1)经营性租赁:又称服务性租赁,是由承租人向出租人交付租金,由出租人向承租人提供资产使用及相关的服务,并在租赁期满时由承租人将资产归还给出租人的租赁。经营性租赁通常为短期租赁,其特点主要有以下几个方面:①资产所有权属于出租人,承租人仅为了获取资产使用权,不是为了融资;②经营租赁是一个可解约的租赁,承租企业在租期内可按规定提出解除租赁合同;③租赁期短,一般只是租赁物使用寿命期的小部分;④出租企业向承租企业提供资产维修、保养及人员培训等服务;⑤租赁期满或合同终止时,租赁资产一般归还给出租企业。

(2)融资性租赁:又称财务租赁、资本租赁,是承租人为融通资金而向出租人租用,由出租人出资按承租人要求购买租赁物的租赁。是以融物为形式、以融资为实质的经济行为,是出租人为承租人提供信贷的信用业务。融资性租赁通常为长期租赁,其特点主要有以下几个方面:①资产所有权形式上属于出租方,但承租方能实质性地控制该项资产,并有权在承租期内取得该项资产的所有权。②融资租赁是一种不可解约的租赁,租赁合同比较稳定。在租赁期内,承租人必须连续交纳租金,非经双方同意,中途不得退租。③租赁期长,租赁期一般是租赁资产使用寿命期的绝大部分。④出租方一般不提供维修、保养方面的服务。⑤租赁期满,承租人可选择留购、续租或退还,通常由承租人留购。

**2. 融资租赁的形式** 融资租赁的形式有直接租赁、售后回租和杠杆租赁。

(1)直接租赁:是指承租人直接向出租人租入所需要的资产。直接租赁的出租人主要是厂商、租赁公司。直接租赁是融资租赁中最为普遍的一种,是融资租赁的典型形式。

(2)售后回租:是指企业(买主兼出租人)将其拥有的自制或外购资产售出后再租赁回来的租赁业务,对此又称返回租赁。这种租赁方式既使承租人通过出售资产获取一笔资金,以改善其财务状况,满足企业对资金的需要,又使承租人通过回租而保留了企业对该项资产的使用权。

(3)杠杆租赁:是由资金出借人为出租人提供部分购买资产的资金,再由出租人购入资产租给承租人的方式。因此,杠杆租赁涉及出租人、承租人和资金出借人三方。从承租人的角度来看,它与其他融资租赁形式并无多大的区别。从出租人的角度来看,它只支付购买资产的部分资金(20%~40%),其余部分资金(60%~80%)是向资金出借人借来的。

**3. 融资租赁租金计算方法** 融资租赁租金是承租企业支付给租赁公司让渡租赁设备的使用权或价值的代价。租金的数额大小、支付方式对承租企业的财务状况有直接的影响,也是租赁决策的重要依据。融资租赁租金由租赁资产的价款、利息及租赁手续费组成。融资租赁租金计算方法较多,常用的有平均分摊法和等额年金法。

(1)平均分摊法:是指不考虑货币的时间价值因素,先以商定的利息率和手续费率计算出租赁期间的利息和手续费,然后连同设备价款按支付次数平均分摊的计算方法,其公式表示为:

$$R = \frac{(C-S)+I+F}{N}$$

式中,$R$:每期应付租金;$C$:租赁资产的购置成本;$S$:出租人回收的租赁资产的残值;$I$:租赁期间的利息;$F$:租赁的手续费;$N$:租赁期间资金支付次数。

(2)等额年金法:是指利用年金现值的计算原理计算每期应付租金的方法。在这种方法下,要将利息率和手续费率综合在一起确定一个租费率,作为贴现率,具体公式为:

$$后付等额租金\ R = \frac{C-S \times (P/F,i,n)}{(P/A,i,n)}$$

$$先付等额租金\ R = \frac{C-S \times (P/F,i,n)}{(P/A,i,n-1)+1}$$

式中,$R$:每期应付租金;$C$:租赁资产的购置成本;$S$:出租人回收的租赁资产的残值;$P$:购置资产的现值;$F$:购置资产的终值;$A$:年金;$i$:租费率;$n$:租赁期间租金支付次数。

---

**点滴积累**

1. 医药企业筹资是指医药企业根据其生产经营、对外投资及调整资本结构的需要,通过筹资渠道和资本市场,并运用筹资方式,经济、有效地筹集企业所需资金的财务活动。
2. 医药企业权益筹资包括吸收直接投资和发行股票两种。
3. 医药企业债务筹资包括银行借款、发行债券和融资租赁三种方式。

## 第四节 医药企业成本费用管理

### 一、成本费用的概述

成本费用是指企业在经营管理过程中为了取得营业收入发生的费用,分为基本业务费用、其他业务费用、管理费用和财务费用等。企业的成本费用,就其经济实质来看,是产品价值构成中成本和费用两个部分价值的等价物,用货币形式来表示,也就是企业在产品经营中所耗费资金的总和。

主要作用表现在以下四个方面。

1. 成本费用是反映和监督劳动耗费的工具。
2. 成本费用是补偿生产耗费的尺度。
3. 成本费用可以综合反映企业工作质量,是推动企业提高经营管理水平的重要杠杆。
4. 成本费用是制订产品价格的一项重要依据。

### 案例分析

**医药企业费用管理**

**案例:**某医药企业业务规模逐年扩大,同时带来的是企业固定费用和流动费用的日益增长。为提高企业利润率,该企业采用以下措施实施费用控制。

**1. 严格控制招聘费用** 通过修订招聘流程,在高效率的前提下降低招聘费用。

**2. 精简企业设备** 通过淘汰陈旧设备和合理配置新设备来降低固定资产投资的维护费用。

**3. 节约办公用品支出** 严格管理办公用品的分配和使用,避免浪费和滥用,降低办公用品支出。

**4. 精简非必要费用** 削减不必要的差旅、住宿等费用,提高企业运营效率。

通过以上费用控制措施的实施,该企业有效地降低了费用支出,提高了企业利润率。

**分析:**有效地控制成本和费用支出对于企业的经营和发展至关重要。只有在尽可能降低成本和费用支出的前提下,企业才能更好地提高生产和经营效率,从而实现利润的最大化。

### 二、成本管理的主要内容

成本管理在成本费用管理所占比重较大,本部分重点讲述成本管理的主要内容。成本管理包括成本规划、成本核算、成本控制、成本分析和成本考核五项内容。

#### (一)成本规划

成本规划是对成本管理战略的制订,也是对成本管理作出的规划,是从总体上规划成本管理工作,为具体的成本管理提供战略思路和总体要求。成本规划是根据企业的竞争战略和所处的经济环境制订的,主要包括确定成本管理的重点,规划控制成本的战略途径,提出成本计算的精度要求,确定业绩评价的目的和标准。

### (二) 成本核算

成本核算是根据成本核算对象,按照国家统一的会计制度和企业管理要求,对营运过程中实际发生的各种费用按照规定的成本项目进行归集、分配和结转,取得不同成本核算对象的总成本和单位成本,向有关使用者提供成本信息的成本管理活动。成本核算是企业管理中的重要环节,通过对各项费用的准确核算,有助于企业更好地掌握运营状况,制订合理的经营策略。

### (三) 成本控制

成本控制是成本管理者根据预定的目标,对成本发生和形成过程以及影响成本的各种因素条件施加主动影响或干预,将实际成本控制在预期目标内的成本管理活动。成本控制的关键是选取适用于本企业的成本控制方法,它决定成本控制的效果。

### (四) 成本分析

成本分析是利用核算及其他有关资料,对成本水平与构成的变动情况进行分析,系统研究影响成本升降的各因素及其变动的原因,寻找降低成本途径的分析。它是成本管理工作的一个重要环节。通过成本分析,有利于正确认识、掌握和运用成本变动的规律,实现降低成本的目标;有助于进行成本控制,正确评价成本计划完成情况,还可为制订成本计划、经营决策提供重要依据,指明成本管理工作的努力方向。

### (五) 成本考核

成本考核是指定期考查审核成本目标实现情况和成本计划指标的完成结果,全面评价成本管理工作的成绩。成本考核的关键是评价指标体系的选择和评价结果与约束激励机制的衔接。考核指标可以是财务指标,也可以是非财务指标,例如,实施成本领先战略的企业应主要选用财务指标,而实施差异化战略的企业则大多选用非财务指标。

上述五项活动中,成本分析贯穿于成本管理的全过程,成本规划在战略上对成本核算、成本控制、成本分析和成本考核进行指导,成本规划的变动是企业外部经济环境和企业内部竞争战略变动的结果,而成本核算、成本控制、成本分析和成本考核则通过成本信息的流动互相联系。

---

**点滴积累**

1. 成本费用是指企业在经营管理过程中为了取得营业收入发生的费用,分为基本业务费用、其他业务费用、管理费用和财务费用等。
2. 成本管理的主要内容包括成本规划、成本核算、成本控制、成本分析和成本考核五项内容。

---

# 第五节 医药企业财务分析

## 一、医药企业财务分析的内涵

财务分析在国外一般被称为"财务报表分析",是以会计核算和财务报表资料及其他相关资料为依据,采用一系列专门的分析技术和方法,对企业等经济组织过去和现在的有关筹资活动、投资活动、经营活动、分配活动的营利能力、营运能力、偿债能力和增长能力状况等进行分析与评价的经济管理活动。是为企业的投资者、债权人、经营者与其他关心企业的组织或个人了解企业过去、评价企业现状、预测企业未来及作出正确决策提供准确的信息或依据的经济活动。

## 二、医药企业财务分析的目的

医药企业财务分析是利用财务会计报告所提供的信息,运用一定的分析方法和技术,分析企业以往的经营业绩,衡量企业现在的财务状况,并预测企业未来的发展趋势,以便为有关决策者提供决策依据。财务分析对于医药企业各方面的利益相关者都具有重要意义。财务分析应具有以下几项基本目的。

### (一)评估医药企业财务状况

财务分析应根据财务报表等综合核算资料,对医药企业整体和各个方面的财务状况进行综合和细致的分析,并对企业的财务状况作出评价。财务分析应全面了解医药企业资产的流动性状态是否良好、资本结构和负债比例是否恰当、现金流量状况是否正常等,以及评估医药企业长短期的偿债能力,从而评价企业长短期的财务风险和经营风险,为医药企业投资人和经营管理者等提供有用的决策信息。

### (二)评估医药企业营利能力

财务分析可以通过对企业的利润表和盈余表的分析,评估企业的营利能力。通过计算利润率、毛利率、净利率等指标,可以了解企业的营利水平,并与行业平均水平进行比较。

### (三)评估医药企业的偿债能力

财务分析可以通过对企业的资产负债表的分析,评估企业的偿债能力。通过计算流动比率、速动比率、负债比率等指标,可以了解企业的偿债能力,并判断企业是否能按时偿还债务。

### (四)评估医药企业的经营效率

财务分析可以通过对企业的资产负债表和利润表的分析,评估企业的经营效率。通过计算总资产周转率、存货周转率、应收账款周转率等指标,可以了解企业的资产利用效率和营业收入的质量。

### (五)评估企业的成长能力

财务分析可以通过对企业的利润表和现金流量表的分析,评估企业的成长潜力。通过计算销售增长率、净利润增长率、自由现金流量等指标,可以了解企业的成长速度和可持续发展能力。

### (六)提供决策依据

财务分析可以为企业的管理层提供决策依据。通过对财务数据的分析,可以发现企业存在的问题和潜在的风险,并提出相应的解决方案。同时,财务分析还可以帮助管理层评估不同决策方案的财务影响,以作出更明智的决策。

## 三、医药企业财务指标分析

财务指标分析是指总结和评价企业财务状况与经营成果的分析指标,包括偿债能力指标、营运能力指标、营利能力指标和发展能力指标。

### (一) 医药企业偿债能力分析

医药企业的偿债能力是指医药企业用其资产偿还长期债务与短期债务的能力。企业有无支付现金的能力和偿还债务能力,是企业能否生存和健康发展的关键。企业偿债能力是反映企业财务状况的重要标志。偿债能力是企业偿还到期债务的承受能力或保证程度,包括偿还短期债务和长期债务的能力。

**1. 资产负债率分析** 资产负债率又称债务比率,是企业全部负债总额与全部资产总额的比率。它表示企业资产总额中,债权人提供资金所占的比重,以及企业资产对债权人权益的保障程度。其计算公式如下:

$$资产负债率 = \frac{负债总额}{资产总额} \times 100\%$$

资产负债率低意味着企业的资产规模较大,而负债水平相对较低。这表明企业的资产负担较轻,有更多的自有资本来支持业务发展,具有更强的抗风险能力;意味着企业的财务结构较为健康。负债占比低,说明企业的债务风险相对较小,同时也有更多的财务资源来支持企业的扩张和发展。企业的资产负债率越低,通常意味着企业的营利能力越强,表明企业有更多的自由现金流来支持业务发展。

**2. 流动比率** 是流动资产与流动负债的比率,用来衡量企业流动资产在短期债务到期前,可以变为现金用于偿还负债的能力。其计算公式如下:

$$流动比率 = \frac{流动资产}{流动负债} \times 100\%$$

流动比率越高,说明企业资产的变现能力越强,短期偿债能力亦越强;反之则弱。一般认为流动比率应在2:1以上。流动比率2:1表示流动资产是流动负债的两倍,即使流动资产有一半在短期内不能变现,也能保证全部的流动负债得到偿还。

运用流动比率进行分析时,要注意以下几个问题。

(1)流动比率高,一般认为偿债保证程度较强,但并不一定有足够的现金或银行存款偿债,因为流动资产除货币资金以外,还有存货、应收账款、待摊费用等项目,有可能出现虽说流动比率高,但真正用来偿债的现金和存款却严重短缺的现象,所以分析流动比率时,还需进一步分析流动资产的构成项目。

(2)计算出来的流动比率,只有和同行业平均流动比率、本企业历史流动比率进行比较,才能知道这个比率是高还是低。这种比较并不能说明流动比率为什么这么高或低,要找出过高或过低的原因还必须分析流动资产和流动负债所包括的内容以及经营方面的因素。一般情况下,营业周期、流动资产中的应收账款和存货的周转速度是影响流动比率的主要因素。

**3. 速动比率** 又称酸性测试比率,是企业速动资产与流动负债的比率。其计算公式如下:

$$速动比率 = \frac{速动资产}{流动负债} \times 100\%$$

其中速动资产是指流动资产中可以立即变现的那部分资产,如现金、有价证券等。其计算公式如下:

$$速动资产 = 流动资产 - 预付账款 - 存货$$

速动比率的高低能直接反映企业短期偿债能力的强弱,它是对流动比率的补充,可较流动比率更加直观可信地反映企业短期偿债能力的强弱。如果流动比率较高,但流动资产的流动性却很低,则企业的短期偿债能力仍然不高。在流动资产中有价证券一般可以立刻在证券市场上出售,转化为现金、应收账款、应收票据等项目,可以在短时期内变现,而存货、预付账款、待摊费用等项目变现时间较长,特别是存货很可能发生积压、滞销、残次等情况,其流动性较差,因此流动比率较高的企业,其偿还短期债务的能力并不一定强,而速动比率就可避免这种情况的发生。速动比率一般应保持在 100% 以上。

**4. 现金流动负债比率** 是企业一定时期的经营现金净流量与流动负债的比率。它可以从现金流量角度来反映企业当期偿还短期负债的能力。其计算公式如下:

$$现金流动负债比率 = \frac{年经营现金净流量}{年末流动负债} \times 100\%$$

该比率是从现金流入和流出的动态角度对企业实际偿债能力进行评价。由于有利润的年份不一定有足够的现金来偿还债务,所以利用以收付实现制为基础的现金流动负债比率指标,能充分体现企业经营活动所产生的现金净流量,可以在多大程度上保证当期流动负债的偿还,直观反映企业偿还流动负债的实际能力。用该指标评价企业偿债能力更为谨慎。该指标越大,表明企业经营活动产生的现金净流量越多,能够保证企业按时偿还到期债务。但也不是越大越好,比率大则表示企业流动资金利用不充分,收益能力不强。

**5. 产权比率** 是指负债总额与所有者权益总额的比率,是企业财务结构稳定与否的重要标志,也称资本负债率。其计算公式如下:

$$产权比率 = \frac{负债总额}{所有者权益总额} \times 100\%$$

该比率反映了所有者权益对债权人权益的保障程度,即在企业清算时对债权人权益的保障程度。该指标越低,表明企业的长期偿债能力越强,债权人权益的保障程度越高,承担的风险越小,但企业不能充分地发挥负债的财务杠杆效应。所以,企业在评价产权比率适度与否时,应从提高获利能力与增强偿债能力两个方面综合进行,即在保障债务偿还安全的前提下,应尽可能降低产权比率。

**6. 利息保障倍数** 又称已获利息倍数,是企业息税前利润与利息费用的比率,是衡量企业偿付负债利息能力的指标。其计算公式如下:

$$利息保障倍数 = \frac{息税前利润}{利息费用}$$

息税前利润是指利润表中未扣除利息费用和所得税前的利润。利息费用是指根据本金和利率计算出来的利息计入会计科目中,以费用的形式体现。资本化利息虽然不在利润表中扣除,但仍然需要偿还。利息保障倍数的重点是衡量企业支付利息的能力,没有足够大的息税前利润,利息兑付就会发生困难。

利息保障倍数不仅反映了企业获利能力的大小,而且反映了获利能力对偿还到期债务的保证程度,它既是企业举债经营的前提依据,也是衡量企业长期偿债能力大小的重要标志。要维持正常偿债能力,利息保障倍数至少应大于1,且比值越高,企业长期偿债能力越强。如果利息保障倍数过低,企业将面临亏损、偿债的安全性与稳定性下降的风险。

**课 堂 活 动**
医药企业偿债能力分析包括哪些?

### (二) 医药企业营运能力分析

医药企业营运能力主要是指医药企业营运资产的效率与效益,医药企业营运资产的效率主要是指资产的周转速度,医药企业营运资产的效益通常是指医药企业的产出和投入之间的比率。一般而言,资金周转速度越快,说明医药企业的资金管理水平越高,资金利用效率越高。周转速度通常用周转率(周转次数)和周转期(周转天数)表示。

#### 1. 应收账款周转速度 包括应收账款周转率、应收账款周转天数。

(1)应收账款周转率:又称应收账款周转次数,是指企业一定时期内主营业务收入净额与平均应收账款余额的比率。其计算公式如下:

$$应收账款周转率 = \frac{营业收入净额}{应收账款平均余额} \times 100\%$$

$$应收账款平均余额 = \frac{期初应收账款 + 期末应收账款}{2}$$

是反映医药企业应收账款周转速度的一个重要指标,是企业在一定时期内(通常为1年)应收账款回笼现金的平均次数。应收账款周转率指标是流动资产营运状况的一个重要方面。

一般情况下,应收账款周转率越高越好,应收账款周转率高,表明资金回笼速度快,平均收账期短,资产流动性强,短期偿债能力强,出现坏账损失的风险也随之降低。

(2)应收账款周转天数:又称平均应收账款回收期,是反映应收账款变现速度的另一指标,是用天数来表示应收账款的周转速度,说明企业从获得应收账款权利到款项回收、变成现金所需要的时间。其计算公式如下:

$$应收账款周转天数 = \frac{计算期天数}{应收账款周转率} = \frac{计算期天数 \times 应收账款平均余额}{营业收入净额}$$

应收账款的周转次数越多,周转天数越少,说明企业应收账款的变现速度越快和收账效率越高,减少了发生坏账损失的风险。

**医药企业营运指标分析**

**案例：** 某企业作为我国领先的医药流通企业，其财务情况一直备受关注。根据2023年年报数据，公司营业收入再次创新高，达到1 501.4亿元，同比增长6.92%；公司全年经营活动现金流为47.48亿元，同比增幅达19.1%；在行业的支付环境没有明显改善的情况下，公司的应收账款周转天数为63天，比上年缩短了6天；资金周转天数为80天，比去年同期缩短了7天。这些变化表明公司在财务管理方面取得了一定的成效，有效地提高了资金的利用率，缩短了资金回笼周期。

**分析：** 对于流通企业，资金周转速度的提高不但意味着获利能力的提高，更代表公司经营水平的提高。

**2. 存货周期速度** 包括存货周转率、存货周转天数。

(1) 存货周转率：是指企业一定时期的营业成本与平均存货资金占用额的比率，用于衡量企业的销售能力和存货周转速度以及企业购、产、销的平衡关系，反映企业存货在一定时期内使用和利用的程度。可以衡量企业的商品推销水平和销售能力，验证现行存货水平是否适当，是反映企业营运能力的重要指标之一。其计算公式如下：

$$存货周转率（次）=\frac{营业成本}{平均存货资金占用额}\times100\%$$

$$平均存货资金占用额=\frac{存货年初余额+存货年末余额}{2}$$

存货周转率反映了企业销售效率和存货使用效率。正常情况下，存货周转率越高，说明企业销售能力越强，企业占用在存货上的营运资金就越少。

(2) 存货周转天数：是衡量存货周转速度的另一指标，其计算公式如下：

$$存货周转天数=\frac{计算期天数}{周转次数}$$

存货周转率越高，周转天数越少，变现速度就越快，资金占用水平就越低，此时，企业的短期偿债能力就会增强。但存货成本也不能过少，否则，会影响企业的正常经营。通过对存货周转速度进行分析，企业能找出存货中存在的问题，在合理的范畴内，尽可能降低存货资金占用水平。

**3. 总资产周转率** 是企业一定时期内营业收入净额与平均资产总额的比率。反映企业全部资产的利用效率。其计算公式如下：

$$总资产周转率=\frac{营业收入净额}{平均资产总额}\times100\%$$

平均资产总额是指在某个时期企业期初资产总额与期末资产总额的平均值。

$$平均资产总额=\frac{（期初资产总额+期末资产总额）}{2}$$

总资产周转率反映了企业全部资产的使用效率。该周转率高，说明企业的经营效率高，取得的收入多。企业应采取各项措施来提高企业的资产利用程度，如提高销售收入或处理多余的资产。

**4. 流动资产周转率** 是指企业一定时期内营业收入净额与平均流动资产总额的比率，是反映企业流动资产周转速度的指标。其计算公式如下：

$$流动资产周转率 = \frac{营业收入净额}{平均流动资产总额} \times 100\%$$

$$平均流动资产总额 = \frac{（期初流动资产总额 + 期末流动资产总额）}{2}$$

一般情况下，流动资产周转率越高，表明企业流动资产周转速度越快，利用越好。在较快的周转速度下，流动资产会相对节约，其意义相当于流动资产投入在扩大，在某种程度上也增强了企业的营运能力；而周转速度慢，则需要补充流动资金参与周转，造成资金浪费。

### （三）医药企业营利能力分析

营利能力是医药企业在一定时期内获取利润的能力。营利能力分析是分析企业利润目标的完成情况和不同年度营利水平的变动情况，预测企业营利前景的行为。通过对企业营利能力的科学分析，可以了解企业资本净收益和资本增值的状况，体现企业绩效评价指标改进的发展趋势和衡量企业成长性，有利于企业经营决策及财务计划的实施。

企业营利能力分析可从企业一般营利能力分析和股份公司税后利润分析两个方面进行研究。

**1. 销售毛利率**　又称毛利率，是指企业销售毛利占销售收入净额的比率。其中毛利是销售净收入与销售成本的差额，销售净收入是销售收入扣减销售折扣和折让后的差额。其计算公式如下：

$$销售毛利率 = \frac{（销售净收入 - 销售成本）}{销售收入净额} \times 100\%$$

该指标反映了企业主营业务的盈利能力和管理水平。一般情况下，单位毛利率越高，说明用来抵补医药企业各项经营费用支出的能力就越强，营利能力也会相应提高；反之，营利能力就会降低。销售毛利率不仅可以预测医药企业的营利能力，评价医药企业存货价值水平，同时有利于销售收入、销售成本水平的比较分析。

**2. 销售净利率**　又称销售净利润率，是指销售净利润与销售收入的比率，其计算公式如下：

$$销售净利率 = \frac{销售净利润}{销售收入} \times 100\%$$

销售净利率越高，表明企业营利能力越强。企业要提高销售净利率，必须在增加销售收入的同时，相应获得更多的净利润。通过分析销售净利率的升降变动，可促使企业在扩大销售的同时，注意改进管理水平，提高营利能力。

销售净利率的变动是由利润表中各个项目金额变动引起的，可以深入分析这种变动到底是由销售成本、销售费用、管理费用还是财务费用变化引起的，各项目在其中所起的作用如何。销售净利率与销售毛利率是两个重要的企业营利考核指标。

**3. 成本费用净利率**　是指企业一定时期内净利润与成本费用总额之间的比率。其计算公式如下：

$$成本费用净利率 = \frac{净利润}{成本费用总额} \times 100\%$$

这一比率越高,说明企业为获取利益所付出的代价越小,企业的营利能力越强。因此,通过这个比率不仅可以评价企业获利能力的高低,也可以评价企业对成本费用的控制能力和经营管理水平。这是一个能反映企业增收节支、增产节约效果好坏的重要指标。

**4. 总资产报酬率** 是以投资报酬为基础来分析企业营利能力,是企业投资报酬(息税前利润)与投资总额(平均资产总额)之间的比率。由于资产总额等于债权人权益和所有者权益的总和,所以该比率既可以衡量企业资产综合利用的效果,又可以反映企业利用债权人及所有者提供资本的营利能力和增值能力。其计算公式如下:

$$总资产报酬率 = \frac{息税前利润}{平均资产总额} = \frac{利润总额 + 利息费用}{(期初资产总额 + 期末资产总额) \div 2}$$

平均资产总额为期初资产总额与期末资产总额的平均数。总资产报酬率越高,表明企业资产利用的效率越高,整个企业营利能力越强,经营管理水平越高。

**5. 净资产收益率** 又称净值报酬率或权益报酬率,是指企业一定时期内的净利润与平均净资产的比率。可反映投资者投入企业的自有资本获取净收益的能力。其计算公式如下:

$$净资产收益率 = \frac{净利润}{平均净资产} \times 100\%$$

净资产收益率是评价企业自有资本及其积累获取报酬水平的最具综合性与代表性的指标,反映企业资本营运的综合效益。该指标通用性强,适用范围广,不受行业局限。通过对该指标的综合对比分析,可以看出企业营利能力在同行业中所处的位置,以及与同类企业水平的差异。一般认为,企业净资产收益率越高,企业自有资本获取收益的能力越强,营运效益越好,对企业投资人、债权人的保障程度越高。

---

**课 堂 活 动**

医药企业营利能力分析指标有哪些(　　　)

A. 净资产收益率

B. 成本费用净利率

C. 销售净利率及销售毛利率

D. 总资产报酬率

---

**(四) 医药企业发展能力分析**

发展能力是企业在生存的基础上,扩大规模、壮大实力的潜在能力。反映企业发展能力状况的指标主要有以下五个。

**1. 营业收入增长率** 是企业本年营业收入增长额与上年营业收入总额的比率。反映企业营业收入的增减变动情况,是评价企业成长状况和发展能力的重要指标。其计算公式如下:

$$营业收入增长率 = \frac{本年营业收入增长额}{上年营业收入总额} \times 100\%$$

营业收入增长率是衡量企业经营状况和市场占有能力、预测企业经营业务拓展趋势的重要指标。不断增加的营业收入，是企业生存的基础和发展的条件。若该指标大于 0，表示企业本年的营业收入有所增长，指标值越高，表明增长速度越快，企业市场前景看好；若指标小于 0，则说明产品或服务不适销对路、质次价高，或是在售后服务等方面存在问题，市场份额萎缩。

**2. 资本保值增值率**　是企业扣除客观因素后的年末所有者权益总额与年初所有者权益总额的比率，反映企业当年资本在企业自身努力下的实际增减变动情况。其计算公式如下：

$$资本保值增值率 = \frac{扣除客观因素后年末所有者权益总额}{年初所有者权益总额} \times 100\%$$

一般认为，资本保值增值率越高，表明企业的资本保全状况越好，所有者权益增长越快，债权人的债务越有保障。该指标通常应当大于 100%。

**3. 资本积累率**　是企业本年所有者权益增长额与年初所有者权益的比率。它反映企业当年资本的积累能力，是评价企业发展潜力的重要指标。其计算公式如下：

$$资本积累率 = \frac{本年所有者权益增长额}{年初所有者权益} \times 100\%$$

资本积累率是企业当年所有者权益的增长率，反映了企业所有者权益在当年的变动水平，体现了企业资本的积累情况，是企业发展强盛与否的标志，也是企业能否扩大再生产的源泉，可反映企业是否具有发展潜力。资本积累率还可反映投资者投入企业的资本是否具有保全性和增长性。该指标若大于 0，则指标值越高表明企业的资本积累越多，应付风险、持续发展能力越强；该指标若为负值，表明企业资本受到侵蚀，所有者权益受到损害，应予以充分重视。

**4. 总资产增长率**　总资产增长率是企业本年总资产增长额同年初资产总额的比率，它可反映企业本期资产规模的增长情况。其计算公式如下：

$$总资产增长率 = \frac{本年总资产增长额}{年初资产总额} \times 100\%$$

总资产增长率是从企业资产总量扩张方面衡量企业的发展能力，可反映企业规模增长水平对企业发展后劲的影响。该指标越高，表明企业一定时期内资产经营规模扩张的速度越快。但在实际分析时，应注意考虑资产规模扩张质和量的关系，以及企业的后续发展能力，避免资产盲目扩张。

**5. 营业利润增长率**　是企业本年营业利润增长额与上年营业利润总额的比率，可反映企业营业利润的增减变动情况。其计算公式如下：

$$营业利润增长率 = \frac{本年营业利润增长额}{上年营业利润总额} \times 100\%$$

$$本年营业利润增长额 = 本年营业利润总额 - 上年营业利润总额$$

以上各财务分析指标都能从不同的侧面反映企业生产经营的相关状况，但在利用相关资料对企业财务状况进行分析时，应结合实际情况，综合相关指标内容进行分析，这样才能从本质上说明问题。

## 实训七　通过财务指标分析医药企业财务状况

### 一、实训目的

掌握如何使用财务指标分析医药企业的财务状况。

### 二、实训要求

1. 将学生每 4 人一组分成若干组,每组选择一家医药企业作为分析对象。
2. 列出财务分析指标,并对该企业进行分析。

### 三、实训内容

利用网络资源查找医药企业年度财务报告,分析其中的资产负债表、损益表等财务报表,分析企业偿债能力、企业营运能力及企业营利能力等各方面财务指标,并对该医药企业的财务状况进行分析判断。

### 四、实训评价

1. 小组成员都能积极参与实训项目,得分 5 分。参与度低者,酌情扣分。
2. 每列出一项财务分析指标,得 1 分,最高得 5 分。
3. 能通过财务指标对医药企业的财务状况进行分析,每个分析点得 1 分,最高得 5 分。

## 目标检测

ER 7-2

习题

### 一、简答题

1. 什么是财务分析？其作用是什么？

2. 简述银行借款筹资的流程？

3. 医药企业发展能力分析的指标有哪些？

### 二、案例分析题

**医药企业财务指标分析**

某医药企业 2022 年末资产总额为 614 万元，负债总额为 268 万元，权益总额为 346 万元，营业利润为 100 万元，利息费用为 6 万元。

1. 计算该医药企业 2022 年资产负债率、净资产负债率、所有者权益比率。

2. 根据财务指标分析该医药企业的财务状况。

（谭彦琦）

# 第八章　医药企业质量管理

ER 8-1

## 学习目标

1. **掌握**　全面质量管理理论的概念、特点和工作程序。
2. **熟悉**　质量管理、药品质量管理和药品质量管理体系。
3. **了解**　质量和药品质量的定义、特征。

## 导学情景

**情景描述：**

　　2022年12月29日，国家药品监督管理局对外发布《药品上市许可持有人落实药品质量安全主体责任监督管理规定》（以下简称《管理规定》），自2023年3月1日起施行。

　　《中华人民共和国药品管理法》（2019年版）正式以法律形式确立药品上市许可持有人制度（简称持有人），并明确规定持有人依法对药品研制、生产、经营、使用全过程中药品的安全性、有效性、质量可控性负责，承担药品质量主体责任。药品上市许可持有人制度改变了药品管理和责任承担机制，将药品研发、注册、生产、商业化等阶段责任，从原多个主体分段管理转变为由持有人全面承担药品全生命周期的管理职责。

　　《管理规定》全面梳理药品监管领域现行法律、法规及规章、规范，将其中药品上市许可持有人质量管理的有关要求进行归纳和整合，强调持有人关键岗位人员职责及要求，强调全过程质量管理体系有效运行，旨在针对性地监督持有人落实保障药品全生命周期质量主体责任。

**学前导语：**

　　为保证百姓用药安全有效，我国药品质量保证体系严格贯彻全面质量管理的理念，对药品研发、生产、经营和使用全过程实施控制。全面质量管理是集质量管理思想、管理理念、管理方法和管理手段于一体的综合体系，强调全过程、全企业、全员的质量管理。

　　世界经济的发展正逐渐从数量型增长转变为质量型增长，市场竞争也由价格竞争为主转变为质量竞争为主，企业要想在日趋激烈的市场竞争中立于不败之地，就必须注重质量管理。药品是特殊商品，药品质量更关乎百姓生活质量和生命安全，医药企业必须重视并加强药品质量管理，确保药品质量安全，保障公众用药安全和合法权益。质量管理已经成为现代医药企业管理的一个重要组成部分。

# 第一节　质量与药品质量

## 一、质量

### (一) 质量的定义

质量是企业永恒的话题,是企业生存和发展的基本保障,是企业竞争力的关键因素,也是社会生活中最为常见的概念之一。关于质量的解释,不同时期、不同研究主体给出了不同的看法。

美国著名的质量管理学家约瑟夫·朱兰从顾客角度出发认为质量来源于顾客需求,"质量就是适用性","适用性"即产品或服务在使用过程中满足顾客要求的程度。

美国另一位质量管理学家菲利浦·克劳斯比从生产者角度出发认为"质量是产品符合规定要求的程度"。

国际标准 ISO9000 中将质量定义为"一组固有特性满足要求的程度"。其中,"固有特性"是指产品、过程或体系与要求有关的固有特性,如药品的有效性、安全性,而非人为赋予的特性,如药品的价格。人为赋予的特性不是固有特性,不属于产品质量范畴。

---

**课 堂 活 动**

下列表述错误的是(　　)

A. 特性可以是固有的也可以是被赋予的

B. 完成产品后因不同要求而对产品所增加的特性是固有特性

C. 产品可能具有一类或多类别的固有特性

D. 某些产品的赋予特性可能是另一些产品的固有特性

---

在我国,按照国家标准的规定,"质"即事物本体、本性,"量"即度、程度,质量是指"产品、过程或服务满足规定或潜在要求(或需要)的特征及特征的总和"。这是广义的质量概念,即质量不单指产品质量,也包括过程质量和服务质量。其中,过程质量和服务质量可统称为工作质量。狭义的质量通常仅包括产品质量。

1. **产品质量**　指产品满足规定或潜在要求(或需要)的特征及特征的总和,即适用性。不同的产品有不同的要求,故而有不同的质量特性。一般来说,产品的质量特性包括外观质量、性能、寿命、安全性、可靠性、经济性等方面。

2. **工作质量**　工作质量包括过程质量和服务质量,是企业各层次各职能部门工作中与质量有关的各项工作满足规定或潜在要求(或需要)的特征及特征的总和。工作质量与产品质量不同,很难量化,但却客观存在于企业生产经营活动中,最终将以企业营利、产品质量、工作效率等工作成果的形式表现出来。

工作质量和产品质量共同构成了广义的质量,两者密切相关。工作质量是产品质量的基础和保证,产品质量是工作质量的综合反映。

### (二) 质量的特征

从质量的定义出发,我们可以从以下三个方面进一步理解质量的特征。

**1. 动态性** 质量不是固定不变的,随着人类科学技术的发展和顾客需求的不断改变,质量的要求也随之改变。企业需要根据科技发展的状况和顾客需求的变化,不断研发新产品、改进产品或服务的质量,以满足顾客的需求和欲望,企业才能营利。

**2. 相对性** 不同国家和地区的经济发展和技术发展水平不同,顾客的需求也由于政治法律、经济、自然、人口、文化等原因各有不同,相应的质量需要满足的规定要求在不同地区也具有不同之处。质量的优劣是相对一定范围内的顾客而言,具有明显的相对性。企业应综合考虑不同市场的不同要求,提供适合当地市场顾客需要的产品或服务。

**3. 可比性** 产品等级和产品质量是完全不同的两个概念,同一等级产品的质量水平才具有可比性。例如一台高级的医疗器械可能质量很差,而一台常规的医疗器械质量却很好。所以在评价产品质量时,应注意将比较的对象限制在同一"等级"上。

> **课 堂 活 动**
> 有人说"用户对产品的使用要求的满足程度,就是要求产品的技术特性越高越好"。你是否同意这种说法?

## 二、药品质量

### (一) 药品质量的定义

药品是用于预防、治疗、诊断人的疾病,有目的地调节人的生理机能并规定有适应证或者功能主治、用法和用量的物质,包括中药、化学药和生物制品等。药品是特殊商品,既有一般商品的属性,也存在不同于其他商品的特殊属性,对全人类的健康发展和繁衍有着重大意义。加强药品管理、确保药品质量,保障公众用药安全和合法权益,保护和促进公众健康,是全人类共同面对的问题。根据质量的概念,将药品质量定义为药品满足国家法定标准的要求和患者防治、诊断疾病需要的特征的总和。

### (二) 药品质量的特征

药品需满足的质量特征主要包括以下几个方面。

**1. 安全性** 是指按照规定的适应证、用法和用量使用药品后,人体产生不良反应的程度。"是药三分毒",药品的作用具有两重性,在防治疾病的同时,大多数药品具有不同程度的不良反应,如过敏反应、胃肠道反应等。药品的安全性是评价药品质量首先要考虑的特征,即使某药品能够有效防治疾病,但同时可能对人体造成不可逆转的不良反应,出现严重损伤甚至严重威胁生命安全,也不能用于临床。

**2. 有效性** 是指按照规定的适应证、用法和用量使用药品后,可以产生预期的预防、治疗、诊断人的疾病,有目的地调节人的生理机能的疗效。有效性是衡量药品质量的关键特征。没有防治疾病的预期效果,则不能成为药品。国外常根据药品有效性程度将药品的有效性分为完全缓解、部分缓解和稳定三个等级,国内则常用痊愈、显效、有效等来区别药品有效性的不同等级。

**3. 稳定性** 是指在规定的贮存条件和限定的使用期限内,药品保持其有效性和安全性的能力。基于药品不同的物理和化学性质,不同的生产工艺、包装、贮运条件等都会影响药品的有效性和安全性,药品上市前需要进行稳定性实验,确定药品的贮存条件和有效期,以保证临床使用中的药品可以在安全的前提下产生预期的疗效。

**4. 均一性** 是指药品的每一单位产品都符合有效性和安全性的要求,如每一片、每一粒、每一袋、每一瓶、每一支都具有相同的品质,有效成分均匀一致,保障安全的同时产生相同的疗效,尤其是对单位产品中有效成分含量较小的药品,若达不到均一性要求,则用药可能等同于未用药或用量过大导致中毒,甚至危及生命。

**5. 经济性** 是指药品效能和价格之间的最佳比例关系。药品是保障百姓生活质量和生命安全的基本措施,如果药品效能高,价格也高,甚至价格高到患者不愿意或无法承受的程度,这种药品的高效能就失去了实际意义,无法达到预期救治疾患的目的,药品质量也就无从谈起。

### (三) 药品质量标准

为了加强对药品质量的监控和管理,各国对药品均制订了强制执行的质量标准。药品质量标准即药品标准,是国家为了保证药品质量,对药品的质量、规格和检验方法所作的技术规定,是药品生产、经营、使用、管理、监督及检验等部门共同遵循的法定依据。

《中华人民共和国药品管理法》(2019 年版)第二十八条规定"国务院药品监督管理部门颁布的《中华人民共和国药典》和药品标准为国家药品标准。"我国现行的药品质量标准主要包括《中华人民共和国药典》和国务院药品监督管理部门颁布的药品标准。此外,我国省、自治区、直辖市药品监督管理部门可以根据各地实际情况制定中药饮片炮制规范、地方性的中药材质量标准和医疗机构制剂规范,从而形成完备的药品质量标准管理体系。

**1.《中华人民共和国药典》(ChP)** 简称《中国药典》,由国务院药品监督管理部门组织国家药典委员会负责制订并修订,国务院药品监督管理部门颁布,是国家为保证药品质量,保障人民用药的安全有效和药品质量可控而制订的法典,是国家药品标准体系的核心,具有强制性和法律效力。

---

**知识链接**

#### 《中国药典》

《中国药典》由国家药典委员会编纂,是一部具有法律性质的国家药品标准,作为药品生产、供应、使用、检验和管理部门判定药品是否合乎国家规定的共同依据。

截至目前,《中国药典》先后颁布了 12 版,即 1953 年版、1963 年版、1977 年版、1985 年版、1990 年版、1995 年版、2000 年版、2005 年版、2010 年版、2015 年版、2020 年版和 2025 年版。现行版本为 2025 年版,2025 年版药典收载品种 6 385 种,共包括中药、化学药、生物制品和通用技术要求四部。一部中药收载 3 069 种,二部化学药收载 2 776 种,三部生物制品收载 153 种,四部收载药用辅料 387 种。

《中国药典》对开展药品标准工作、促进制药工业的发展、监督检定药品质量、取缔伪劣药品、保障人民用药安全有效等起着积极作用。

**2. 国务院药品监督管理部门颁布的药品标准** 即局颁标准,同样由国务院药品监督管理部门组织国家药典委员会负责制订并修订,国务院药品监督管理部门颁布,主要收载以下几类药品。

(1)国务院药品监督管理部门批准的新药。

(2)疗效肯定,但质量标准仍需进一步改进的新药。

(3)上版药典收载,而新版未收载的疗效肯定,国内仍生产、使用,需要统一标准的品种。

(4)原来地方标准收载的、医疗常用、疗效较好、生产地较多、需统一标准的品种。

> **点滴积累**
>
> 1. 质量是指产品、过程或服务满足规定或潜在要求(或需要)的特征及特征的总和。
> 2. 药品质量是药品满足国家法定标准的要求和患者防治、诊断疾病需要的特征的总和。
> 3. 药品的质量特征有安全性、有效性、稳定性、均一性和经济性。
> 4. 药品质量标准即药品标准,是国家为了保证药品质量,对药品的质量、规格和检验方法所作的技术规定,是药品生产、经营、使用、管理、监督及检验等部门共同遵循的法定依据。

# 第二节　质量管理与药品质量管理

高效的质量管理水平和完美的产品服务质量是企业不断追求的目标,也是企业降低成本、提高经济效益,有效改善经营管理状况、增强市场竞争能力的重要途径。药品作为特殊商品,其质量好坏直接关系百姓的健康状况和生命安全,医药企业更要摆正观念,从源头做起,从建立严格的质量监管体系做起,做好药品质量管理的每一环节,保证百姓用药安全。

## 一、质量管理

质量管理就是针对质量进行的一系列管理活动。国际标准 ISO9000 中将质量管理定义为"在质量方面指挥和控制组织的协调活动"。在我国,质量管理是对产品质量和影响产品质量的各项职能活动进行科学管理的总称,包括制订质量方针(quality policy)和质量目标(quality objective),为实现质量目标进行质量策划(quality planning),实施质量保证(quality assurance)和质量控制(quality control),开展质量改进(quality improvement)等活动。

**1. 质量方针** 质量方针是由组织最高管理者制订并发布的该组织总的质量宗旨和方向,是最高管理者在组织质量管理工作中的指导思想。质量方针是建立质量管理体系的基础,需要与组织的总方针保持一致,同时为质量目标的确定提供框架。一般包括同供应厂商关系、产品设计质量、制造质量的要求、质量活动、售后服务、经济效益和质量检验的要求、质量管理培训等。

**2. 质量目标** 质量目标是组织在质量方面所追求的目的,即在组织的质量方针框架下,各职能部门和层次(如决策层、执行层和作业层等)所要达到的主要任务目标。质量目标应是可测量的,应具有可评审性和可操作性,以确定其实现的程度。在企业的质量管理活动中,通常需要为组织的各职能部门分层次分别制订相应的质量目标。

**3. 质量策划** 质量策划是质量管理的一部分,致力于制订质量目标并明确必要的运行过程和相关资源以实现质量目标。质量策划是组织建立质量方针后进行的一项质量管理活动,先于质量保证、质量控制和质量改进的实施,是连接质量方针和具体的质量管理活动之间的桥梁和纽带。只有经过质量策划,质量保证、质量控制和质量改进才可能有明确的对象、目标和切实可行的措施方法。

**4. 质量控制** 质量控制是为达到满足顾客需要的质量水平,在质量形成的过程中对每一环节如专业技术和管理技术等方面采取的各种作业技术和活动,致力于满足质量要求。质量控制的关键是使质量形成全过程和所有质量管理活动处于完全受控状态,其基础是过程控制,对影响质量的人、机、料、法、环五大因素进行控制,并对质量管理活动的结果进行分阶段验证,以便及时发现问题、解决问题,防止差错重复发生,尽可能减少损失。

## 案例分析

### 加强全过程质量控制,注重生产过程质量风险管控

**案例:** 2024 年 6 月,国家药品监督管理局药品审评中心发布《中药口服制剂生产过程质量控制研究技术指导原则(试行)》(以下简称《指导原则》)。《指导原则》明确,中药口服制剂应当遵循"质量源于设计"理念,注重整体质量评价,加强全过程质量控制,注重生产过程质量风险管控;鼓励符合中药特点的新技术、新方法、新设备在生产过程质量控制中的应用。

《指导原则》强调,中药口服制剂应当开展包括原辅料的质量控制、生产过程质量控制、成品检验等在内的全过程质量控制研究,以保障产品质量的批间稳定、批内均一。生产过程质量控制是药品质量控制的重要技术手段,药品上市许可持有人或者申请人应当针对产品质量目标,根据对产品质量、生产过程以及两者间相互关系的理解,研究一系列保障过程性能和产品质量的有计划的调控措施,包括在生产过程中通过监测及调节过程参数等,确保产品质量符合目标要求。

**分析:** 中药的质量控制是保证中药的疗效和安全性的重要环节。对于中药产业而言,质量控制还关系中药产品的市场竞争力和声誉。需要从采集、炮制到质量检测等方面进行全面质量控制,以确保中药的质量符合规定的标准,并保证中药的疗效和安全性。

**5. 质量保证**　质量保证是为使顾客和企业高层管理者等其他相关方确信组织的产品、服务和过程达到规定的质量要求,而在质量管理体系中实施并根据需要进行证实的一系列有计划、有系统的活动总称,致力于提供质量要求会得到满足的信任。质量保证分为内部质量保证和外部质量保证,内部质量保证是为了取得企业领导的信任。外部质量保证是在合同环境中,组织取信于顾客信任的一种手段。质量保证和质量控制都以满足质量要求为目的,但两者侧重点不同。

**6. 质量改进**　质量改进是在组织内采取的提高活动效果与效率的措施,目的是向本组织及其顾客提供增值效益,致力于增强满足质量要求的能力。质量改进是将现有的质量水平在质量控制的基础上加以提高,使质量管理效果达到前所未有的水平的突破过程,是质量控制的发展方向,质量控制是质量改进的前提,"控制"意味着维持其原有的质量水平,"改进"则是实现质量水平的突破或提高。

质量管理一直是人类社会普遍存在的一项管理内容。从古人简单的采集、保管、使用的质量管理,到现代社会的系统化质量管理,质量管理经历了以检验为主的质量检验管理、以统计学方法为主的统计质量管理和全面质量管理等阶段,现代企业组织普遍使用全面质量管理方法(详细内容请见本章第三节)。

## 二、药品质量管理

### (一)药品质量管理的定义

药品质量管理是指在国家现行的法律法规指导下,对药品研发、生产、经营及使用等过程的指挥和控制组织的协调活动。各药事主体为保证药品质量、满足患者防治疾病、维护健康的需要,制订药品质量方针和质量目标,在质量体系内通过质量策划,运用质量控制和质量保证等手段,开展质量改进,实施整体质量管理的一系列活动,都属于药品质量管理范畴。

### (二)药品质量管理的特征

药品是特殊商品,为了最大程度保证药品达到有效性、安全性、稳定性、均一性和经济性等质量特征,有必要对药品实行特殊的质量管理,其特征主要体现在以下三点。

**1. 药品质量管理的全过程性**　为了实施对药品质量的全面监控,保证百姓用药安全有效,国务院药品监督管理部门会同相关监督管理部门秉持全面质量管理的理念,在《中华人民共和国药品管理法》及《中华人民共和国药品管理法实施条例》的大框架下,建立了以《药物非临床研究质量管理规范》(GLP)、《药物临床试验质量管理规范》(GCP)、《药品生产质量管理规范》(GMP)及《药品经营质量管理规范》(GSP)为主的药品监管法规体系,对药品质量管理实施全过程的管理。

> **课堂活动**
> 请搜索我国相关药品监管法律法规,说明我国药品质量管理的全过程性。

**2. 宏观与微观管理的协调性**　宏观管理是指从宏观角度出发,由国家和各级政府相关监管部门管理,由国务院药品监督管理部门主管全国范围内的药品监督管理工作。国务院有关部门在各自的职责范围内负责与药品相关的监督管理工作。省、自治区、直辖市药品监督管理部门负责本辖区内的药品监督管理工作。微观管理是从微观角度出发,由企业内部组织的质量管理活动,企业按照国家法规要求设置质量管理机构,并配备具有相应资质的专业质量管理人员负责企业内的药品质量管理工作。此外,还设置了群众性的药品质量监督员和检查员。

**3. 药品质量管理手段的多样性**　为了保证药品质量安全,保障百姓用药安全,在质量管理过程中,国家政府部门和各企业综合使用行政方法、法律方法、经济方法、技术方法等一系列行之有效的管理方法,不仅局限于事后的检验和事先的统计预防,还实行全方位、全过程、全员参与、多手段的全面质量管理体系。

## 三、质量管理体系

### (一) 质量管理体系的概念

体系是相互关联或相互作用的一组要素。管理体系是建立方针目标并实现这些目标的体系。质量管理体系(quality management system,QMS)是组织为实现质量目标而在内部建立的必需的、系统的在质量方面指挥和控制组织的质量管理模式。它将组织资源与生产运行过程相结合,按过程管理方法进行系统管理,根据组织特点将组织所拥有的各项资源搭配组合,涵盖从调查确定顾客需求、设计研制、生产、检验到产品销售、售后服务全过程的策划、实施、监控、纠正与改进活动的要求,一般以文件化的形式,成为组织内部质量管理工作所要遵循的要求。

实现组织质量管理的方针和目标,有效开展各项质量管理活动,必须建立相应的质量管理体系。现代企业管理中普遍采用的是 ISO9000 系列标准。

> **知识链接**
>
> #### ISO9000 系列标准
>
> 国际标准化组织(International Organization for Standardization,ISO)是一家非政府性标准化专门机构,成立于 1947 年 2 月 23 日,总部设于瑞士日内瓦。截至目前,共有包括我国在内的 170 个成员国,其中正式成员 127 个,通信成员 39 个,注册成员 4 个。我国于 1978 年加入 ISO,2008 年正式成为 ISO 的常任理事国。
>
> ISO9000 系列标准是由国际标准化组织的第 176 个技术委员会——成立于 1980 年的质量管理和质量保证技术委员会(ISO/TC176)制订的一系列质量保证模式。ISO9000 系列标准并不是用来评估产品的优劣程度,而是用于评估企业在生产过程中对流程控制的能力,是一个组织建立质量管理体系的标准,为企业提供了一种具有科学性的质量管理和质量保证方法和手段,可用于提高企业内部管理水平,帮助组织实施并有效运行质量管理体系。

### (二) 质量管理体系的组成

完整的质量管理体系包括"硬件"和"软件"两部分。硬件是指组织所拥有的各项物质、技术和人力等资源,包括各种设备设施、专业技术和人力资源等硬性条件,是支撑质量管理体系、正确实施组织质量管理活动必不可少的条件。软件是组织在借助这些硬件实施质量管理活动中所形成的组织架构、岗位职责和管理制度等。

ISO9000 系列标准中将质量管理体系分为过程、组织架构、工作程序、资源和人员四个组成部分,四个部分相互联系组成有机的质量管理体系,保证质量管理活动的有效开展。

**1. 过程**　过程是将输入转化为输出的一组相关资源和活动,包括资源管理过程、产品质量形成过程和分析与改进等过程,设计组织产品质量形成的各阶段,从识别并确定用户需求到原材料采购、产品设计、研发、生产、检验、销售、售后及使用的全过程。

**2. 组织架构**　组织架构是具体执行并维护质量管理体系运行的部门及其人员。组织应根据自身特点、产品特性、质量要求等,科学合理地设置与组织质量管理体系相适应的组织架构,明确各组成机构的隶属关系、联系方法和各自的职责范围,由组织架构负责组织内质量活动的计划、组织、领导、控制和协调活动。

**3. 工作程序**　工作程序是开展某项工作环节所遵循的途径。组织应对所有可能直接或间接影响质量管理结果的工作环节制订相应的工作程序,对各工作环节的先后顺序、内容和应达到的要求提出详细要求,并对其工作效果进行持续的监控和验证,确保组织的质量方针和质量目标得以实现。如组织内部的质量手册、生产工艺文件、岗位操作规范、标准操作规程等都属于工作程序。

**4. 资源和人员**　资源和人员是完成质量目标必不可少的组成要素,也是质量管理体系的基本组成,包括组织所拥有的各项资源和各种专业技术人员,如物资资源、设施环境、信息资源、网络资源和人力资源等。

---

**点滴积累**

1. 质量管理是对产品质量和影响产品质量的各项职能活动进行科学管理的总称。
2. 药品质量管理是指在国家现行的法律法规指导下,对药品研发、生产、经营及使用等过程的指挥和控制组织的协调活动。
3. 质量管理体系是组织为实现质量目标而在内部建立的必需的、系统的在质量方面指挥和控制组织的质量管理模式。

---

## 第三节　全面质量管理

### 一、全面质量管理的概念

全面质量管理以系统理论、质量控制理论为指导,以产品质量为核心,运用数理统计、管理心理学和信息学等学科知识,在质量形成的各个阶段和环节,对影响产品质量的各种因素实施全面系统的控制,建立起一套科学、严密、高效的质量体系。国际标准 ISO9000 对全面质量管理(total quality management,TQM)的定义为:"一个组织以质量为中心,以全员参与为基础,目的在于通过顾客满意和本组织所有成员及社会受益而达到长期成功的管理途径"。

产品质量的形成不应只与生产制造过程有关,而应该是与产品的生产经营全过程有关。因此,质量管理应该是由全体人员参与的涉及生产经营全过程的管理活动,要求将产品研发、产品生产、经营管理等活动有机结合起来,形成一个比较完整的管理体系,确保产品的高质量,以满足客户的需求。全面质量管理的概念应从以下四个方面理解。

**1. 全面质量管理的中心是质量**　质量是企业的生命线,是企业获得忠实顾客的根本,在全面质量管理中,质量处于中心地位。对于医药企业来说,由于其产品的特殊性,就更应该注重产品质量和工作质量,用合格达标的工作质量保证产品质量的安全性、有效性、稳定性、均一性和经济性。

**2. 全面质量管理的基础是全员参与**　企业从高层的管理者到基层工作员工都是全面质量管理的责任人,都对企业产品质量和工作质量负有责任。领导作为管理层,其作用主要体现在对企业发展策略的规划和制订上,而其他的管理人员,包括一线操作人员对产品质量和工作质量负有直接责任。只有企业全员参与质量管理,企业的产品质量才会更好。

**3. 全面质量管理的最终目标是让顾客满意**　对于企业来说,顾客就是上帝,企业只有让顾客满意自己的产品,才能在市场竞争中站稳脚跟,才能赢得忠实的顾客,进而获得更多的利润。因此,对于企业管理来说,就必须紧紧围绕让顾客满意这个原则来开展各项工作。这里的顾客不仅指企业外部的顾客,即产品的最终使用者,而且也包括企业内部的顾客,即下一工序,下一工序是上一工序的顾客。从表面看,顾客为企业的外部因素,但本质却是企业最重要的一部分。

**4. 全面质量管理的最终受益者是企业成员和社会**　全面质量管理的目标是让顾客满意,进而获取相应的经济效益和社会效益,获取相对客观的利润。无论是企业管理者还是普通员工或是顾客,均是全面质量管理的最终受益者。

> **边 学 边 练**
> 全面质量管理在企业的实际应用,请见"实训八　医药企业质量管理"。

## 二、全面质量管理的特点

全面质量管理的特点可总结为"三全、一多样、三一切",即全员、全过程、全方位,多样化管理方法,一切为顾客满意、一切以预防为主、一切用数据说话。

**1. 全员参加的质量管理**　全面质量管理始于教育,终于教育。质量是企业质量管理或质量检验部门的主要工作内容,事关产品设计、生产、供应、销售、服务过程中的所有人员,同时也事关企业各个部门如党政工团、财务、人力资源、培训、安保等所有人员。各职能部门如同一个链条环环相扣,每个员工都是链条上的一部分,他们的工作质量或多或少都直接或间接地影响产品质量,一旦链条上的某一部分出现问题,可能导致整个链条的断裂。所以全面质量管理要求企业全体人员都参与质量管理工作,人人承担质量责任,人人把好质量关。

**2. 全过程的质量管理**　全过程是指产品质量形成和实现的全过程。全面质量管理始于识别顾客需要,终于满足顾客需要。企业要在市场调查过程中全面收集、整理和分析市场信息,了解市场需求和环境因素,以期能够生产出满足顾客需要的产品。在产品设计研发阶段,提高研发质量,使产品的设计结果能充分满足顾客使用的各项要求。在产品生产各环节中,加强环节控制,消除产生不合格品的各种隐患,挖掘深层次的原因。在销售环节,保证技术服务质量,做到顾客满意、企业获利、社会受益。

**3. 全方位的质量管理** 全方位的质量管理就是要"以质量为中心,领导重视、组织落实、体系完善"。全面质量管理中的质量是广义的质量,不仅包括狭义的质量即产品质量,也包括与产品质量形成有关的工作质量,即过程质量和服务质量。良好的产品质量有赖于良好的工作质量,良好的工作质量不但能够保证产品质量,而且可以降低企业运营成本,提高顾客满意度,树立企业良好的形象。

**4. 多样化管理方法** 全面质量管理的程序科学、方法灵活、实事求是、讲求实效。随着现代科学技术的发展,对产品质量和服务质量提出了越来越高的要求,而影响产品质量和服务质量的因素也越来越复杂,既有物的因素,又有人的因素;既有技术的因素,又有管理的因素;既有企业内部的因素,又有企业外部的因素。要将这一系列的因素系统地控制起来,全面管好,就必须根据不同情况区别不同的影响因素,形成多样化的质量管理方法体系。将先进的专业技术、系统工程、价值工程及数理统计等科学方法有机地结合起来,全面综合地管理质量。

**5. 一切为顾客满意** 企业的一切活动都是围绕顾客开展的,顾客是上帝,只有满足顾客需求的产品才能在市场上获得销路。只有顾客满意,企业才能获得满意的销售利润,企业才能长久的生存下去,企业需要不断了解发掘顾客的需要,才能有针对性地提供满足顾客需求的产品。这里的"顾客"不仅指产品的最终使用者,也包括企业内外上道工序的顾客,即下道工序。"下道工序"既包括企业内的下一道生产工序和工作环节,也包括医药行业上游企业的顾客,即下游企业。

**6. 一切以预防为主** 全面质量管理要求将质量管理工作的重心由"事后把关"转到"事前控制",严格控制可能影响产品质量的各种因素,将每一道生产工序置于可控状态,通过事前的控制,预防事后的不合格品产生,避免造成生产浪费和成本增加。

**7. 一切用数据说话** 数据是定量反映客观事物的证据,是质量决策的依据。全面质量管理运用了多种管理方法,包括数理统计的分析方法,形成了一整套科学有效的数据,企业可以通过对各种统计数据的加工、分析和处理,找出规律,运用专业知识对存在的问题作出正确判断并寻找正确的应对措施,从定量角度分析产品的质量是否满足顾客需要,是否达到企业的质量标准要求。

> **课 堂 活 动**
> 有人说"药品质量是药品生产企业的事,与药品经营企业和医疗机构无关",这样的说法对不对?为什么?

## 三、全面质量管理的工作流程

全面质量管理工作中最常采用的工作程序是 PDCA 循环法。PDCA 即英文中的 plan(计划)、do(实施)、check(检查)、action(处理)四个单词的首字母,它们的组合即 PDCA 循环,是指按照计划、实施、检查、处理的顺序从事质量管理工作,并不断循环的一种科学管理方法。PDCA 循环是由美国著名的质量管理学家戴明博士发明并在全球推广的,故也称为"戴明环",它体现了全面质量管理的思想方法和工作步骤。

### (一) PDCA 循环过程

PDCA 循环包括四个阶段、八个步骤,即一次质量管理工作的活动过程,如图 8-1 所示。

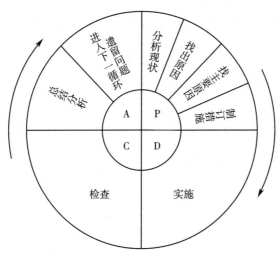

**图 8-1　PDCA 循环示意图**

**1. 第一阶段为计划(plan)阶段**　要求企业在充分调查研究的基础上,分析原因,制订应对措施和工作计划。具体包括四个步骤:①调查研究,分析质量管理现状,找出存在的问题;②根据存在的问题,分析其产生的各种原因和影响因素;③从诸多原因中找出影响质量的主要原因和因素;④针对影响质量的主要原因和因素,制订应对措施和工作计划。

**2. 第二阶段为实施(do)阶段**　严格遵照并实施第一阶段制订的措施和计划,记录结果。

**3. 第三阶段为检查(check)阶段**　在计划的实施过程中或实施之后,将实施结果与第一阶段所制订的质量工作目标进行比较,检查计划完成状况,及时发现计划执行过程中出现的问题,总结经验。

**4. 第四阶段为处理(action)阶段**　根据上一阶段的检查结果,采取相应措施,具体包括两个步骤:①总结计划执行过程中的经验教训,根据成功的经验和失败的教训修正原有的质量管理制度和质量标准,巩固成绩,防止问题重现;②尚未解决的遗留问题,留至下一次 PDCA 循环中继续解决。

### (二) PDCA 循环的特点

**1. 按顺序周而复始**　PDCA 循环是按照 P-D-C-A 的顺序循环往复的,四个阶段的顺序固定不变,同时这四个阶段不是运行一次就完结,而是周而复始地不断循环进行。一次循环帮助企业解决一部分问题,可能还有问题没有解决,遗留问题再进入下一次 PDCA 循环,企业制订新的计划,实施计划,检查执行情况,总结处理,依此类推。

**2. 大环套小环,相互促进**　企业的质量管理体系与其内部各职能部门的关系,是大环套小环的有机逻辑组合体。PDCA 循环不仅适用于整个企业,也适用于各个职能部门、车间、班组和个人。整个企业是一个大的 PDCA 循环,各职能部门的质量管理则是大环中的小环,形成大环套小环的有机循环组合体。大环是小环循环转动的依据,小环是大环循环转动的保证,小环的转动推动上一级循环乃至整个企业质量管理工作的循环转动,通过大环与小环的循环推动,促进企业各项质量管理工作协同前进。如图 8-2 所示。

**3. 阶梯式上升,循环前进** PDCA 循环不是停留在同一个水平上的循环,而是阶梯状上升的循环,每经过一次循环,可解决一部分现有问题,质量管理水平得到提高,达到新的质量管理高度,PDCA 循环过程就是质量管理工作循环前进、质量管理水平逐步上升的过程。如图 8-3 所示。

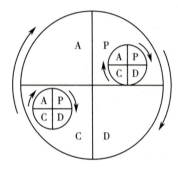

**图 8-2 PDCA 循环的大环套小环**

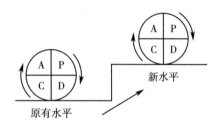

**图 8-3 PDCA 循环的阶梯式上升,循环前进**

---

**点滴积累**

1. 全面质量管理的特点可总结为"三全、一多样、三一切",即全员、全过程、全方位,多样化管理方法,一切为顾客满意、一切以预防为主、一切用数据说话。
2. PDCA 即英文中的 plan(计划)、do(实施)、check(检查)、action(处理)四个单词的首字母,它们的组合即 PDCA 循环。

---

# 实训八　医药企业质量管理

## 一、实训目的

1. 熟练掌握全面质量管理理论,通过对案例中医药企业质量管理状况的分析,帮助企业解决质量管理中遇到的实际问题,加深对所学知识的理解。

2. 学会发扬团队合作精神,锻炼自我表达能力。

## 二、实训要求

1. **实训分组** 将全班同学按照 4~6 名同学为一组进行分组。

2. **任务确定** 由老师为各小组布置小组任务。

3. **实训实施** 各小组根据老师布置的小组任务,收集资料,并进行整理分析,将分析结果制作成 PPT。

4. **成果汇报** 实训课堂上以 PPT 形式进行成果汇报,各小组代表对本小组分析的事件进行总结说明。

## 三、实训内容

请学生通过网络等途径搜索国内外发生的药品质量安全事件,回答下面两个问题:

1. 简要描述此次药品质量安全事件发生的始末,并分析质量安全事件发生的原因(发生过程、发生原因、处理结果)。

2. 运用全面质量管理理论分析此次质量安全事件对其他企业的启示。

## 四、实训评价

1. 小组成员都能积极参与讨论,得分 3 分。参与度低的,酌情扣分。

2. 能准确描述质量安全事件全过程,得分 3 分。

3. 能正确运用全面质量管理理论深刻分析,每一点给 1 分,最高得 3 分。

4. 能完成实训汇报,逻辑性强,条理清晰,得 2 分,最高得 6 分。

## 目标检测

ER 8-2

习题

### 一、简答题

1. 请简述质量管理的概念。

2. 请简述全面质量管理的概念。

3. 全面质量管理的特点有哪些?

4. PDCA 循环有哪些特点? 包括哪些阶段?

### 二、案例分析题

通过对医药企业案例背景资料的分析,说明质量管理对医药企业发展的重要性。

**精益质量管控,强品质与匠心智造并举**

某医药企业是我国中药行业著名的老字号。2001 年改制为国有独资公司,现代企业制度在企业内逐步建立完善,目前在经营格局上形成了以制药工业为核心,以健康养生、医疗养老、商业零售、国际药业为支撑的五大板块,构建了集种植(养殖)、制造、销售、医疗、康养、研发于一体的大健康产业链条。

时至今日,企业品牌之所以熠熠生辉,关键在于过硬的品质。从精选上等、纯洁、道地原料到生产制造,从"修合无人见、存心有天知"到"诚信为本、药德为魂"的经营理念,对品质的要求始终贯穿全过程。实现了从原料采购到生产加工,再到零售终端的全面质量管理。

1. 建设高质量种植养殖基地。近年来,企业相继制订中药材种植养殖高质量发展方案和中药材种植养殖基地建设管理办法等,组建供应链公司,专门负责中药材种植养殖与采购管理工作,加强与国内其他知名企业种植基地合作,获取高品质中药材。

2. 全力以赴守护产品质量。企业努力搭建"零缺陷"质量管理体系,2022年9月,企业质量追溯数据中心正式揭牌。该中心是企业"零缺陷"质量管理体系的重要组成部分,借助现代溯源技术,围绕药材种植基地建设、中药饮片炮制加工和中成药生产等环节开展智能化监管。消费者扫码即可查看企业中药材"从田间到车间"的全流程信息。

3. 发布中药材标准助力行业发展。2023年4月,企业首批有机中药材标准在乌镇健康大会上发布,2023年6月,在湖北召开的企业种植养殖基地建设大会上又发布64个品种的企业中药材标准。为让中医药服务更多用户,企业还在建立符合国际标准且拥有中药特色的质量标准评价体系方面进行了一系列探索。

4. 充分发挥质量管控中心作用。成立科研小组,着力提升科研管控能力;成立质量标准小组,规范质量标准管理;成立药物警戒小组,研判不良反应症状,保证公众用药安全;成立检测能力提升小组,加强学习与技术交流,助力实验室整体水平提升;成立质量体系管理小组,监督指导质量体系运行。

高质量管控带来的积极效应窥见一斑,2023年半年报显示,企业报告期内营业收入为97.61亿元,同比上涨30.02%;归属于上市公司股东的净利润达到9.87亿元,同比上涨32.69%,营收净利双增实现大幅提升。公司股价最高触及64.28元/股,创上市25年来历史新高,市值一度突破800余亿元。

(张 琳)

# 第九章　医药企业运营管理

## 导学情景

**情景描述：**

　　作为医疗影像设备制造和服务领域的领军企业，某企业致力于追求卓越品质，率先建立工业互联网平台，实现全生命周期数字孪生智能应用。这一举措优化了生产流程，提升了部件质量，提高了总装效率，并提供了卓越的运维服务，成为行业标杆。

　　公司专注于高端医疗影像设备的研发，其产品和技术广泛应用于医疗、机械、制造、材料和化工等领域。面对异地协同、多样化需求和小批量生产挑战，公司利用工业互联网和人工智能（artificial intelligence，AI）技术，优化工艺，实现设备预测性维护，成为高端装备系统工业互联网应用的典范。

　　认识到高端医疗影像设备对我国医疗事业发展的重要性，公司将未来十年视为战略机遇期。通过 AI 赋能的工业互联网，公司显著提升了设备技术水平和生产设计能力，助力我国制造在该领域取得突破，成为实现"中国制造 2025"战略的关键。

**学前导语：**

　　随着医药行业数字化转型的加速推进，医药企业通过信息化手段全面升级运营管理体系。数字化流程改革增强了管理效能，促进了行业绿色升级，提升了医疗质量管理体系，引领了医疗行业转型。

## 第一节　医药企业信息化管理

　　随着云计算、大数据、人工智能、物联网和工业互联网等前沿信息通信技术的日益成熟和广泛应用，信息化浪潮正在迅速席卷全球，成为各行业发展的新引擎。这一趋势加速了企业信息化转型的步伐，以适应新时代的挑战与机遇。信息化技术正深刻地重塑医药企业的运营模式，从提升生产效率和质量控制,到加强供应链管理,再到拓展销售渠道和增强客户服务,其影响力贯穿整个医药产业链。它不仅优化了企业内部流程,降低了成本,还通过促进与医疗生态系统中各参与者的沟通与协作,推动医疗服务的创新。信息化已成为医药行业提升竞争力、实现智能化和数字化转型的关键驱动力。

## 一、医药企业信息化管理概述

企业信息化是指企业组织的运营、管理、生产等各个方面的整体信息化过程。企业信息化是一个系统工程,包括目标、方法、过程和工具四个方面。

企业信息化实质是将企业的生产过程、物料流动、事务处理、资金流动、客户交流等业务过程数字化。这意味着利用各种信息系统和网络将这些业务过程转化为数字化数据,形成新的信息资源。各级管理人员可以利用这些信息资源洞察和监控企业各种动态业务中的情况。通过对这些信息的分析,可以作出有利于优化生产要素组合的决策,从而实现企业资源的合理配置。这使得企业能够适应日益变化的市场竞争环境,并追求最大的经济效益。

医药企业信息化管理是指利用现代信息技术对医药企业的生产、研发、销售、物流、财务等各个环节进行系统化、规范化管理的过程。通过信息化管理,医药企业能够实现信息的高效传递和资源的优化配置,从而提升企业的整体竞争力和市场响应速度。这一管理方式不仅涵盖传统的企业资源计划(enterprise resource planning,ERP)、客户关系管理(customer relationship management,CRM)等系统,还包括近年来迅速发展的人工智能、大数据分析和物联网技术在医药领域的应用。

医药企业信息化管理是一个不断发展创新的管理模式,与传统管理模式相比,有以下几个鲜明的特点。

**1. 高度集成性**  在医药企业信息化管理的架构中,高度集成性是其核心特点之一。通过集成先进的信息管理工具,企业能够跨越传统的部门壁垒与业务界限,实现信息资源的无缝衔接与流程的深度融合。这种跨部门、跨业务的信息共享与流程整合,极大地提升了工作效率,促进了决策的协同一致性和执行的流畅性。

**2. 数据驱动**  数据作为信息化时代的核心资产,医药企业在管理中强调数据的收集、分析与应用,以此作为制订决策的基石。利用大数据分析技术和人工智能算法,企业能够从海量数据中提炼出有价值的分析,优化资源配置,预测市场趋势,从而在竞争中占据先机。数据驱动的决策过程不仅可增强决策的科学性与精确性,还可加快决策的速度,提升企业的决策能力。

**3. 合规安全**  鉴于医药行业的特殊性,信息化管理尤为重视合规安全。在设计与执行信息化策略时,企业应严格遵循国内外医药行业法规、数据保护法以及隐私权相关法律,确保信息处理的合法性、安全性和隐私保护的有效性。通过实施多层次的安全防护措施,如数据加密、访问控制、灾难恢复计划等,企业可构建坚固的信息安全防线,维护企业信誉和客户信任。

**4. 客户服务导向**  在信息化管理框架内,医药企业始终将提升客户体验作为首要目标。通过信息化手段,如在线服务平台、移动健康应用、智能客服系统等,企业能够提供更为个性化、便捷、高效的服务,增强与客户的互动与沟通,及时响应客户需求和反馈,从而在提高服务效率与质量的同时,深化客户关系,提升品牌忠诚度。

**5. 技术创新**　医药企业信息化管理需基于现状,不断持续探索与拥抱技术创新,作为推动业务创新和模式转型的动力源泉。紧跟云计算、物联网、区块链等前沿技术的发展趋势,企业不断将这些新技术融入管理实践,促进管理模式的迭代升级,开辟新的服务模式和产品线,为企业注入持久的活力与竞争力。

综上所述,医药企业信息化管理的这些特点不仅反映了信息技术在企业管理中的深度应用,也体现了现代企业对高效运营、精准决策、安全合规、创新驱动及以客户为中心等核心价值的追求。

---

**课 堂 活 动**

医药企业信息化管理的特点有哪些(　　　　)

A. 高度集成性　　　　　　　　　　　B. 数据驱动

C. 合规安全　　　　　　　　　　　　D. 客户服务导向

---

## 二、医药企业信息化管理的实施流程

医药企业信息化管理项目的成功推进,依赖于一个系统化、精细化的实施流程,该流程包括以下五个阶段。

**1. 需求分析与规划阶段**　此阶段的核心任务在于明确信息化建设的总体目标,通过对现有业务流程、信息资源、技术基础及管理需求的全面诊断,识别信息化改进的关键领域。基于详尽的现状分析,企业需制订既符合实际又面向未来的信息化战略规划,明确实施的重点、步骤、预期成果及评估标准,绘制详细的实施路线图。此阶段还需考虑政策环境、行业标准与合规要求,确保信息化规划的前瞻性和可行性。

**2. 系统设计与选型阶段**　在清晰的需求框架下,企业需着手设计符合自身特色的信息化系统架构,包括软件系统的设计、硬件设施的配置、网络架构的规划等。设计过程中需充分考虑系统的可扩展性、安全性、兼容性和易用性。同时,根据前期分析确定的功能需求,进行信息技术产品的选型,涵盖软件应用、硬件设备以及服务提供商的选择。选型过程中应综合考虑供应商的技术实力、产品成熟度、市场口碑、售后服务等因素,确保所选方案的最优性价比。

**3. 实施与部署阶段**　该阶段是信息化管理从理论到实践的过渡期,涉及系统的定制开发或配置、历史数据的迁移与清洗、新旧系统的并行与切换策略制订。此外,用户培训也是此阶段不可忽视的重要环节,通过系统性培训确保员工掌握新系统的操作技能,减少实施阻力。系统测试包括单元测试、集成测试、压力测试及用户验收测试,以确保系统功能完备、性能稳定、数据准确,为正式上线奠定坚实基础。

**4. 运行维护阶段**　系统上线后,进入长期的运行维护阶段,重点在于建立一套完善的运维管理体系,包括日常监测、故障应急响应、定期备份、安全审计、性能调优及软硬件更新维护等。运维团队需持续监控系统运行状态,及时发现并解决问题,确保系统的高可用性和数据安全性。此外,还需建立文档管理制度,记录系统变更、故障处理、用户反馈等信息,为后续的系统优化与升级提供依据。

**5. 评估与优化阶段** 信息化管理并非一劳永逸,而是需要根据业务发展和外部环境的变化不断调整优化。此阶段通过定期的系统性能评估、业务流程审查、用户满意度调查等方式,收集反馈信息,评估信息化建设的实际成效与潜在问题。基于评估结果,企业应适时调整信息化战略,优化系统配置与业务流程,引入新技术或工具,以持续提升信息化管理的效率和效果。

总之,医药企业信息化管理的实施流程是一个循环迭代、持续优化的过程,每个阶段都需要精心规划与执行,以确保信息化建设能够有力支撑企业战略目标的实现,推动企业迈向数字化转型的新高度。

## 三、医药企业信息化应用系统

作为现代医疗健康产业的核心支撑,医药企业信息化应用系统是一系列旨在提升药品研发、生产、供应链管理、销售以及医疗服务水平的先进信息技术解决方案的总称。这些系统深入融合了信息技术与医药行业的专业知识,不仅促进了企业内部流程的优化,也加强了行业内外的信息交流与合作,共同推动医药产业向更加高效、安全、智能的方向发展。以下是一些关键的信息化应用系统及其在医药企业中的作用。

**1. 企业资源计划系统** 在医药行业中,企业资源计划(enterprise resource planning,ERP)系统扮演着整合管理的角色,涵盖了财务、采购、生产、库存、销售和人力资源等多个方面。通过集成信息流,实现对企业资源的全面规划和控制,确保药品从原材料采购到成品销售的每一个环节都能得到精准管理和优化,提升运营效率,降低成本,同时满足严格的法规遵从要求。

**2. 人力资源管理系统** 人力资源管理系统(human resource management system,HRMS)在医药企业中扮演着至关重要的角色,负责招聘、培训、绩效管理、薪酬福利、员工发展以及日常人事行政事务的数字化管理。它通过集成的数据库和自动化流程,提高人力资源管理的效率与合规性,支持企业战略目标的实现,同时确保人才储备充足,以应对医药行业的人才竞争和专业技能需求。

**3. 财务管理系统** 财务管理系统(financial management system,FMS)为医药企业提供了全面的财务管理解决方案,覆盖会计核算、成本控制、预算管理、财务分析及报告等功能。通过实时的财务数据监控和分析,FMS帮助管理层作出更为精准的财务决策,优化资本配置,确保财务合规性,同时有效控制成本,提升企业经济效益。

**4. 研发信息管理系统** 在医药研发领域,研发信息管理系统(research & development management information system,R&D MIS)是支持药物发现、临床试验管理、数据管理和知识产权保护的关键工具。它通过集成实验数据管理、项目进度跟踪、文献检索和合作研究平台等功能,加速新药的研发进程,同时保证研究数据的完整性和安全性,促进创新成果的转化。

**5. 生产管理系统** 生产管理系统(manufacturing execution system,MES)在医药生产线上扮演

着核心角色,它连接 ERP 与车间层控制,实现了生产计划与实际生产的紧密衔接。MES 监控生产过程的每个环节,从原材料接收、生产排程、工艺控制到质量检验,确保生产指令的准确执行。通过实时数据收集与分析,MES 可以快速响应生产异常,优化生产流程,提高生产效率,同时保证生产过程的合规性与产品质量,支持连续改进和精益生产实践。

**6. 质量管理系统** 质量管理系统(quality management system,QMS)专注于保证药品的质量和合规性。该系统涵盖从原料检验、生产过程控制、成品检测到上市后的不良反应监测等全过程质量管理,确保每一步都符合 GMP 和相关法律法规标准。通过自动化记录、追踪和分析,QMS 有助于及时发现并纠正质量问题。

**7. 供应链管理系统** 针对医药产品的特殊性,供应链管理(supply chain management,SCM)系统特别强调对温度敏感性、有效期管理及法规遵从的严格控制。通过实时监控库存状态、优化物流配送路径、管理供应商关系及预测市场需求,SCM 系统确保药品能够准时、安全地送达患者手中,优化成本,提高供应链的响应速度和灵活性。

**8. 供应链执行系统** 供应链执行(supply chain execution,SCE)系统专注于供应链中的实物操作,如仓库作业、订单履行、运输调度等,与仓储管理系统(warehouse management system,WMS)及运输管理系统(transportation management system,TMS)紧密配合,确保供应链各环节的高效协同。通过实时监控和智能调度,SCE 系统能显著提升供应链响应速度,降低运营成本,提高客户满意度,尤其在医药行业,确保药品及医疗物资的快速、安全配送。

**9. 仓储管理系统** 在医药行业中,仓储管理系统(WMS)是确保药品及其他医疗物资高效存储、精确追踪与快速分发的关键。通过自动化库存管理、优化库位布局、条形码/RFID(射频识别)追踪技术,以及与 ERP、TMS 等系统的无缝集成,实现从入库、存储、拣选到出库的全链条精细化管理。WMS 不仅能显著减少药品损耗、提升仓库利用率,还可确保药品流通的可追溯性和法规遵从性。

**10. 运输管理系统** 运输管理系统(TMS)在医药供应链中扮演着举足轻重的角色。系统功能包括路线规划、承运商选择、运费管理、在途监控及温度敏感性货物的特殊处理。通过实时跟踪、多模式物流策略和跨境物流的合规管理,TMS 可降低物流成本,提高供应链的透明度和响应速度,确保药品供应链的稳定性和可靠性。

**11. 商业智能系统** 商业智能(business intelligence,BI)系统在医药企业中发挥着数据洞察与决策支持的作用,通过高级分析工具对海量数据进行挖掘,提供实时业务报告、趋势预测、绩效评估等。BI 系统有助于企业把握市场动态,识别潜在机会,优化资源配置,支持数据驱动的决策过程,推动业务增长和创新。

**12. 客户关系管理系统** 在医药销售和服务环节,客户关系管理(customer relationship management,CRM)系统帮助公司更好地理解客户需求,管理营销活动,跟踪销售业绩,以及提供定制化的客户服务。通过分析销售数据和市场反馈,CRM 系统助力企业制订更有效的市场策略,增强客户忠诚度,拓展市场份额。

**13. 项目管理系统** 项目管理系统(project management system,PMS)在医药企业的研发、生产改造、市场推广等项目中提供从项目启动到收尾的全程管理。通过任务分配、进度跟踪、资源调配、风险管理和成本控制等功能，PMS确保项目按时、按预算完成，可提升项目的成功率，加速新药上市或服务创新。

**14. 设备集成系统**　设备集成系统（equipment integration system，EIS）在医药生产中尤为关键，通过集成生产设备、传感器和自动化控制系统，实现生产流程的智能化管理。EIS支持实时监控、预防性维护、数据采集与分析，提升设备效率和产品质量，为智能制造和精益生产提供技术支持。

**15. 实验室信息管理系统**　实验室信息管理系统（laboratory information management system，LIMS）在医药研发与质量控制中发挥着重要角色，它集成了样品管理、实验计划、结果录入、数据分析及报告生成等功能，实现了实验室流程的全面数字化管理。通过自动化数据处理和严格的质量控制机制，LIMS可确保实验数据的准确性、完整性和合规性，缩短研发周期，同时优化资源分配，提升实验室的整体效率和研究能力。

**16. 电子实验记录系统**　电子实验记录（electronic laboratory notebook，ELN）系统作为纸质实验记录的电子化替代方案，为科研人员提供了便捷、高效的实验数据记录与管理平台。系统支持文本、图像、数据文件等多种格式的记录，便于实验步骤、观察结果和数据分析的详细记录与快速检索。ELN系统通过版本控制、权限管理及电子签名等功能可确保数据的安全性与保护知识产权，促进知识共享与团队协作，加速科学发现的过程。

**17. 电子病历系统**　在现代医疗体系中，电子病历（electronic medical record，EMR）系统是实现患者信息数字化的核心平台。它综合存储并管理患者的病史、诊断结果、治疗方案、药物处方、过敏记录及检查报告等关键医疗数据。EMR系统的应用极大地提高了医疗服务的效率与质量，医师可以迅速获取全面、准确的患者信息，辅助临床决策；同时，通过数据加密、权限控制等安全措施，保障患者隐私。此外，EMR系统还可促进医疗机构间的信息共享，支持远程医疗咨询与转诊，为患者提供连续、协调的医疗服务体验。

**18. 医疗信息系统**　医疗信息系统（hospital information system，HIS）是覆盖医院运营管理、临床服务、药品管理、财务管理等多个方面的综合性信息系统。作为医院数字化转型的关键支撑，HIS集成挂号预约、门诊管理、住院服务、检验科、影像科、药房以及财务结算等众多功能模块，形成一个闭环的医疗服务链条。通过信息化手段，HIS优化了诊疗流程，减少了患者等待时间，提升了医护人员的工作效率，同时，强大的数据分析能力帮助医院管理层进行决策支持，实现资源的合理配置与利用。此外，HIS还能与其他医疗系统（如电子病历系统、区域卫生信息系统）无缝对接，推动医疗资源的横向与纵向整合，促进医疗服务的整体升级。

**19. 协同管理系统**　协同管理系统（collaboration management system，CMS）在医药企业中促进了跨部门、跨地域团队的有效沟通与协作。通过项目管理、文件共享、即时消息、视频会议等功能，CMS打破了物理界限，提升了团队合作的效率与灵活性。在研发、生产、市场推广等多个环节中，CMS确保了信息的及时传递与任务的高效执行，增强了团队凝聚力，加速了决策过程。

**20. 办公自动化系统**　办公自动化（office automation，OA）系统是提高医药企业日常办公效率与管理水平的重要工具。涵盖了邮件管理、日程安排、文档管理、流程审批、资产管理等多个模块，通过自动化和标准化办公流程,减少了人工操作的错误和时间消耗。OA 系统不仅提升了员工的个人工作效率,还通过数据整合与流程优化,强化了企业内部的资源配置与信息流通,为决策提供了数据支持,构建了一个更加智能、高效的办公环境。

综上所述,医药企业信息化应用系统的广泛应用,不仅极大地提升了整个医药产业链的效率和质量控制水平,也为推动医疗健康事业的进步和创新提供了坚实的技术支撑。随着大数据、云计算、人工智能等新技术的不断融入,未来医药行业的信息化水平将会达到新的高度,进一步促进全球健康事业的发展。

> **点滴积累**
>
> 1. 医药企业信息化管理是指利用现代信息技术对医药企业的生产、研发、销售、物流、财务等各个环节进行系统化、规范化管理的过程。
> 2. 医药企业信息化管理的特点有高度集成性、数据驱动、合规安全、客户服务导向和技术创新。
> 3. 医药企业信息化管理的实施流程包括需求分析与规划阶段、系统设计与选型阶段、实施与部署阶段、运行维护阶段、评估与优化阶段。

## 第二节　医药企业采购管理

医药企业采购管理在当前的经济环境中扮演至关重要的角色。它不仅是企业降低成本、提高效率的关键,还直接影响产品质量和供应链的稳定性。

随着全球化的深入发展和市场竞争的日益激烈,医药企业的采购管理也呈现一系列新的趋势和特点。首先,全球化采购策略日益普遍,企业利用多样化的供应商网络以确保供应链的顺畅与产品供应的稳定。其次,合作多样性成为新常态,不仅限于传统原材料供应商,还广泛涉及技术服务机构、研发伙伴等,加速产品创新周期。此外,外包采购管理的趋势凸显,企业通过专业化服务优化资源配置,增强灵活性与专业水平。数字化转型步伐加快,借助自动化与信息化手段,大幅提升采购效率与数据准确性,增强供应链的可控性。最后,面对日益严格的监管环境,企业高度重视采购合规性,建立健全的合规制度,确保所有采购活动符合法律法规与行业标准,有效管控法律风险,维护企业形象与市场信誉。

### 一、医药企业采购管理概述

医药企业采购管理是指对医药企业在其生产、研发、销售及医疗服务活动中所需的各种物资、原料、药品、医疗设备及服务的采购活动进行全面规划、组织、实施与控制的过程。这一过程旨在确保企业能够依法依规、高效、经济地获取高质量、价格合理的物资与服务,以支持其业务运作并维持竞争优势。

在医药企业中,采购管理是确保企业能够高效、合规地获取所需医药产品、原料、设备和各种服务的关键职能。它不仅涉及价格谈判和供应商选择,还包括对供应链的全面优化,以及对质量和风险的严格把控。

医药企业采购管理具有如下特点。

**1. 严格的法规要求**  医药采购必须遵守严格的国家和国际药品监管法规,确保采购的药品符合安全、有效的标准,以保障患者的健康和安全。

**2. 质量优先**  由于医药产品直接关系到患者的健康和生命,因此质量控制是医药采购的核心。企业在采购过程中必须对供应商的质量管理体系进行严格审核,并确保所采购的产品符合标准和规定。

**3. 高度的技术专业性**  由于医药行业的药品种类繁多、更新速度快,且材料的变化频率较高,因此寻找新供应商的能力要求相对较高。采购人员需要了解医药产品的生产工艺和技术规范,以便作出正确的采购决策。

**4. 供应链复杂**  医药产品的生产过程和供应链通常非常复杂,涉及多个环节和多个供应商。因此,医药采购需要对供应链进行精细管理,以确保产品的及时供应和生产的顺畅进行。

**5. 周密风险管理**  医药采购面临各种风险,包括市场变化、供应中断、价格波动等。企业需要制订有效的风险管理策略,及时应对各种不确定性因素,确保采购活动的顺利进行。

**6. 集团化协同运作**  国内医药企业一般采用集团化运作模式,这意味着采购流程需要更加规范化,采购效率也需要不断提升,同时还要确保各个环节之间的协同便捷性达到较高水平。

## 二、医药企业采购模式

医药企业在采购药品和相关物资时,通常会根据不同的需求和市场条件采用不同的采购模式。其中,集中招标采购和询价采购是两种常见的模式。这两种采购模式各有优劣,企业需根据具体情况和需求综合考虑,以达到最佳的采购效果。

**1. 集中招标采购**  集中招标采购是一种正式的采购方式。在医药行业,集中招标采购通常适用于大规模、高价值或长期合作的情况,通过公开招标来选择供应商,以确保价格合理、质量可靠。

集中招标采购模式在医药企业采购中具有明显优势,包括高透明度、强竞争性和标准化的招标文件,有助于降低成本,减少不规范行为和不正当竞争,并确保商品或服务符合质量标准。然而,该模式也面临流程复杂和消耗时间较长的挑战,需要专业知识和经验来应对。

**2. 询价采购**  询价采购是一种更为灵活的采购方式,通常用于标准化程度高、需求明确的商品或服务。适用于小批量或紧急采购的情况,企业可以直接向供应商询价,并在多个报价中选择最优方案。

询价采购模式在医药企业采购中具有明显优势。首先,其流程相对简便,能够快速完成采购过程,节省时间和资源。其次,灵活性高,能够根据市场需求和紧急程度快速作出调整,适应不断变化的采购环境。此外,相比于集中招标采购,询价采购的行政成本和时间成本较低,有助于降低采购成本。然而,这种采购模式也面临着一些挑战。首先,竞争性不足可能会导致供应商数量有限,难以形成充分竞争,从而影响价格优势。其次,由于缺乏公开透明的评标过程,存在选择偏见或不公正的风险。最后,对产品标准化程度要求较高,适用范围相对受限,对于定制化或技术要求较高的产品不太适用,需要谨慎应对这些挑战。

3. **集团化采购** 集团采购模式,又称为 GPO(集团采购组织)采购模式,是多个组织机构共享购买力实现的集团化、集约化采购方式。这意味着不同组织机构将其采购需求委托给共同的 GPO,以便集中采购相同类别的产品或服务。GPO 是各种形式集团采购服务提供者的总称,在不同的应用领域都有应用。举例来说,多个医疗机构可以组成一个联合采购的集团。集团化采购通常会委托一个机构或者一些个人来承担团购任务。在我国,通常由第三方采购组织,如医药公司,来执行这些团购活动。

集团化采购模式不仅具备传统集中采购的需求和信息汇聚优势,还可能提供特色增值服务,涵盖合同管理、需求管理、技术创新及社区建设等方面。这种模式有助于采购成员通过规模经济、范围经济、交易柔性、供应保障和信息透明等方式,在采购过程中实现降本增效。

> **知识链接**
>
> ### GPO 采购模式:新加坡与美国的实践经验及对我国的启示
>
> 新加坡的公立医院采用集团化运营,并采用现代企业化管理模式。与此同时,新加坡政府并不直接组织医院药品的采购事务,而是由新加坡保健集团负责管理所有公立医疗机构的药品采购工作,这一实践实质是一种市场化的集中采购模式,提供有偿服务。美国的药品 GPO 采购也有着悠久的历史。1987年,美国通过《社会保障法》的"安全港"条款,允许 GPO 从供应商处按照购买额的一定比例收取合同管理费用。而在 1996 年,美国制订了针对 GPO 的反垄断政策,规定单个医疗机构通过某个 GPO 采购的单一产品或服务的数量不得超过该产品或服务总量的 35%,并且该医疗机构通过某个 GPO 采购的总额不得超过该 GPO 全部采购总额的 20%。2005 年,美国的 GPO 成立了自发式行业联盟(HGPII),旨在建立良好的行为规范和行业准则。
>
> 从新加坡和美国的经验可以看出,规范和高效的 GPO 采购行为能够显著降低采购成本,并有效遏制不正当竞争行为。尽管我国的 GPO 采购模式刚刚起步,但亟须建立行业规范,以防止不正当竞争行为的发生。

综合来看,不同的采购模式各有优势和局限性,医药企业在选择采购模式时应根据自身的需求特点、市场条件、时间要求和成本预算等因素,选择最合适的采购策略。

> **课堂活动**
>
> 医药企业采购模式有哪些( )
> A. 集中招标采购 　　　　　B. 询价采购 　　　　　C. 集团化采购

### 三、医药企业采购流程

随着政策的推动,药品集中带量采购已成为常态,这对医药企业的采购流程也产生了影响。例如,公立医疗机构需参与集中采购,而药品集中采购平台的规范化建设也对采购流程提出了新的要求。

在实际操作中,医药企业的采购流程需根据具体情况和政策要求进行调整。医药企业的采购流程通常包括以下几个重要步骤。

**1. 需求预测与分析**　医药企业根据历史采购数据、药品使用情况、库存水平、患者需求、季节性变化、疾病流行趋势、市场信息等,预测未来一段时间内对各类药品的需求量。需求预测要尽量准确,避免库存积压或缺货。

**2. 市场调研**　对市场上可用的药品供应商进行调研,收集关于其价格、质量、供应能力、信誉、售后服务等信息。调研可以通过网络搜索、参加行业展会、咨询同行、阅读行业报告等方式进行。

**3. 供应商评估与选择**　基于市场调研结果,评估潜在供应商的资质,包括 GMP 认证、药品注册证、生产能力、质量控制体系、供货稳定性等。选择符合资质要求、价格合理、供应稳定、信誉良好的供应商。

**4. 采购计划制订**　根据需求预测和供应商评估结果,制订详细的采购计划,包括采购药品的种类、规格、数量、时间表、预算等。

采购计划要经过相关部门或管理层审批,确保采购活动符合公司政策和预算限制。审批过程中要对采购计划的合理性、合规性进行把关。

**5. 合同谈判与签订**　与选定的供应商就价格、交货时间、支付条款、质量标准、违约责任等进行谈判。谈判要尽量争取有利条件,同时考虑供应商的利益,达成双赢。签订正式的购销合同,明确双方的权利和义务。

---

**点滴积累**

1. 医药企业采购管理是指对医药企业在其生产、研发、销售及医疗服务活动中所需的各种物资、原料、药品、医疗设备及服务的采购活动进行全面规划、组织、实施与控制的过程。
2. 医药企业的采购模式有集中招标采购、询价采购和集团化采购。
3. 医药企业的采购流程为:需求预测与分析、市场调研、供应商评估与选择、采购计划制订、合同谈判与签订。

# 第三节　医药企业仓储物流管理

在当前企业间竞争白热化的市场格局中,每个运营环节的优劣往往成为决定企业成败的分水岭,这一点在医药行业表现得尤为突出。鉴于医药产品的特殊性质,其储存条件、库存管理,以及物流配送的要求极为严苛,任何疏忽都可能导致产品质量受损,甚至危及患者健康。因此,唯有依托先进、专业的系统化解决方案,医药企业方能确保药品的妥善保管与高效流转,构建起一套完整而精细的供应链管理体系。这不仅是保障药品安全性的基石,也是企业在激烈市场竞争中脱颖而出、把握先发优势的关键所在。

医药企业仓储物流管理是确保药品在整个供应链中从生产、储存到最终使用各环节的质量和安全的关键部分。这一过程不仅涉及药的物理移动,还包括对药品存储条件的严格控制、库存管理、配送调度以及相关法规的遵循。

## 一、医药企业仓储物流管理概述

医药企业仓储物流管理是仓储物流管理中的一种,管理对象主要是医药产品。医药仓储物流管理是依托物流设备、技术和物流管理信息系统,有效整合医药产品产业链上下游的资源,通过优化医药产品配运流程,提高医药仓储物流管理的效率,降低人工出错率,缩短物流时效以及减少物流成本,提高服务水平,实现医药仓储物流的现代化、信息化和自动化的管理过程。

医药企业仓储物流管理具有如下特点。

**1. 复杂性**　医药产品对储存和运输环境有着极严格的要求,必须严格遵循相关标准。在实际操作中,医药产品根据其状态、用途和性质等进行分类储存,并严格控制储存环境的温度和湿度,以防止药品发霉、受虫蛀或受其他污染。对于不同类型的医药产品,采取适当的堆垛方式和间距,以最大限度地减少污染。

**2. 时效性**　医药产品对物流的时效性要求极高,因为药品的及时配送直接关系患者的生命健康和治疗效果。药品从生产地到最终用户手中的整个过程中,任何延误都可能导致药品过期、失效或质量下降,从而影响药品的安全性和有效性。因此,医药物流企业必须建立严格的时效性管理制度,确保药品能够在规定时间内安全、准确、及时地送达目的地。此外,在整个仓储物流过程中,医药产品的运输、搬运和存储必须确保安全,以免受到污染或变质。

**3. 安全性**　药品仓储物流的安全性是确保药品质量和患者安全的核心要求,在整个运输、搬运和存储过程中,必须执行严格的安全措施来避免药品受到任何形式的污染、变质或损坏。对于需要冷链的药品,如疫苗和生物制品,温度控制至关重要,以防止在整个储存和运输过程中药品变质。同时,防潮防湿措施要控制精确,确保药品存放在干燥通风的环境中,避免受潮发霉。在药品搬运和运输过程中,采取防震防摔措施以防止包装破损同样重要。此外,药品必须远离化学品、放射性物质等污染源,以防止交叉污染。

**4. 专业性**  医药仓储物流管理需要比其他产品更为专业的管理人员。他们不仅需要具备专业的物流管理和供应链管理知识，还需要了解医药学基础知识，以确保医药仓储物流工作的高效、高质和高安全。

**5. 协同性**  医药产品的仓储物流需要加强上下游管理的协同配合，以缩短交货周期、降低管理成本、提高服务质量，并确保医药产品的安全性。这需要医药产品的生产商、供应商、分销商和零售商等各个实体单位相互配合，在仓储物流管理的各个环节优化流程，逐步实现医药仓储物流管理供应链的互通，提升整体效率，促进医药产品仓储物流的稳定发展。

## 二、医药企业仓储管理的内容

医药企业仓储管理是确保药品质量和安全的重要环节，它涉及药品从生产、采购到最终销售的整个储存过程。以下是医药企业仓储管理的主要内容。

**1. 药品分类储存**  医药企业仓储管理的核心在于药品的分类储存。药品根据其储存条件被分为常温储存、阴凉储存、冷藏储存等类别。每类药物需按照其包装上的储存指示或现行版《中国药典》的贮藏要求进行存放。例如，某些生物制品和疫苗必须在 2~8℃ 的冷链条件下储存，以保持其生物活性。此外，对于具有特殊稳定性要求的药品，如光敏感药品，应存放于避光环境中。分类储存有助于减少药品间的相互影响，确保药品在整个储存期间保持其应有的质量和疗效。

**2. 仓储布局与空间优化**  仓储布局设计需要科学合理，以提高存取效率和降低作业成本。仓库应根据药品的周转频率、体积大小和重量进行合理分区，将高频次存取的药品放置于易于作业的区域，而低频次存取的药品则可放置于较远或较难到达的区域。此外，通过引入自动化仓储管理系统（WMS）和自动化搬运系统（AGV），可以进一步提升仓库的空间利用率和作业效率。自动化技术的应用不仅减少了人工成本，还降低了人为错误的可能性。

**3. 存货周转管理**  存货周转管理的核心在于精确的需求预测和库存控制，以减少库存积压和降低库存成本。通过实施先进先出（FIFO）原则，可以确保药品的有效期得到合理管理，避免过期药品的积压。同时，定期的库存盘点有助于及时发现库存差异，确保账物相符。此外，采用先进的库存管理软件，如 ERP 系统，可以实时监控库存状态、自动预警库存短缺或过剩，从而实现更精细化的库存管理。

**4. 质量控制与风险管理**  质量控制是医药企业仓储管理的核心。必须建立严格的质量控制体系，定期对库存药品进行质量检查，包括外观检查、包装完整性检查和有效期检查，确保其符合既定的质量标准。同时，风险管理体系的建立有助于识别、评估和控制潜在的风险，如温湿度异常、药品损坏、药品污染等。通过风险管理，可以及时发现和处理问题，防止药品质量问题的发生。

**5. 安全管理**  药品仓储安全管理是保障药品安全和仓储人员安全的重要措施。必须建立相应的安全管理制度和应急预案，如防火、防盗、防虫害等。此外，安全管理还包括对仓储设备的定期检查和维护，确保其处于良好的工作状态。通过安全管理，可以预防和减少安全事故的发生，保障药品质量和人员安全。

**6. 合规性管理** 合规性管理是医药企业仓储管理的法律保障。医药企业仓储管理必须遵守国家相关法律法规,确保药品的合法合规储存。合规性管理体系的建立,包括定期的内部审计和质量审核,是确保仓储活动符合法规要求的重要手段。此外,合规性管理还包括对员工的法规培训,提高员工的法规意识和合规性操作能力。

**7. 人员培训与管理** 人员培训与管理是提高医药企业仓储管理质量的重要手段。定期对仓储管理人员进行药品知识和仓储管理培训,提高其专业能力和安全意识。此外,通过建立激励和考核机制,可以提高员工的工作积极性和工作效率。通过人员培训与管理,可以建立一支高素质的仓储管理团队,为医药企业仓储管理提供人才保障。

**8. 环境保护与可持续发展** 环境保护与可持续发展是现代医药企业仓储管理的重要理念。通过减少能源消耗、使用环保包装材料、优化运输路线等措施,可以实现绿色仓储,减少药品仓储对环境的影响。此外,通过引入节能减排技术,如太阳能、风能等,可以进一步降低药品仓储的能耗,实现可持续发展。通过环境保护与可持续发展,可以提高医药企业仓储管理的社会价值和企业形象。

综上所述,医药企业仓储管理是一个多方面、系统性的工作,涉及分类储存、布局优化、库存控制、有效期管理、质量风险管理、合规性管理、信息化管理、安全管理、人员培训和环境保护等多个方面。通过科学的管理方法和先进的技术手段,可以提高医药企业仓储管理的效率和效果,确保药品质量和患者安全。同时,医药企业仓储管理也需要不断适应医药行业的发展和市场的变化,引入新技术和新理念,实现持续改进和创新发展。

---

**案例分析**

### 智能化仓储系统在医药企业管理中的应用

**案例:** 随着业务的不断扩大,某企业年产输液产品高达 1.95 亿瓶。然而,随着产量的增加,旧仓库的问题逐渐显现,如空间利用率低下和设备陈旧,这些因素开始制约企业的发展。为了解决这些问题,提升物流管理水平,公司决定引进智能化物流技术进行升级改造。

该公司引进了一套单巷道四向穿梭车库系统,配备了高密度货架和输送线等先进的自动化设备,大幅提高了存储能力,能够容纳 24 400 件货物。到 2023 年 2 月,这一项目成功上线,并且通过采用仓储管理系统(WMS)和仓储控制系统(WCS),实现了物料的智能化管理。

该项目的亮点在于以下几点。

信息化管理:通过定制的 WMS 和 WCS,实现了仓库管理的智能化和信息化,有效降低了成本并提高了作业效率。

智能化设备:四向穿梭车,具备自动搬运和智能存储等多项功能,显著提升了仓库的协同作业能力。

仓库利用率提升:四向穿梭车的高适应性,配合灵活的空间布局,使得仓库的存储容量得到了极大的扩展。

**分析:** 该案例展示了智能化仓储系统在医药企业管理中的重要作用。通过采用先进的 WMS 和 WCS,集成自动化设备控制和智能调度,企业实现了从原材料到成品的全流程管理,提升了仓储利用率和运营效率,增强了企业的核心竞争力。这一成功案例为其他医药企业的仓储物流管理提供了宝贵的经验和参考。

### 三、医药企业物流管理的内容

医药企业的物流管理是一项错综复杂却又至关重要的任务,它贯穿了从原材料采购到制成品分发的整个流程。这个过程需要精密的规划和执行,以确保医药产品能够及时、安全地到达患者手中。以下是医药企业物流管理的主要内容。

**1. 物流网络规划** 物流网络规划是医药企业物流管理的首要步骤,它涉及对医药产品供应链中各个环节的地理位置、功能和运营方式的统筹安排。该规划需考虑医药产品的流通路径、运输方式、仓储布局及配送中心的设置等多个因素。合理的物流网络规划能够确保医药产品以最短的时间、最低的成本、最高的效率从生产地送达消费者。此外,物流网络规划还需兼顾医药产品的储存条件,特别是对冷链医药产品的温度敏感性,确保在整个物流过程中医药产品质量不受影响。

**2. 运输管理** 医药产品的运输管理是确保医药产品质量和安全的关键环节。由于医药产品的特殊性,运输过程中必须严格控制温度、湿度、光照等条件,尤其是对需要冷链运输的医药产品,如疫苗、生物制品等。此外,运输管理还包括选择合适的运输工具、规划合理的运输路线、实施有效的货物追踪和监控,以及制订应对突发事件的预案。通过这些措施,可以最大限度地减少运输过程中的风险,确保医药产品的完整性和有效性。

**3. 配送中心管理** 配送中心是医药产品物流网络中的重要节点,负责医药产品的接收、存储、分拣、打包和配送等操作。高效的配送中心管理能够提高医药产品配送的速度和准确性,降低物流成本,提升客户满意度。配送中心管理的关键包括优化作业流程、提高自动化水平、实施精细化库存管理、建立完善的订单处理系统,以及制订灵活的配送策略等。

**4. 信息化管理** 信息化管理是现代医药企业物流管理的核心。通过引入先进的信息技术,如WMS、TMS、电子数据交换(EDI)、条形码/RFID技术等,可以实现医药产品物流的自动化、智能化和透明化管理。信息化管理能够实现医药产品的全程追溯、实时库存监控、自动订单处理、智能调度和决策支持等功能,从而提高物流效率,降低运营成本,提升服务质量。

**5. 成本控制** 成本控制是医药企业物流管理的重要方面。医药产品物流成本包括运输成本、仓储成本、人工成本、设备折旧、管理费用等。通过优化物流网络、提高作业效率、减少库存积压、采用集中采购、实施精益物流等措施,可以有效地降低物流成本,提高企业的利润空间。此外,通过信息化管理,可以实现成本的实时监控和分析,为成本控制提供数据支持。

**6. 客户服务** 优质的客户服务是提升医药物流企业竞争力的重要手段。医药物流企业应建立完善的客户服务体系,包括订单处理、配送、退货管理、客户咨询、投诉处理等。通过提供快速、准确、便捷的服务,可以提高客户满意度,增强客户忠诚度。此外,通过信息化管理,可以实现客户服务的自动化、个性化和智能化,如自动订单处理、智能配送调度、个性化客户咨询等。

**7. 应急管理** 应急管理是医药企业物流管理的重要组成部分。医药物流企业应建立完善的应急管理体系,包括应急预案制订、应急资源配置、应急演练、应急响应和恢复等。通过应急管理,可以应对自然灾害、交通事故、恐怖袭击、医药产品召回等突发事件,保障医药产品供应链的稳定性和抗风险能力。此外,通过信息化管理,可以实现对突发事件的快速响应和有效处置。

8. **可持续发展** 可持续发展是现代医药企业物流管理的重要理念。医药物流企业应积极履行社会责任,通过采用环保包装、优化运输路线、减少能源消耗、使用可再生能源等措施,实现绿色物流。此外,通过信息化管理,可以实现物流活动的实时监控和优化,减少资源浪费。通过实现可持续发展,医药物流企业不仅可以提升自身的社会价值和品牌形象,也可以为社会的可持续发展作贡献。

医药企业物流管理是一个复杂的系统工程,它要求高度的精确性、可靠性和响应性。随着医药行业的不断发展,医药企业物流管理也在不断引入新技术和新理念,如自动化、信息化、智能化等,以适应市场的变化和需求。通过科学的管理方法和先进的技术手段,可以提高医药企业物流管理的效率和效果,确保医药产品质量和患者安全。同时,医药企业物流管理也需要不断适应医药行业的发展和市场的变化,实现持续改进和创新发展。

---

**点滴积累**

1. 医药仓储物流管理是依托物流设备、技术和物流管理信息系统,有效整合医药产品产业链上下游的资源,通过优化医药产品配运流程,提高医药仓储物流管理的效率,降低人工出错率,缩短物流时效以及减少物流成本,提高服务水平,实现医药仓储物流的现代化、信息化和自动化的管理过程。

2. 医药仓储物流管理具有复杂性、时效性、安全性、专业性和协同性的特点。

3. 医药企业仓储管理的主要内容有药品分类储存、仓储布局与空间优化、存货周转管理、质量控制与风险管理、安全管理、合规性管理、人员培训与管理、环境保护与可持续发展。

4. 医药企业的物流管理的主要内容有物流网络规划、运输管理、配送中心管理、信息化管理、成本控制、客户服务、应急管理、可持续发展。

---

## 第四节　医药企业销售管理

医药企业销售管理的核心作用在于深化市场洞察,通过策略规划精准对接消费者需求与行业发展,同时设定并达成销售目标,优化销售流程,确保销售团队的高效运作与客户关系的持久维系。在数字化浪潮中,医药企业销售管理正加速转型,依托客户关系管理(CRM)系统、大数据分析和AI技术,实现销售预测的智能化与决策的科学化。值得注意的是,可持续发展理念与远程销售模式的兴起,正逐步重塑医药企业销售管理的未来格局,促使企业更加重视社会责任与技术创新,实现经济效益与社会价值的双重提升。

## 一、医药企业销售管理概述

医药企业销售管理是指医药企业在药品和相关医疗产品的市场推广、分销和销售过程中所进行的系统规划、组织、执行和控制活动。它是一个多方面、多层次、多阶段的管理过程,涵盖市场调研、销售策略制订、销售团队建设、客户关系维护、销售渠道管理、销售促进、绩效评估及合规性监控等多个关键要素。

医药企业销售管理具有如下特点。

**1. 法规遵从性** 医药企业销售管理的核心特点是对法规的高度遵从性,这一点至关重要,因为医药产品的质量与安全性直接关系公共健康和生命安全。这意味着企业必须严格遵守国家关于药品监管的法律法规,涵盖从药品市场推广到分销和销售的整个过程。遵守这些法规不仅是合法经营的基本要求,也是企业履行社会责任的表现。这种合规性有助于企业获得良好的市场声誉和消费者信任,同时减少法律风险,降低潜在的经济损失,并在竞争激烈的市场中保持优势地位。因此,医药企业应该建立和维护一个全面的法规遵从性管理体系,其中包括定期的法规培训、内部审计、风险评估和持续改进措施。这样的管理体系能够确保企业在不断变化的政策环境中持续合规,从而保障企业的可持续发展和市场竞争力,同时有助于维护良好的市场声誉,保护消费者权益,降低法律风险,并保持市场竞争优势。

**2. 以客户为中心** 以客户为中心的特点强调将客户的需求和满意度置于企业管理和决策的首位,通过提供高质量的产品和服务,建立稳固的长期合作关系。这一理念强调企业对各类客户需求的全面满足,涵盖医生、医疗机构、药店和患者等不同方面。通过进行市场调研、客户访谈以及数据分析等方式,从而更加全面地了解客户,为他们量身打造解决方案。基于对客户的深入了解,医药企业致力于开发和提供定制化的药品及服务方案,以建立稳固的长期合作关系。同时,企业运用CRM系统,以科学的方式管理客户关系,并提供专业的客户教育和支持。

**3. 专业化的团队** 销售团队的专业化建设对医药企业实现高效销售管理至关重要。这要求销售人员不仅要对公司的药品了如指掌,还要具备广泛的医学和药学知识。他们需要熟悉产品的成分、作用机制、适应证、不良反应及用法用量等关键信息,以确保向医疗专业人士和患者提供准确、科学的信息。

除了专业知识,销售团队还需要掌握市场营销的基本原则和客户服务技能,以更好地理解市场动态,制订有效的营销策略,并提供卓越的客户体验。在医药行业的快速变化中,持续的职业培训是提升团队专业能力的关键手段,通过定期培训,团队成员能够及时更新知识,提高销售技巧和沟通能力。

销售团队成员还应展现卓越的团队协作精神和沟通技巧,这对于促进信息共享、增强团队凝聚力和提升工作效率至关重要。同时,销售人员必须对行业合规性有深刻认识,坚守医疗行业的伦理标准,确保所有销售活动都在法律法规允许的范围内进行。

医药企业需要重视并投资销售团队的专业化建设,以提升团队的整体素质和市场竞争力,满足医药市场和客户的高标准需求,实现企业的长期稳定发展。

**4. 复杂的渠道管理**　医药产品的销售渠道通常较为复杂,销售渠道的设计需要精心规划,以适应多种模式,包括直销、分销和代理等,从而确保产品能够有效地触及目标市场。企业必须根据产品特性、市场环境和客户需求,选择最适合的销售渠道,并建立一套有效的渠道管理机制,以确保药品分销的高效和有效。这包括对渠道合作伙伴的严格筛选、渠道冲突的有效解决、激励机制的合理设计,以及渠道性能的持续监控和评估。

**5. 注重长期关系建设**　与一般消费品相比,医药企业销售管理更注重与客户建立长期稳定的合作关系。通过提供持续的学术支持、专业服务和客户关怀,企业能够与客户建立互信互利的伙伴关系,从而实现长期的市场发展。

## 二、医药企业销售管理的流程

医药企业销售管理的流程是一个系统且细致的过程,涵盖从市场调研到售后服务的各个环节。以下是医药企业销售管理的详细流程。

**1. 市场调研与分析**　了解市场需求、竞争对手情况和政策环境,制订销售策略和计划。通过市场调研,企业可以收集市场信息,分析市场趋势,识别机会和威胁,从而制订科学合理的销售策略。

**2. 客户开发**　识别潜在客户,通过拜访、学术会议、展会等方式进行客户开发。客户开发的目标是建立潜在客户数据库,了解客户需求,逐步将潜在客户转化为实际客户。

**3. 产品推广**　通过产品介绍会、学术推广活动等方式,向客户详细介绍药品的特点、疗效和使用方法。产品推广活动旨在提升产品的市场认知度和认可度,促进客户对产品的接受和使用。

**4. 销售谈判与合同签订**　与客户进行价格、供货条件、付款方式等方面的谈判,签订销售合同。销售谈判的目的是达成双方满意的协议,明确双方的权利和义务,确保交易的顺利进行。

**5. 订单处理与配送**　接受客户订单,安排物流配送,确保及时交货。订单处理涉及订单的接收、确认、库存管理、物流安排等多个环节,旨在确保产品及时、安全地交付到客户手中。

**6. 客户服务与关系维护**　提供售后服务,解决客户问题,定期回访,保持良好客户关系。客户服务的重点是及时回应客户的需求和反馈,提供技术支持和解决方案,增强客户满意度和忠诚度。

**7. 绩效评估与反馈**　对销售人员和销售活动进行绩效评估,根据结果进行调整和改进。绩效评估的目的是通过科学的指标和方法,衡量销售人员的工作绩效和销售活动的效果,发现问题并提出改进措施。

医药企业销售管理的流程见图 9-1。

**图 9-1　医药企业销售管理的流程图**

### 三、医药企业销售管理的内容

医药企业销售管理的重点在于对销售这一职能的管理,包括计划管理、销售计划的控制,以及招募、培训、薪酬、激励和现场销售人员的评估管理等。

以下是医药企业销售管理的主要内容。

**1. 市场研究与分析** 市场研究与分析是医药企业销售管理中不可或缺的重要组成部分,它涵盖多个关键方面,对企业的市场战略和业务决策的制订至关重要。首先,通过评估医药市场的规模和增长趋势,企业能够了解整体市场情况及未来发展趋势,为制订销售策略提供重要参考。其次,对潜在客户群体进行分析,包括医生、医疗机构、药店和患者等,有助于企业深入了解客户需求和行为习惯,为产品定位和市场定位提供指导。在竞争激烈的市场环境中,对竞争对手进行全面的调查和分析也显得尤为重要,从产品组合到营销策略,再到市场份额和表现,都需要企业进行深入研究,以制订有效的竞争策略。此外,市场研究与分析还包括产品定价策略的制订、销售渠道的选择和市场营销策略的制订,这些方面都直接影响企业的销售绩效和市场竞争力。医药企业还需密切关注疾病的流行趋势、患者需求和监管政策的变化,以及进行市场容量估计和市场预测,以便及时调整策略和应对市场变化。为了支持这些活动,企业需要运用多种数据收集和分析方法,建立系统化的市场情报系统,以提供实时的市场洞察和决策支持,从而确保企业在竞争激烈的市场中保持领先地位。

**2. 销售计划制订** 医药企业销售管理中,制订销售计划是非常重要的环节,它是销售团队行动的指南,有助于确保销售活动与企业战略保持一致。基于市场调研的结果,医药企业需要明确制订销售目标和计划。这些计划应包括销售目标的设定、关键绩效指标(KPI)的确定、资源分配、时间表及预期的市场反应。良好的销售计划能够为销售团队提供清晰的方向和目标,指导他们在销售过程中的行动和决策。通过科学的销售计划,医药企业能够更好地规划销售活动、提高销售效率、增强市场竞争力,从而实现销售目标并促进企业持续发展。

**3. 销售团队建设** 医药企业销售管理中,建设一支高效的销售团队至关重要。这样的团队不仅是实现销售目标的执行力量,还是企业成功的关键因素。销售团队建设包括多个方面的工作,其中招募和选拔合适的人员是首要任务。企业需要根据销售岗位的需求和特点,选择具有相关经验和技能的人才加入团队。除人员的选拔外,团队建设还需要对人员进行专业的培训。销售人员需要接受针对性的培训,提升其销售技巧、产品知识和与客户的沟通能力。通过培训,可以帮助销售人员更好地理解市场需求,提高销售效率和客户满意度。此外,团队建设还涉及角色分配和团队文化的塑造。在销售团队中,每个成员都应清楚自己的职责和任务,确保团队协作顺畅。同时,企业还应注重塑造积极向上的团队文化,营造良好的工作氛围,激励团队成员共同努力,实现共同目标。通过持续的团队建设活动,医药企业可以提高团队的凝聚力和执行力。一个团结合作、专业高效的销售团队将有助于企业更好地应对市场竞争,提升销售绩效,实现长期发展目标。

**4. 薪酬与激励机制** 在医药企业管理中,建立合理的薪酬体系和激励机制对于激发销售人员的积极性和创造性至关重要。薪酬设计应该与个人业绩、团队表现和企业目标紧密相连,以确保销售人员的努力能够得到公正的回报。例如,一家药品销售企业通过设立销售奖励计划,激励销售团队积极推动产品销售,使销售业绩取得显著增长。销售团队的成员通过实现个人销售目标和团队协作,赢得了丰厚的奖励和认可。这种激励机制不仅可激发销售人员的工作热情和积极性,还可促进团队合作,共同实现企业销售目标。

**5. 风险管理与应对** 医药企业需要识别销售过程中可能遇到的风险,如政策变动、市场竞争、技术进步等,并制订相应的风险管理措施。例如,面对国家医保目录调整的风险,企业可以提前进行市场调研,评估不同情景下的影响,并制订应对策略。企业应建立风险预警和应对机制,提高对市场变化的适应能力。此外,企业还应建立危机管理团队和应急预案,快速响应市场危机和突发事件。

**6. 持续的创新与改进** 医药企业应鼓励销售团队持续学习最新的医学知识、市场趋势和技术进展,不断创新销售模式和产品。例如,企业可以鼓励销售代表利用社交媒体平台,与医生建立联系,分享最新的医学研究和产品信息。企业需要建立创新激励机制,鼓励员工提出创新想法和改进建议。同时,企业应基于市场反馈和绩效评估结果,不断优化销售策略和管理流程。

## 案例分析

### 数字化转型在提升销售管理中的巨大潜力

**案例:**作为眼科行业的领军企业,某公司在销售团队管理上面临诸多挑战,包括销售行为的考核、数据质量的控制及潜在商机的挖掘。为有效应对这些挑战,公司引进了客户互动管理一体化-销售队伍效率(one customer engagement management-sales force effectiveness,ONECEM-SFE)系统和 CRM 系统,利用数字化技术提升管理水平。

ONECEM-SFE 系统于 2023 年成功部署,它通过简化指标分配、数据采集和销售分析,帮助公司构建了精益化管理体系。这一系统不仅可提高资源分配和数据采集的效率,还可实现对销售绩效的精准分析。它通过整合多源数据,提供全面的分析和预测,可为制订有效的销售目标提供科学依据。

同时,ONECEM-SFE 系统通过将销售拜访工作整合至企业微信,建立了标准化的辅助工具,确保了管理政策的有效执行和数据的可靠性,从而规范了销售团队的工作流程。

CRM 系统则通过标准化管理核心数据,覆盖了销售管理的各个维度,提高了数据准确性,为数据分析和决策提供了坚实的基础。线上化的数据填写、流程审批和资料投送,简化了工作流程,提升了信息传递的速度和准确性。

CRM 系统与 ONECEM-SFE 系统的协同工作,实现了数据的相互验证,确保了销售策略的准确评估和及时调整,提升了全流程的管理能力。这些系统的引入不仅可提升公司的精细化管理水平,而且项目团队的专业高效和快速交付也可赢得市场的信任。

**分析:**该企业通过成功的数字化转型,在销售管理方面实现了决策效率和准确性的显著提升,并进一步巩固了其市场领先地位。这一成功经验为其他医药企业提供了宝贵的借鉴,展示了数字化手段在提升销售管理水平方面的巨大潜力。

做好医药企业销售管理是一个系统性工程,需要企业在市场研究、销售策略、团队建设、客户关系、渠道管理、合规性、风险管理、创新和领导力等多个方面进行综合考虑和协调。通过实施上述策略和措施,医药企业能够在确保药品质量和安全的同时,提高销售效率,增强市场竞争力,并实现可持续发展。同时,企业还需要密切关注政策动向和市场变化,灵活调整销售策略,以应对不断变化的市场环境。

> **点滴积累**
>
> 1. 医药企业销售管理是指医药企业在药品和相关医疗产品的市场推广、分销和销售过程中所进行的系统规划、组织、执行和控制活动。
> 2. 医药企业销售管理的特点有法规遵从性、以客户为中心、专业化的团队、复杂的渠道管理、注重长期关系建设。
> 3. 医药企业销售管理的流程为市场调研与分析、客户开发、产品推广、销售谈判与合同签订、订单处理与配送、客户服务与关系维护、绩效评估与反馈。

## 第五节　医药企业客户关系管理

医药行业是一个高度专业且受严格监管的领域,它不仅关乎人类健康福祉,同时也面临激烈的市场竞争、复杂的供应链管理、不断演变的客户需求及日益严格的法律法规约束。在这样的背景下,传统的销售和市场营销手段已难以满足企业发展的需求。在快速变化的全球医药市场环境中,客户关系管理已成为医药企业实现可持续发展、增强竞争力的关键战略之一。客户关系管理作为一种综合管理理念和工具集,通过整合信息技术和先进管理思想,为企业提供了一种全新的客户互动和价值创造方式,成为医药企业管理现代化不可或缺的一部分。

### 一、医药企业客户关系管理概述

关于客户关系管理的定义,不同的研究机构有各自独特的表述。

Gartner Group(高德纳咨询公司)是最早提出客户关系管理概念的机构之一。他们认为,客户关系管理为企业提供了全方位的管理视角,赋予企业更完善的客户交流能力,从而最大化客户的收益率。

Hurwitz Group(赫尔维茨集团)则强调,客户关系管理的焦点是自动化并改善与销售、市场营销、客户服务和支持等领域的客户关系相关的商业流程。客户关系管理不仅是一套原则和制度,也是一套软件和技术。其目标包括缩短销售周期和降低销售成本,增加收入,发现新市场和渠道,提高客户的价值、满意度、营利能力和忠诚度。客户关系管理应用软件通过具体化最佳实践和利用先进技术,协助企业实现这些目标。在整个客户生命周期中,客户关系管理以客户为中心,简化和协调各类业务功能(如销售、市场营销、服务和支持)的过程,集中关注客户需求。客户关系管理还将面对面、电话、网络访问等多种客户交流渠道整合在一起,使企业能够通过客户偏好的渠道进行交流。

综合以上分析,客户关系管理是一种战略性方法,旨在通过系统化管理和分析客户交互与数据,提升企业与现有客户及潜在客户之间的关系。客户关系管理整合了先进的信息技术和市场营销理念,以优化销售、市场营销、客户服务和支持等业务流程,从而最大化客户价值、提升客户满意度、增加销售收入并提高客户忠诚度。作为一套完整的管理系统,客户关系管理涵盖企业识别、获取、发展和保持客户的整个过程,确保在整个客户生命周期中以客户为中心,并通过多种渠道与客户进行有效沟通和互动。

医药企业客户关系管理是在医药行业中实施的一种战略性方法,它通过系统化地管理和分析与客户的所有交互和相关数据,来优化企业与现有客户以及潜在客户的关系。在医药领域内,客户关系管理不仅仅是一个软件工具,而是一个集成的管理理念和实践体系,它利用先进的信息技术和市场策略,优化销售、市场营销、客户服务和支持等关键业务流程。

在高度监管的医药行业,客户关系管理还承担着确保合规性的重任,如跟踪药物警戒信息、管理医疗代表的活动、记录与医疗保健专业人员的互动及遵守隐私法规。通过这些措施,医药企业能够更好地响应市场需求,提供高质量的产品和服务,同时维持良好的企业形象和行业信誉。

医药企业客户关系管理,具有一系列独特的特点,这些特点源于医药行业的专业性、监管要求、客户多样性及复杂的市场环境。以下是医药企业客户关系管理所具备的几个显著特点。

**1. 高度专业化**　医药企业客户关系管理具有高度专业化的特点。销售人员和客户服务团队需要具备药品知识,包括药物的药理作用、适应证、用法用量及可能的副作用等。这些知识不仅可使销售人员在推广产品时为客户提供专业的信息,还能够帮助客户(如医生和药剂师)作出知情决策。

**2. 监管合规性**　鉴于医药行业的特殊性,客户关系管理(CRM)系统在医药企业中被用来加强合规管理,确保医药代表的活动符合法规要求。这包括记录每次客户互动,确保传播的信息科学准确,避免不当促销行为。医药企业的 CRM 系统需要遵守严格的行业法规,保证信息透明和合规。医药行业受到严格的监管,企业必须遵守多种法规和行业标准。CRM 系统必须确保所有销售和营销活动符合相关法律法规和行业道德规范,如《中华人民共和国药品管理法》和《中华人民共和国反不正当竞争法》等,并具备合规管理功能,确保每一项活动都有据可查,避免法律风险。

**3. 多层次客户群体**　医药行业门槛高,要求从业者具备深厚的知识积累和充足的资金支持,并且受到严格的监管和法规约束。医药企业的客户群体复杂且多样化,涵盖医院、医生、药房、批发商、零售商、代理商、保险公司和患者等不同类型的客户。CRM 系统需要针对不同的客户群体提供定制化的管理和服务,满足各类客户的独特需求和期望。CRM 系统必须具备强大的功能来记录和管理这些复杂的关系,确保信息的连续性和一致性。由于营销活动无法及时转化为销售结果,难以判断推广活动效果,且转化率低,从业者需要投入大量的时间、精力和预算进行市场调查、品牌营销、客户沟通和客户培训等工作。

**4. 较长的销售周期**　医药产品的采购和使用通常涉及复杂的决策过程,包括多次评估、审批和试验。销售周期较长,需要持续的跟进和支持。CRM 系统必须能够跟踪和管理从初步接触到最终销售的整个过程,帮助销售团队有效地管理潜在客户和机会。在药品销售过程中,销售人员需要多次与客户进行接触和沟通,包括初次拜访、产品演示、试用反馈、合同谈判和售后服务等。CRM 系统需要记录并分析每次互动,确保销售过程的连续性和一致性,提高客户满意度。

**5. 复杂的销售过程** 医药产品的销售过程一般需要经过多个环节,包括研发、生产、注册和分销等。这些环节不仅涉及内部流程的管理,还需要与多个外部客户和机构进行沟通和协调。在每个环节中,医药企业都需要与不同类型的客户和合作伙伴进行沟通和协调,确保信息的准确传递和任务的有效执行。为此,医药企业需要一个全面的系统来管理和跟踪整个销售过程。CRM 系统在这里发挥了重要作用,它能够记录每个环节的详细信息,跟踪进展,提供数据分析,并促进各部门之间的协作。通过 CRM 系统,医药企业可以提高销售流程的透明度和效率,确保每个环节都能顺利推进,从而最终实现销售目标和客户满意度的提升。

## 二、医药企业客户关系管理系统

医药企业客户关系管理系统在医药企业中扮演重要角色,有助于解决销售渠道缩减、分销渠道管理难、营销预算有限等问题,从而提升企业竞争力。基于医药行业产品安全性和质量要求较高、政府监管严格的特点,医药企业的 CRM 系统需要具备以下基本模块及其细分功能。

**1. 客户管理模块** 客户管理模块帮助医药企业深入了解客户并进行精细化运营。通过收集和分析客户的详细信息,医药企业可以根据业务需求对客户进行不同维度的细分,并构建用户画像。通常建议将客户分为潜在客户和已成单客户两大类,然后根据客户在销售链条中的位置(如一级分销商、二级分销商、终端零售商等)进行进一步细分。根据医药企业的业务逻辑评估客户价值,并在关键时间节点(如节假日、合同续签前、具有优惠时等)进行针对性的客户关怀。

**2. 营销管理模块** 在客户管理模块获取的数据基础上,营销管理模块帮助医药企业进行合理的营销目标预测和制订,对潜在客户进行统一管理(如定期触达、发送内容物料等),激活休眠客户,并对销售线索进行评级(如根据购买意向、咨询频率、反馈等打分)。此外,营销管理模块还负责管理各阶段的营销活动(规划中、进行中、已结束)、实时管理营销预算,以及管理与第三方营销平台的合作。该模块的最终目的是实现潜在客户的评级和触达,以及对已有客户的唤醒。

**3. 销售管理模块** 销售管理模块承接营销管理识别出的高质量潜在客户和线索,结合历史数据进行销售目标的预测和制订,跟进优质线索(如查看跟进状态、分析转化策略),统一管理业务代表,并分别管理不同的销售渠道(如线上分销渠道、线下零售渠道等)。此外,该模块还管理客户合同、订单和企业库存信息,并对销售药品的质量和数量进行监管。

**4. 服务管理模块** 在客户交易完成后,服务管理模块用于物流和售后的追踪与管理。医药企业需要特别注意物流和售后服务的监管。建议将普通运输管理和冷链管理分开进行,并掌握第三方物流的基本信息和动态,对其进行资质评审。对于高风险药品(如含复方麻黄碱的药品),应进行严密的追踪核查,以免影响企业品牌信誉。售后管理根据订单和合同需求提供不同类别的售后服务,并收集客户反馈;服务管理则处理客户成单后的追加服务需求。

**5. 报表分析模块**　报表分析模块整合系统内的所有数据(如根据客户 ID 进行整合),并对不同模块的效果和投资回报率(ROI)进行检测和分析。这个模块是 CRM 系统中不可或缺的功能,可帮助医药企业了解各项活动的成效并进行调整。

**6. 数据安全模块**　为了确保药品品质和终端用户的安全健康,数据安全模块在医药企业 CRM 系统中尤为重要。该模块通过权限设置防止作弊和回扣现象;通过账户管理查看下属账户的整体情况;对操作进行监控和设限,特别是删除和修改数据的操作;加入时间保护功能防止恶意篡改订单时间;并设计备份设置功能以防止数据丢失。数据安全模块可强化整个 CRM 系统的安全控制,确保信息的透明和合规。

图 9-2 展示了医药企业 CRM 系统的结构和功能模块。

| 实现目的 | 客户了解客户运营 | 潜客管理客户唤醒 | 销售跟进渠道与库存 | 物流与售后 | 数据分析 | 安全管理 |
|---|---|---|---|---|---|---|
| 系统模块 | 客户管理 | 营销管理 | 销售管理 | 服务管理 | 报表分析 | 数据安全 |
| 细分功能 | 客户信息<br>客户细分<br>用户画像<br>客户价值<br>客户关怀 | 营销目标<br>潜客管理<br>客户唤醒<br>线索评级<br>活动管理<br>营销预算<br>三方合作 | 销售目标<br>销售跟进<br>业务代表<br>销售渠道<br>合同管理<br>订单管理<br>库存管理<br>销售监管 | 运输管理<br>冷链管理<br>第三方物流管理<br>高风险药品管理<br>售后管理<br>服务管理 | 数据总览<br>客户分析<br>营销分析<br>销售分析<br>服务管理分析 | 权限管理<br>账户管理<br>操作设置<br>时间保护<br>备份设置 |

**图 9-2　医药企业 CRM 系统的结构解析**

通过这些模块和功能,医药企业可以有效管理客户关系,提升销售效率,确保合规性和数据安全,从而在竞争激烈的市场中占据优势。

## 三、医药企业客户关系管理系统的发展

近年来,医药企业客户关系管理(CRM)系统作为企业核心竞争力构建的关键要素之一,历经了前所未有的变革与进步。这一进程不仅见证了技术边界的不断拓展,市场需求的深刻变迁,还涵盖了管理策略的持续革新与优化,以下是医药企业 CRM 系统蓬勃发展的主要趋势、技术提升和持续改善方向。

**1. 行业化定制与深度整合**　随着"以客户为中心"理念的深入实践,医药行业的 CRM 系统已突破传统销售管理的局限,向全面覆盖市场营销、客户服务及产品生命周期管理的行业化深度整合方向发展。这一趋势要求 CRM 系统更加贴合医药行业的特定需求,包括严格的合规管理、复杂的产品知识体系和高度定制化的客户服务。

**2. 智能化与数据分析的深度融合**　在数字化浪潮的推动下,人工智能(AI)、大数据分析和机器

学习技术的引入,使得 CRM 系统能够智能分析海量客户数据,实现精准营销、预测性分析和个性化服务,从而提升客户满意度和忠诚度。这些技术的深度融合使得医药企业能够更加精确地洞察客户需求,制订更有效的市场策略。

**3. 全渠道交互与客户体验优化** 为了满足多元化的客户互动需求,现代 CRM 系统正致力于构建无缝的全渠道体验,确保客户无论通过线上平台、移动应用还是传统销售渠道,均能享受到一致且高质量的服务体验。这种全渠道交互的策略不仅提高了客户体验,也增强了客户的忠诚度和满意度。

**4. 云技术的广泛应用** 云技术的普及为 CRM 系统提供了强大的数据存储与处理能力,同时降低了运维成本,实现了数据的即时共享与远程访问,显著提升了企业的运营效率与灵活性。云技术使得 CRM 系统能够更快速地响应市场变化,并为企业提供了更大的扩展性和灵活性。

## 案例分析

**案例**:面对医药行业日益激烈的竞争,某国内领先的化学制剂药品生产企业正面临一系列挑战,包括客户关系管理、销售效率提升和营销成本控制。为了有效应对这些挑战,该公司选择实施 CRM 系统,从而显著提高了企业绩效。

CRM 解决方案的实施包括以下几个方面。

CRM 流程与技术:利用 CRM 4.0 系统,公司统一规范了对目标客户和市场的管理,确保了信息流通和业务流程的一致性。

渠道客户管理:通过"电子流向单"和集成的 ERP 数据,公司提升了考核数据的及时性和准确性,同时增强了数据的可靠性和透明度。

医药代表移动端操作:移动端应用的使用提高了医药代表的数据上报效率,确保了 CRM 系统的实时更新和有效运行。

数据分析:实时多维数据分析的运用,提升了绩效考核和决策分析的能力。

通过这些措施,企业不仅提升了销售管理的效率和准确性,而且通过数字化工具和标准化流程,进一步提高了工作效率和数据管理的准确性,巩固了其在市场中的领先地位。

**分析**:该案例展示了现代 CRM 系统在医药企业客户关系管理中的重要性,通过科学的客户管理和精细化的营销策略,提高了销售代表的工作效率,还满足了职能管理的效率和准确性,实现了客户信息的集中化管理,增强了企业对营销动态的掌控能力,提升了企业的营销能力和竞争力,使得企业能够在激烈的市场竞争中立于不败之地。

**5. 移动 CRM 的兴起** 随着移动设备的普及,移动 CRM 应用成为常态,使得医药代表和管理人员能够在任何时间、地点高效管理客户信息、跟进销售进度,大大增强了工作的时效性和便捷性。移动 CRM 的兴起,使得医药企业能够更加灵活地应对市场需求,提高了整体的运营效率。

**6. 强化合规性管理** 医药行业的特殊性决定了其在 CRM 系统中的合规性要求尤为严格。为了确保所有客户互动和信息传递都符合行业法规与标准,医药企业必须在其 CRM 系统中内置强大的合规性检查与报告功能。这种功能不仅涉及对各类数据的实时监控与分析,还包括对合规流程的自动化管理和违规范例的及时预警。在未来,随着监管环境的日益严格和客户要求的不断提高,合规性管理的重要性将进一步凸显,医药企业必须持续投入和优化其合规性管理能力,以保持在市场中的领先地位。

> **点滴积累**
>
> 1. 医药企业客户关系管理具有高度专业化、监管合规性、多层次客户群体、较长的销售周期、复杂的销售过程的特点。
> 2. 医药企业客户关系管理的基本模块包括客户管理模块、营销管理模块、销售管理模块、服务管理模块、报表分析模块、数据安全模块。

# 实训九　医药企业销售管理——数据驱动的销售预测与规划

## 一、实训目的

本次实训旨在使学生深入了解医药企业销售管理的核心要素,尤其是销售预测与目标设定的重要性。通过实际操作,使学生学会如何运用销售数据分析,制订有效的销售策略,并掌握如何在动态的市场环境中调整和优化销售计划。同时,强化学生对个人职业路径的思考,鼓励他们为将来在医药销售领域的职业生涯做准备。

## 二、实训要求

1. 以小组形式开展,每组 3~4 人。
2. 学生需掌握销售管理的基本理论,特别是销售预测模型和目标设定技巧。
3. 熟悉销售数据分析流程,能运用 Excel 或类似工具进行数据处理和分析。
4. 掌握撰写销售计划书的能力,包括目标设定、策略规划、执行步骤和评估机制。

## 三、实训内容

1. **实训背景**　医药行业正经历前所未有的变革,新技术、新政策和消费者需求的变化对销售管理提出了更高要求。若未来从事医药销售,学生需要具备扎实的销售技能和敏锐的市场洞察力。本实训将模拟真实的医药销售场景,使学生在实践中学习和成长。

2. **实训步骤**

第一步:市场分析

(1)研究医药市场的最新趋势,包括政策变动、竞争对手动态和消费者偏好。

（2）分析目标客户群体，理解其需求和购买行为。

（3）识别销售机会和挑战，为销售策略制订奠定基础。

第二步：销售预测

（1）结合历史销售数据，应用统计模型预测未来销售趋势。

（2）考虑市场因素，调整销售预测，确保其现实可行。

（3）设定销售目标，遵循 SMART 原则，即具体（specific）、可衡量（measurable）、可实现（achievable）、相关性（relevant）和时限（time-bound）。

第三步：销售策略规划

（1）根据销售预测和市场分析结果，制订销售策略，包括产品定位、价格策略、促销活动和销售渠道。

（2）设计销售执行步骤，明确责任分配和时间表。

（3）确定所需资源，包括人力、财力和物资。

第四步：销售计划执行与监控

（1）模拟销售计划的实施，通过角色扮演或沙盘演练的方式，体验销售过程。

（2）设立监控机制，定期评估销售业绩，及时调整策略。

（3）分析销售结果，总结经验教训，为未来销售计划提供参考。

第五步：撰写实训报告

（1）总结实训过程中的发现和感悟，包括市场分析、销售预测、策略规划和执行结果。

（2）反思个人在销售管理方面的优势和待提升之处。

（3）提出针对医药企业销售管理的改进建议。

## 四、实训评价

教师明确实训目的和要求，对学生进行适时指导，学生按步骤展开实训。实训结束后，进行实训交流，并根据实训表 9-1 中所列的评价标准，由师生共同评价工作成果。

**实训表 9-1　数据驱动的销售预测与规划的评价标准**

| 考核项目 | 考核标准 | 配分 | 得分 |
|---|---|---|---|
| 市场分析 | 市场趋势与政策分析 | 20 分 | |
| | 目标客户群体分析 | 10 分 | |
| | 运用 SMART 原则确定有效目标 | 10 分 | |
| 销售预测 | 历史数据分析 | 10 分 | |
| | 调整销售预测 | 10 分 | |
| 销售规划 | 策略制订 | 20 分 | |
| | 销售执行步骤设计 | 10 分 | |
| 实训报告 | 表达有条理、认真、具体 | 10 分 | |
| | 合计 | 100 分 | |

## 目标检测

### 一、简答题

1. 简述医药企业信息化管理的概念。

2. 简述医药企业主要的采购模式。

3. 简述医药企业仓储管理的主要内容。

4. 简述医药企业物流管理的主要内容。

5. 简述医药企业销售管理的流程。

6. 简述医药企业客户关系管理的流程。

### 二、分析题

1. 假设你是一家大型医药公司的销售经理,负责一款新上市的降血压药物的销售。这款药物在市场上面临来自三家主要竞争对手的竞争,它们分别是 A、B、C 公司。经过初步市场调研,你发现以下信息:

　　市场份额:A 公司占据 40%,B 公司占据 30%,C 公司占据 20%,而你所在的公司目前只占有 10% 的市场份额。

　　产品差异化:你所在公司的药物具有更长的半衰期,意味着患者每天只需服用 1 次,而竞争对手的产品通常需要每天服用 2~3 次。

　　价格策略:你所在公司的药物定价比竞争对手高出约 10%,但你相信产品的差异化优势足以支撑这一价格。

　　渠道分析:你所在公司主要通过医院和药店销售,而竞争对手 A 公司在药店渠道拥有较强的优势,B 公司在医院渠道表现突出,C 公司在社区健康中心占有一定市场份额。

　　你的任务是制订一个销售策略,以在未来一年内至少将市场份额提高至 20%,同时确保销售增长的可持续性。请分析当前的市场状况,识别机会与威胁,并详细阐述你的销售策略。

2. 你是一家专注于慢性疾病管理的医药企业的客户关系经理,最近公司决定引入 SaaS(software as a service)平台来提升客户管理效率和客户体验。SaaS 平台将集成客户关系管理、数据分析和患者健康监测等功能。然而,一些内部员工担心这种改变会带来数据安全风险和操作复杂性,影响工作流程。

　　你的任务是分析 SaaS 平台在医药企业客户管理中的潜在益处,制订一份实施计划,以减轻员工的担忧,并确保平台顺利上线。请列出 SaaS 平台的主要益处,解释如何克服潜在的挑战,并概述实施计划的关键步骤。

（张　乾）

# 参考文献

［1］薛见亮, 侯媛芳. 医药企业管理实务 [M]. 北京: 中国医药科技出版社, 2021.

［2］戴宇, 徐茂红. 医药企业管理 [M]. 北京: 人民卫生出版社, 2018.

［3］朱民田, 石岩, 孔祥金. 医药企业管理 [M]. 北京: 科学出版社, 2021.

［4］都玉华. 医药企业管理 [M]. 北京: 中国中医药出版社, 2018.

［5］王克岭. 管理学 [M]. 北京: 高等教育出版社, 2023.

［6］朱民田, 石岩, 刘莱. 医药企业管理 [M]. 北京: 科学出版社, 2016.

［7］张云河. 管理学基础 [M]. 北京: 中国人民大学出版社, 2022.

［8］王永贵, 马双. 客户关系管理: 战略框架 [M]. 2 版. 北京: 清华大学出版社, 2020.

［9］中国就业培训技术指导中心. 企业人力资源管理师 [M]. 北京: 中国劳动社会保障出版社, 2020.

［10］人力资源管理编写组. 人力资源管理 [M]. 北京: 高等教育出版社, 2023.

［11］杨文章, 施勇. 医药企业管理实务 [M]. 北京: 中国劳动社会保障出版社, 2023.

［12］林延君, 沈斌. 医药行业大洗牌与药企创新 [M]. 北京: 中华工商联合出版社, 2018.

［13］春左雨, 丁建石. 客户关系管理 [M]. 北京: 中国人民大学出版社, 2021.

［14］薛春燕, 马元兴. 财务管理实务 [M]. 北京: 中国人民大学出版社, 2020.

# 课程标准